# 경호사격론

## (Introduction to Guard Shooting)

김황호 · 손상철 지음

# 경호사격론

초판인쇄 : 2009년 6월 20일
발 행 : 2009년 6월 30일

저 자 : 김황호 · 손상철
발행인 : 박 진 영
발행처 : 도서출판 진영사

인천광역시 부평구 삼산동 200-2 대림하이츠빌라 301-401호
전화 : 032)505-4207
팩스 : 032)505-4206
E-mail : 0183734207@hanmail.net
등록 : 122-91-77317



정가 18,000원
ISBN 978-89-93076-56-1(92390)

# 머리말

총기소지 및 사용이 제한되고 있는 현 국내의 제도적 환경 등의 영향으로 인한 경호관련 다양한 서적 중에서 경호사격에 관한 전문서적을 찾기가 쉽지 않은 현실을 직시하여 완벽한 경호업무 수행을 위한 경호사격술의 실제에 대해서 초석을 놓는 마음으로 본서를 준비하게 되었다. 향후 국내 경호분야의 발전을 통하여 해외 진출 등 글로벌시대에 한 치의 오차도 없는 경호업무를 펼쳐나갈 경호요원들에게 사격술은 매우 중요한 경호원의 능력으로 평가 받게 될 것이다. 또한 사격술훈련은 고도의 정신집중을 수반한 정신력강화와 그에 수반되는 다양한 신체적 훈련을 통하여 경호요원은 물론 국내외 경호사격을 필요로 하는 각계각층의 일반인에게도 사격술기량의 발전과 좋은 여가활동으로 자리매김 될 수 있으리라 생각한다.

본서의 내용을 살펴보면, 제1편 총론에서는 경호사격의 개념과 중요성 그리고 기초이론, 사격의 역사, 권총의 종류와 제원 및 성능, 사격의 안전수칙 등 에 대하여 다루었으며, 제2편에서는 사격술 기본이론과 다양한 경호사격술 훈련에 대하여 기술하였다. 제3편 사격술 향상법 및 일반적 트레이닝에서는 경호사격술 예비훈련과 총기이용 사격훈련, 사격술 향상법과 일반적인 트레이닝에 대하여 정리하였다. 또한 부록을 통하여 Gun Dance Step을 통하여 방향전환사격술의 훈련에 도움이 되도록 하였다.

본 경호사격론을 집필함에 있어서 저자들은 다음의 사항에 역점을 두고 노력하였다.

첫째, 국제경기 권총사격에서의 선험적(先驗的) 기본이론 즉, 쎈타파이어 스포츠권총, 스탠다드 권총, 자유권총, 속사권총의 사격술에 관한 기초이론을 충분히 채득(採得)하는데 중점을 두고자 노력하였다.
둘째, 군·경 등 특수부서의 기초훈련 및 전투사격술의 단계별 학습과정을 체계화하고자 노력하였다.

셋째, 국내외 요인경호에 관한 공·사경호(公·私警護)를 중심적 과제로 선정하고, 권총의 무 조준·반 조준·조준 속사의 훈련을 위한 자세, 파지, 조준, 격발 등의 사진 및 그림으로 상세하게 표시 및 전개(展開)함으로써 이해도를 높이고자 하였다.

넷째, 사격술 능력 배양의 효과를 극대화하기 위하여, 사격을 전·후한 예비훈련 및 정신집중, 근지구력강화 등 체력단련에 관한 학습 체계를 구성하였다.

다섯째, 각급의 사격술향상을 위한 이론과 군·경찰·특수부서 및 경호사격 인구의 저변확대를 위한 교재 및 참고서로 활용할 수 있도록 하였다.

또한, 저자(김황호) 자신이 상당기간 대통령경호실의 경호실무경험을 통하여 지득한 경호사격술을 근간으로 본서의 발간에 역점을 두었으며, 해외의 경호아카데미 등에서 훈련하고 있는 내용들을 참고하여 다양한 경호사격지식을 전달하고자 노력하였다. 그러나 의도하는바 와는 달리 경호사격의 전 분야를 망라하지 못하고 금번 경호사격론에서는 권총에 국한하여 정리하였으며, 부족한 부분은 지속적인 열정과 노력하는 자세로 향후에 보완할 것을 약속한다.

본서를 출간하는데 있어 사진자료 및 촬영에 열정을 쏟아주신 한국경호사격협회 진기훈이사님과 제4회 아시아경기대회에서 국제사격대회 사상 첫메달을 획득하고 대통령경호실 사격교관을 역임하신 배병기원장님(재단법인 한국사격진흥회)께 진심으로 깊은 감사의 인사를 드린다. 또한 경기대학교 사회교육원 경호비서학과의 정문기, 강인중, 박진상군의 여러 가지 도움에도 감사의 마음을 전한다.

끝으로 이 책 간행을 맡아주신 도서출판진영사 박진영대표님과 직원들의 수고에 감사를 드리며, 그 외 많은 참고자료 등을 지원 해주신 여러분들께 두루 심심한 감사의 마음을 드린다.

2009년 5월 20일

충정로연구실에서 김황호, 손상철

# 차 례

## 제1편 총론

## 제2편 사격술 기본이론

## 제3편 사격술 향상법 및 일반적 트레이닝

# 제1편

# 총론

제1장

# 서설

## 제1절 경호사격

### ① 개념

경호원의 일상은 긴장의 연속이다. 경호업무라는 것이 늘 언제 있을지 모를 최악의 상황을 대비하는 일인 만큼 단 한순간도 경계의 고삐를 늦출 수 없기 때문이다.

경호원에게 사격술 연마의 핵심은 사실은 죽는 훈련 즉, 유사시 몸을 던져 경호대상자(국가원수)를 보호하는 대신 자신이 죽는 연습인 셈이다. 결코 그런 일이 없어야 하겠지만 언제 있을지 모를 상황에서 도검류나 실탄 및 폭탄 등의 파견을 몸으로 막아내거나 하는 희생정신을 바탕으로 하는 충정심의 발로이다. 군이나 경찰의 특공무술이나 사격술은 상대방을 먼저 제압함으로써 자신을 살리는 훈련이지만 경호원은 제압 이전에 자기 몸을 날려 경호대상자를 보호하는 것이 최우선이기 때문이다. 어떠한 유형의 경호임무를 담당하는 경호원이라도 경호대상자를 안전하게 호위하는 것이 최대의 사명임을 각인하고 임무를 수행해야 할 것이다.

위해기도자는 범행의 성공을 위하여 사전에 관련정보의 수집과 분석을 통하여 주도면밀한 계획을 수립하고, 행사현장 등을 사전답사 하는 등 치밀한 준비태세를 갖추어 테러를 감행한다는 것을 명심하여 공・수를 일거에 할 수 있도록 고도의 사격술 능력을 배양해야 한다.

상기의 내용을 토대로 개념을 정리한다면 경호사격이란 '경호임무 수행 중 경호대상자의 신체에 가해지는 위협을 총기가 아닌 다른 방법으로 방어할 수 없다고 판단될 때 경호총기로 신속하고 정확한 사격을 통하여 위해기도자의 위협을 제거하는 경호방법'을 의미한다.

## ② 경호사격의 중요성

### (1) 대통령 경호원의 일상(사례)

우리나라 대통령실 경호처의 실제를 한번 살펴보도록 하자, '대통령 경호원들은 일상적 경호와 행사경호에 배치되지 않은 날은 교육과 훈련이 반복된다'.[1) ] 교육은 사격과 무도 등 연간 14개 과목을 의무적으로 이수하여 문무를 겸비한 경호원으로서의 능력을 배양하는 것이다.

경호원은 보람과 자긍심을 갖고 임무를 수행하지만, 아침 출근할 때면 '오늘 내가 국가원수를 위해 죽을 수도 있다'는 비장한 각오를 갖고 집을 나선다. 매일아침 목욕을 단정히 하고 머리 손질을 하는가 하면, 속옷을 깨끗이 갈아입고 나오는 것은 일상화 되었다고 해도 과언이 아니다. 그것은 최악의 경우 깨끗한 모습으로 내 시신이 수습될 수 있도록 하기 위해서다. 나를 버리고 나를 죽여야 국가원수를 안전하게 보호 할 수 있다는 희생정신과 책임감의 발로인 것이다.

경호원들은 대통령의 이념과 국정철학, 국정운영 스타일을 떠나 자신의 조국을 대표하는 '국가원수 직위' 그 자체를 보호하기 위하여 스스로 목숨을 거는 것이다. 그것이 이들의 '국가를 향한 애국심'으로 대통령에 대한 호불호를 떠나 조국의 국가원수를 보호하기 위하여 스스로 목숨을 걸어 놓고 매일 매일을 비장하게 살아가는 이들의 노력과 희생정신을 기억해야 할 것이다. 그 어떠한 분야의 경호종사자라도 경호대상자를 안전하게 호위하는 것을 사명으로 각인하고 임무를 수행해야 할 것이다.

1) 대한시큐리티연구소 www.kojison.org참조

### (2) 국내 · 외 경호업계 동향

우리나라에서도 기업간부 자신들도 납치를 가장 두려워하는 테러 위협으로 인식하고 있다.[2] 1990년대 초에 발생한 중소기업인 부부를 납치하여 살해한 「지존파 사건」, 이 사건은 범인 김현양 등 6명이 농촌마을 단독가옥 아지트에 시체 소각장까지 만들어 놓고 1년여 동안 전국을 무대로 납치살인극을 벌여 중소기업 사장부부 등 5명을 살해하고 증거 인멸을 위해 사체를 암매장 하거나 화장을 하는 엽기적인 살인범죄를 저질렀다.

기업인들 이외에도 정당의 대표, 국회의장, 대통령후보자 등 정치제도상의 일정한 자리를 차지하여 직업적으로 국가권력의 운영에 종사하는 정치인 및 사회적공인인 유명인사, 스포츠스타, 연예인 등의 경우에도 안전에 위협이 발생하는 경우 사회적인 영향을 미칠 수 있게 된다.

세계의 정세 및 분쟁 등의 문제에 관심 있는 사람이라면 이라크사태에서 활약성이 소개된 PMC(Private Military Company)라는 단어를 접하게 될 것이다. 이것은 군사기업을 의미하며, 전 세계 도처에서 활동을 하고 있다. 군사기업은 수익자부담으로 전투가 있는 위험지역에서 특정인을 보호하고, 특정기관과 사업을 지켜주는 즉 군사적인 활동을 통하여 안전을 도모하는 민간군사기업을 말한다.

군사기업에 대한 한국사회의 인식은 매우 좋지 않은 경우가 있다. 그 이유는 전쟁터를 무대로 돈을 벌기에 '죽음의 기업', '용병회사' 등으로 보는 시각이 일반적이라고 볼 수 있다.

현재 이라크 주둔 미군은 10만여 명인데, 이라크에서 활동하는 군사기업 직원은 2만5000여명에 이르고 있으니 군사기업 직원의 수가 약 2개 사단 규모에 필적하는 것이다. 이 군사요원들은 대부분 최근에 제대한 사람들이므로 군사작전 수행에 별문제가 없다.

---

2) 구광모, 테러와 국제사회, 고려원 , 1982, p.163

**[사진 1-1]** PMC(Private Military Company)의 활동모습

군사기업은 국가보다 기업에서 더 필요로 한다. 이라크를 안정시키기기 위해 미국이 반군을 제압하는 한편 전쟁과 테러 등으로 황폐해진 이라크의 도시를 재건할 때, 공사를 실시하는 기술자 및 근로자들을 언제 어디에서 테러가 일어날지 모르는 '킬-존(Kill Zone)'으로부터 보호를 해주어야 한다. 철통같은 해병대원도 반군에 잡혀 목이 잘려나가는 상황이니 재건사업을 위해 이라크에 근로자를 파견하는 회사는 근로자 안전을 최우선으로 삼아야 한다.

이러한 현실은 이라크 등의 재건을 위하여 진출하는 한국의 기업들이 늘고 있기에 한국판 군사기업이 설립될 가능성도 매우 크다는 것을 시사하고 있다고 볼 수 있다. 다만, 군사기업이 설립되기 위해서는 관련 제도 및 국민의 의식의 변화가 뒤따라야 할 것이다.

군사기업은 '세계정부'인 국제연합(UN)도 활용하는 조직으로 유엔군은 반군의 공격제지 작전 및 소탕작전에 매진해야 하므로 기업 및 근로자 보호에는 신경 쓸 여력이 없기에 이러한 허점을 군사기업이 채워주는 것이다.

현재 이라크에서 활동 중인 군사기업은 미국과 이라크 정부로부터 M-60 수준의 총기를 휴대할 수 있다는 허가를 받아 재건사업에 참여하려는 기업과 계약을 맺고 현지에 나온 기술자 및 근로자들을 보호 해주고 있다.

### (3) 역사적인 총기피격 사례 : 육영수여사 피격사건

#### 1) 사건개요

1974년 8월15일 10:23-25분에 서울 장충동소재 국립극장 제29주년 광복절 기념행사장에서 1951년 12월 일본 오소카 히가시스 미요시(東住吉)에서 석면 제조업체에 다니던, 한국 경남 진양(진주)을 본적으로 둔 재일교포 민단(民團)출신 문병태의 3남으로 태어난 재일 조총련계 교포2세 문세광(南條世光, 23)은, 3.8구경 권총(스미스 앤드 웨슨. 美) 으로 박정희 대통령을 시해 하려다 실패하고, 대통령 영부인 육영수 여사를 저격하여, 육 여사가 우측 두부에 총탄을 맞아 서울대병원으로 후송되었으나 당일 19시경 서거 하였고, 범인 문세광은 1974년 12월 20일 07:00 서대문 구치소에서 사형이 집행된 사건이다.

#### 2) 사례연구의 목적

인간은 누구나 실수를 경험하게 되며, 인간이 할 수 있는 모든 일에 대해 그 실수의 경험을 바탕으로 차후에 보다 더 나은 결과를 얻게 되기도 한다. 그러나 경호는 그 실수를 용납하지 않는 특수한 성격을 지니고 있다.

경호에 있어 한번 실수는 곧 경호 대상자를 잃게 되는 치명적 결과를 초래할 뿐만 아니라, 그로 인해 직·간접으로 엄청난 정치상황을 겪게 되는 경우를 우리는 수없이 보아왔다.

1963년 대통령 경호실이 창설된 이래 가장 경호적인 측면에서 큰 실수를 경험한 사건이 바로 1974년 8월 15일 국립극장에서 있었던 제29년 광복절 기념식 행사에서의 문세광 저격 사건일 것이다.

그 사건으로 인하여 피경호인인 육영수 여사를 잃게 되었고, 우리나라 경호실의 명예는 크게 실추되는 계기가 되었으며, 오늘날에 이르기까지 역사의 오점으로 마음속 한 구석에 응어리로 남아 있는 것이다.

그 사건이 일어 난지 벌써 35년이 지난 지금 8.15저격사건을 재조명하는 의의는 비슷한 실수로 다시는 동 사건과 유사한 사건이 재발 되지 않기를 바라며, 보다 미래지향적인 선진 경호가 정착되기를 기대하는 데서 찾을 수 있다.
최근 이스라엘 ISA(Israel Security Agency)에서는 라빈 수상의 암살 이후, 라빈 암살 사건에 대한 사건을 재연 분석하여 대책을 마련하고, 전 세계 37개국의 경호 관계자를 초청하여 라빈 암살 사건에 대한 교훈을 알린 바 있다.
이러한 시점에서 우리나라도 돌이킬 수 없는 경호 실패 사례를 덮어버리는 것만이 능사가 아니라고 본다.
그러므로 역사적 8.15저격사건을 재조명하고, 과거의 과오를 냉철히 반성함으로써, 한 차원 향상된 경호기법을 구현하고자 본 사례를 찾게 된 것이다.

### 3) 사전 범행모의

문세광-일본명 난조 세이 코우(南條世光. 23)-는 고2때 중퇴, 일본오사카 제일 한국인 거류민단 이쿠노 기타(生野西)지부에 가입하였다. 이후 플라스틱공장 공원, 휴지수집상, 소화기 판매원, 유리청소부 등 막노동을 하여 생계를 유지하였으며, 공산주의에 관심을 가진 그는 고교시절부터 공산당선언, 모택동어록, 김일성선집 등 서적을 두루 심취 하였으며, 이 과정에 일본의 자본주의 사회구조 및 교포사회의 불만을 해결하는 것은 한국을 비롯해 전 세계가 공산주의화 되는 길이라는 믿음을 갖게 되었다.
문세광은 고교를 중퇴한 뒤, 민단계열에 재일 한국청년 동맹 등의 단체에 가입 공산주의자임을 감추고 표면상 민단을 위해 활동하는 것처럼 가장하고 각종 집회시위를 선동해 민단 분열을 꾀했다고 한다.
1972년 9월 3일 일본 오사카 소재 패스티벌 홀 에서 열린 민단과 조총련의 단합대회에서 조총련 대판부 생야구 서지부 정치부장 김호룡(47)을 만나 재일조총련(재일본 조선인총련합회)에 포섭되었고, 이듬해 김대중 납치사건에서 구출대책위원회에 가입하였다.

1973년 9월 중순 문세광의 집에서 김호룡으로부터 박정희대통령 암살을 협의하고, 동년 하순 같은 장소에서 박대통령 암살계획 추진 및 구체적 방안 논의를 하면서, 저격 장소는 3·1절 기념식장, 무기는 권총으로 하였다.

문세광은 김호룡에게 권총구입과 공항 출입시 무기휴대 가능여부 점검 및 해외여행체험을 위한 홍콩여행 계획을 하고, 일본인 요시이 미끼꼬(문세광의 고등학교 동창.23)와 동반여행 등 그녀의 허락을 얻어 남편인 요시이 유끼오(24) 명의의 여권을 발급받아 부부를 가장 하겠다는 제의를 하여 이를 승낙 받은 것이다.

1973년 10월 하순, 문세광은 대판부 전당사역 부근 에코호텔 지하 계다 점에서 요시이 미끼꼬와 상면하여 "한국에서의 공산혁명을 성공시키려면 박대통령을 제거하는 방법밖에 없어 암살하기로 결심했다"라고 토로하였으며, 1973년 11월 11일 문세광의 집 앞 노상에서 대남공작원 김호룡으로부터 권총구입 대금 및 여비 등의 명목으로 일화 50만 엔을 제공 받게 되었다.

1973년 11월 19일 요시이 미끼꼬의 남편 요시이 유끼오 명의의 위장여권으로 부부로 가장, 홍콩에 도착하여 범행에 사용할 권총을 구입코자 하였으나 실패하여, 11월 22일 10:00에 항공기편으로 일본으로 귀환한다.

1974년 2월 초순 문세광의 집에서 김호룡으로부터 "박 대통령의 암살은 제29주년 8.15 광복절기념식 행사로 변경하되, 그 계획에만 전념할 수 있도록 하라"는 지령을 받았다.

1974년 5월 4일 일본 대판항 중앙돌제에 정박한 북한의 대일공작선이며 재일교포 북송선인 만경봉호에서 김호룡 등은 문세광에게 안중근의사에 비유하면서, "안중근은 저격목표를 1m이내에서 접근해 사격했기 때문에 성공했다." 사격요령으로 "잔잔한 수면에 달빛이 내리듯 밤하늘에 이슬이 내리듯 당겨라"라고 하면서 "남조선 공산 혁명을 완수하기 위해서는 박대통령을 암살하는 길밖에 없으니 이 과업을 끈기 있게 수행주기를 바라며, 그 사업은 김일성 주석이 직접 지시한 것이다"라는 교육을 받고 김일성 주석을 위해 목숨과 젊음을 다 바쳐 혁명과업을 완수 할 것을 맹세하였다.

[사진 1-2] 일본오사카항에 정박한 북한 대일 공작선(만경봉호)

저격범 문세광(23)

조총련지부장(김호용)

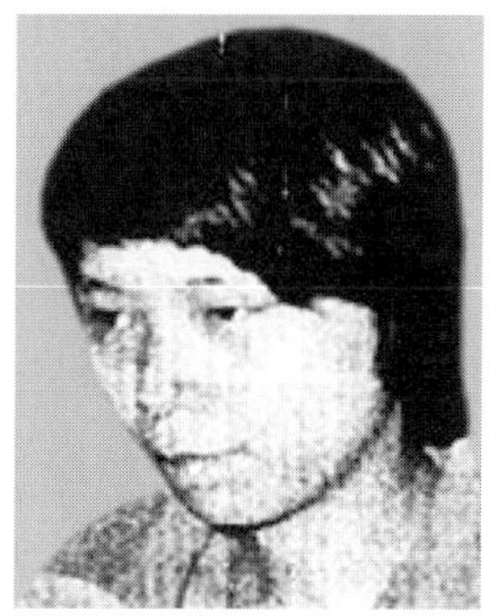

범인의 고교동창(미키코)
1974년 7월 18일

[사진 1-3]

1974년 7월 2일 요시이 유끼오의 처 요시이 미끼꼬로부터 요시이 유끼오 명의의 여권신청 관계서류를 교부받아 소정의 절차를 밟고, 1974.7.18일 새벽, 범행용 무기 획득을 목적으로, 일본 대판부경 오사카 서남고진(西南高津) 파출소 출입문을 공구(파이프 랜치와 장편)로 파괴, 내부 숙직실에 침입하여 경찰소유의 3.8구경 리볼버권총(미국 스미쓰 & 웨슨) 1정, 실탄 5발, 뉴 남브 3.8구경 1정 실탄 5발 및 권총혁대를 절취하였다.

1974년 7월 25일 조총련 지부장 김호룡으로부터 범행자금 80만엔을 제공 받은 이틀 후 7월 27일 문세광의 집에서 대남 공작원 김호룡과 회합, 한국에 가겠다고 보고하였다.

### 4) 범행침투 및 과정[3]

범인 문세광은 고등학교 동창인 공산주의자 요시이 미키코(吉井美喜子, 24)로부터 그의 남편인 요시이 유키오(1950년생 吉井行雄)로 위조된 여권을 건네받아, 절취한 권총 2정중 스미스 앤드 웨슨 38구경 1정과 실탄 5발을 라디오 케이스 속에 은닉 휴대하여 1974년 8월 6일 대판공항을 출발 13:00경 대한항공 KAL기편으로 서울에 잠입하였다.

1974년 8월 6일 서울 중구 소공동 소재 조선호텔 객실 1030호에 요시이 유키오 명의로 체크인하고 박정희 대통령 암살범행을 준비하고 있다가, 1974년 8월 14일자 석간신문과 TV방송을 통해 "8월15일 10:00 장충단 공원국립극장에서 박대통령 임석 하에 기념식이 거행"된다는 사실을 텔레비전에서 중계한다는 것을 재확인하고, 확정적으로 판단, 택시와 도보로 국립극장 행사장을 8월12일과 14일 양일간 답사를 실시하였다.

범인 문세광은 광복절 행사당일 08:30경 자신이 묵었던 조선호텔에서, 실탄 5발이 장전된 스미스 앤드 웨슨 3.8구경 권총을 좌측 허리춤에 은닉, '거물'로 가장 검문검색을 수월히 피하기 위해 호텔 도어맨에게 부탁한 랜트카 검정색 포드20M 검은색 서울바1091호 승용차를 타고 이동하였다.

운전사에게 미리 요금 1만원(당시 쌀 한가마 7,440원)을 주면서, '하차할 때 먼저 내려 밖에서 문을 열어 달라.'라고 부탁하고 나서, 그는 차량 이동 중 차내에서 기회가 포착 되는대로 저격하기 위해 왼쪽 옆구리에 손을 넣어 총의 공이치기를 미리 뒤로 제껴 놓았다.

09:00시 범인이 탑승한 승용차는 정문 근무자의 검문검색 과정도 없이 행사장 정문을 통과, 하차 지점인 극장 계단 아래 도착하였다. 이때 운전기사는 차에서 내려 차 안에서 부탁 받은 대로 상석에 앉아 있던 문세광의 차문을 열어 주

3) 자료 : 문세광[8.15 사건]사례연구 청와대 경호실 1998.

었으며, 중절모의 범인은 기사의 배웅을 받으며 극장계단을 사각으로 거슬러 올라가 좌측현관을 이용하여 극장 안으로 입장하는 것을 현관 근무자는 특별한 관심을 갖지 않았다.

1층 로비에 도착한 범인은 극장을 중심으로 좌측로비에서 우측을 보니 긴 의자가 놓여있고, 그 앞에 붉은 카페트가 깔려있어 대통령이 지나가는 곳으로 판단, 그 의자에 앉자 있다가 지나가는 대통령을 저격하기로 하였다.

그는 로비에서 09:50경 경호원으로 보이는 약 15명이 권총을 차고 장진하는 것을 보고 가만히 있으면 검문 받을 것으로 판단, 담배를 끈 다음 그 사람들에게 걸어가 일본말로 "일본 우시로구 대사와 스즈끼 라는 사람을 기다리는데 아직 오직 않았느냐?" 라고 말을 걸어보기 까지 하였다.

계속하여 2층과 1층을 오르내리며 마치 일본대사 일행을 기다리는 것 같은 행세를 하다가, 10:00경 대통령 일행이 붉은 카펫을 따라 극장내부로 입장하는 것을 목격하고 10분 동안 곁에 있던 경호계장과 함께 있다가 문세광이 일본말로 '안에 들어가서 대통령 얼굴을 보고 싶다.'라고 말하자 근무자는 정확히 알아 듣지는 못했지만 범인의 입장을 묵인하는 표정을 지어 보여 이때 문세광이 극장 문으로 들어가려했다.

[사진 1-4] 박정희 대통령 내·외분 입장

좌측 문 근무경찰관이 '비표리본이 없어 못들어 온다"며 그의 출입을 제지하였으나 그가 경호계장(장승중)을 가리키며 '저 사람이 들어가라 했다.'고 둘러대자 경찰근무자는 경호간부의 무표정한 표정을 읽고, 입장 시켜도 좋다는 싸인으로 알고 문을 열어주어 경찰관의 안내를 받으며, 행사장으로 입장해 10시03분 공석으로 있던 B열 214호 좌석, 즉 B열의 맨 뒤쪽에 자리를 잡고 식이 진행되는 동안 10여 분간 앉아 있었다.

연단에서는 박정희 대통령이 광복의 의의와 평화통일의 당위성을 역설하는 경축사를 낭독하고 있었고, 약2천명의 참석자들의 눈과 귀가 박대통령을 향했다.

[사진 1-5] 저격바로직전 박정희 대통령의 연설 중

## 5) 저격과정

박대통령의 연설문 낭독이 '조국 평화통일은 반드시 평화적인 방법으로 이뤄져야 한다.'는 대목에 이른 10시 23분경 문세광은 앉은 채로 왼쪽 허리춤에 차고 있던 38구경 리볼버 권총(스미스 & 웨슨)을 뽑으려 했다. 그러나 긴장으로 인해 땀에 젖은 손은 실수로 미리 재껴놓은 방아쇠를 잘못 건드려 총탄 1발이 오발돼 자신의 대퇴부를 관통하는 부상을 입는다.

이때 여기저기서 '야아 ! 총소리다! 누구야! 대통령이 맞았냐? 저기 저놈이다! 저놈 잡아라!' 라는 비명과 외마디 소리가 뒤범벅이 되어 극장 안을 뒤 흔들었으며, 문세광은 당황한 나머지 자리에서 벌떡 일어나 좌석 사이의 통로로 나와 권총을 겨누며 다친 다리를 이끌고 연단을 향해 돌진 했다.

연단을 향해 두 번째 총탄을 발사했지만 총탄은 박정희 대통령이 기념사를 읽던 연설대 왼쪽 편에 맞았고 이때 박대통령과의 거리는 18m로 좁혀졌다. 연단 귀빈석에 앉았던 대부분의 인사들도 혼비백산해 머리를 숙인 채 사방으로 흩어졌다.

박대통령은 경축사를 읽어 나가다가 느닷없이 앞에서 총을 겨누는 암살자를 보고 몸을 연단 안으로 숨겼고 장내가 정리될 때까지 연단 안에 숨어 고개를 들지 않았다.

연단 귀빈석에 앉아있던 박종규 경호실장이 권총을 빼며 달려 나와, 뒤 좌석에서 뛰어나오는 범인에게 총을 지향하는 순간, 통로를 달려 나오면서 권총을 겨눴다.

[사진 1-6] 대통령 경호실장의 초기대응

[사진 1-7] 행사장 뒤 좌석에 앉았던 범인이(문세광)B열과 C열사이 통로를 총을 쏘면서 대통령을 좀더 가까운 거리에서 저격하기 위해 달려 나가고 있다. 4)

문세광이 쏜 제3탄은 불발탄이 되었고, 이때 한복을 곱게 차려입고 경축사를 읽고 있는 박정희 대통령 연설대 뒤 귀빈석에 앉아있던 육영수여사를 향해서 네 번째 총탄이 발사되었다.

[사진 1-8] 범인(문세광)의 저격(수행경호관 대응)

---

4) 참조 : http://cafe.net.yeuncc 중앙포토

이때 연단위로 뛰어오르려고 했으나 극장 1층 바닥보다 1m 쯤 낮은 교향악단 연주석이 버티고 있었다. 멈칫하던 순간 범인에게 전열 근무경찰관들이 덮치는 찰라 넘어지면서 마지막 한발을 발사했지만 5탄은 연단 뒤에 게양된 태극기를 향했고 좌석에 배치된 사복 경찰관들이 덮치는 순간 권총을 떨어뜨리게 되었다. 저격범이 권총 5발을 발사하면서 공격한 일련의 모든 과정은 불과 9초 이내였다. 머리에 피격을 당한 육영수 여사는 인근 서울대학 병원으로 후송돼 두 차례의 수술을 받았지만 이날 밤 7시 결국 서거했다.

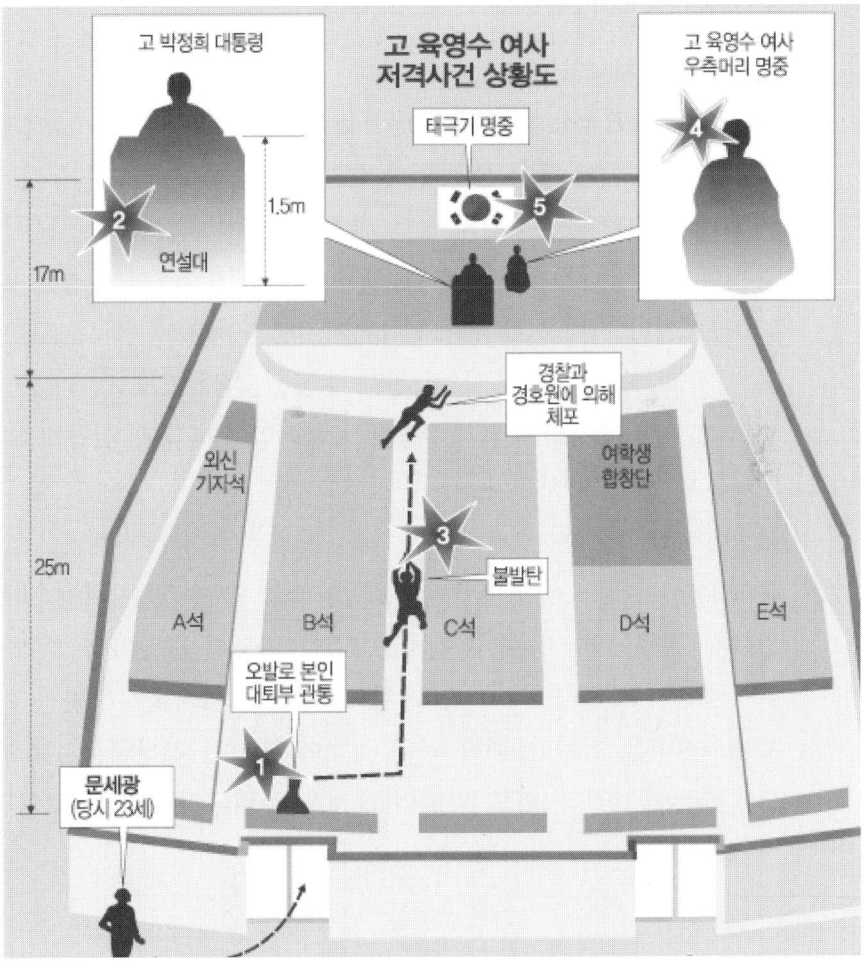


**[그림 1-9]** 8.15 피격사건 당시 국립극장 상황

문세광은 저격사건 이후 1974년 10월 24일 법정에서 반공법, 국가보안법, 내란목적살인, 일반살인, 살인미수, 출입국관리법, 총포화약류 단속법, 여권법, 문서위조죄 등 13가지 죄명으로 구속 송치되어 사형을 선고받고, 같은 해 12월 20일 혁명가적 열정 젊은 나이 23세로 교수형에 처해졌다.

이 사건을 계기로 대통령 경호실은 물론 일선 경찰관의 경호경비의 근무지침서가 바뀌게 되는 일대 변천사적 계기가 되었다.

### 6) 경호상의 문제점

① 경호 병력 배치문제

㉠ 주요 경호조치사항

행사장인 국립극장 취약지에 병력을 배치, 불순분자의 사전접근을 통제하고, 위험시설물에 대한 사전 검측을 실시토록 하고 참석자에 대한 검색은 당시 MD(검색대)가 운용되지 않던 시기라서 육안 검색을 실시하였다. 그리고 경호실 선발병력은 50명으로 편성되었으며, 경호 2과는 정문 및 출입요소, VIP근접에만 병력을 운용하고 나머지 9명은 차량 등 행사장 주변에 대기토록 하였고, 경호 안전조치 및 정보 수집을 위해 정보보안과 2명, 내·외곽 검측 및 통신망지원을 위해 6명이 편성되었으며 내곽 취약개소에 현병중대 8명을 배치 운용 하였다.

㉡ 극장내부 배치상황

문세광 사건에서 결정적인 실패요인이라고 할 수 있는 극장 내부에 우발상황대처 병력이다. 이는 경호선발 3명을 비롯한 경찰61명이 배치되어 있었다. 범인이 통로를 따라 7.5초간 5발의 실탄을 발사하면서 체포 시까지 22.6m거리를 이동한 통로 좌우 좌석에 배치된 경찰근무자는 12명이었다. 그 근무자중 한명이라도 범인의 균형을 무너뜨리는 작은 조치만 하였더라도 상황은 초기에 진압될 수 있었다.

㉢ 상황 대응문제

ⓐ 좌석 및 내부 근무자

- 1층 좌석 후미 중앙 경호근무자(백상규)
- 1층 단하 우측경호 근무자(김용완)

범인은 맨 뒤 우측에서 세 번째 좌석(214석)에 앉았고 약 14분이 지난 후 저격을 결심하고 옆구리에 꽂고 있던 권총을 빼기 쉽게 배 밑으로 옮기는 순간 공이치기를 뒤로 미리 젖혀둔 권총을 잘못 건드려 오발되자 자신이 순간 놀라 자리를 박차고 뛰어가면서 권총사격을 개시 했으나 좌우측에서 제지하는 근무자가 전혀 없었고, 1층 후미 경호근무자(백상규)는 범인의 좌측 1층 맨 뒤 214석에서 약 5m 우측지점에 근무하고 있었다.

지연 참석자 여부확인은 물론 어떤 다른 문제의식도 가지지 못했으므로 입장하는 범인을 의심없이 빈자리에 앉게 했으며, 범인의 제1탄 오발에서도 총성소리를 인식하지 못했거나 인식했다 하더라도 총을 들고 복도 쪽으로 나오는 범인을 우선제지하거나 육성으로 1차 경고조차도 하지 못하였다.

그리고 단상 앞에 배치된 경호근무자(김용완)은 역감시 근무개념으로 근무한 유일한 근무자였다. 그러나 그는 범인이 뛰어나오며 총을 쏘는 상황에서 아무런 경호조치도 취하지 못했다. 만약 총소리를 들은 후 범인이 나오는 통로 쪽으로 이동하여 방어를 했었더라면 최소한 범인은 정확한 조준시격을 하지 못했을 것이고, 5발을 모두 사격하지도 못했을 것이다.

ⓑ 문세광 좌석옆 경찰 근무자(순경 김광현)

범인 바로 옆(B열 216번석)에 앉아 있던 경찰 근무자는 70cm도 되지 않는 한자리 옆에 앉아 있으면서 범인이 1차 불발을 하고, 총을 들고 무릎 앞을 스쳐나가는 상황인데도 그저 구경만 하고 있었다는 것이다. 제지하여 시간만 끌었어도 위해상황은 미수 상황으로 끝났을 가능성이 많았다.

ⓒ B열, C열 통로 좌석 근무자(경찰 전기환 외 11명)

범인이 대통령을 좀더 가까운 거리에서 저격하기 위해 B열, C열사이의 통로를 달리면서 총을 쏘는 상황인데도 통로 좌우측에 앉아있던 경찰 근무자들은 아무런 경호조치도 취하지 않고 그저 앉아만 있었다. 좌우측이 모두 경찰근무자가 앉아있었던 지근 지점이였기 때문에 총을 쏘는 범인을 밀어 넘어뜨리거나 정조준을 할 수 없도록 범인의 몸을 건드리기만 했더라도 육여사는 무사했을 것이다

ⓓ 단상주변 수행근무자

(안제송, 박상범, 이상렬, 김중근, 김덕년, 이상기, 정재화)

단상 후미 담당 2명을 제외한 5명의근무자가 있었지만 우발상황에 대한 대비교육이나 의식이 부족했던 것으로 판단된다.

총소리가 나고 범인이 고함을 지르며 단상 쪽으로 뛰어나오며 사격을 하는 상황인데도 단상 좌우측의 경호근무자들은 박대통령이나 육여사를 방호하러 즉각적으로 나오지 않았기 때문이다.

박종규 실장이 일어나 뛰어나온 시점이 범인의 제1탄 오발 후 4.5초 후였는데 이때에만 단상주변 근무자들이 액션을 취하며 피경호인을 방호하면서 머리를 숙이게 했더라면 육여사의 희생을 막을 수 있었을 것이다.

단상의 수행요원은 범인이 연설대를 맞춘 3~5탄 이후(범인이 14.6m~18.8m를 이동, 6.5초~7.5초가 지난 시점)에야 액션을 취하며 단상으로 나오기 시작했고, 육여사를 방호하려고 달렸던 경호원은 방호하기는커녕 육여사의 뒤쪽으로 숨고 말았다는 것은 경호원으로서 도저히 있을 수 없는 행동을 보인 것이다.

ⓔ 결어

경호원들이 우선 주요 요인을 보호하고 대피하는 것은 경호에서 가장 기본임에도 불구하고, 그들은 대통령 영부인을 완전히 방치한 채 움직이고 있었다. 단상에는 육영수여사 만이 혼자 제자리에 앉아 있었고 그 옆을 지키는 경호원은 한명도 없었다. 육영수 여사 피격사건은 당시 경호의 개념이나 기본원칙이 얼마나 무시되어 졌는지 알 수 있는 대표적인 실패사건이라 볼 수 있을 것이다.[5]

5) 김창호(2007), 한국경호발달사, 백산출판사, p.227

② 위 사례의 검토

경호사격은 돌발공격에 대처하는 사격술이므로 어떠한 상황 하에서도 '최소시간(평균 0.75/sec)이내 단 1발로 상황종료 해야'만하는 고도의 전투사격을 요하는 것이라고 해도 모자람이 없다하겠다. 따라서 무엇보다 앞서는 것은 경호요원의 투철한 사명감, 국가관, 충성심, 강인한 정신력과 용기일 것이다.

## 제2절 사격의 변천사

인간이 집단사회생활을 시작하면서부터 경쟁이 생겨났고, 식량을 구하기 위한 경쟁을 벗어나 싸움을 하기 위하여서도 항상 무술을 연마하며, 던지고 쏘는 연습과 경기를 하였다. 처음에는 돌을 던진다든가 하는 사람의 힘을 이용하는 시대가 있었고 지혜가 발달하여 다른 힘을 이용하는, 즉 활을 사용하는 시기가 오랫동안 계속되었다.

초기의 사격 경기를 살펴보면 경기란 그 기원에서 지적 했듯이 인류의 「명중욕망」을 충족시키는 본능적 스포츠라고 말할 수 있다. 그것을 위해서 인간은 최초에 기계적인 사격 도구로 활과 화살을 사용했고 또한 근대에는 총기류를 사용하게 되었다. 사격경기가 정확하게 몇 년 전부터 시작 되었는지는 그 연대를 확실하게 확인 할 방법은 없으나 기록에 남은 몇 가지 문헌들을 기초로 하여 정리해 보면 대략 다음과 같다.

총의 발명은 서기 1354년 독일의 승려 베르트롤드・슈바르츠가 최초로 대포형식을 발명하면서부터 시작되었고, 개인화기인 소총의 형태는 서기 1500년경 독일을 비롯한 유럽지역에서 화승총의 형태로부터 시작되었다.

그런데 기록에는 서기 1484년 9월 22일자 발행의 스포츠 사격대회초청장에서 확인되었는데 이것은 정확한 소총형태를 갖추지 못한 수포 형식의 개인화기로써 사격대회를 실시한 것으로 추산된다.

화약이라는 새로운 추진 물질을 발명하면서부터 인간에게는 총이라는 무서운 무기가 손에 쥐어지기 시작하였다. 총의 발명은 현재의 원자무기 발명과도 비길만한 하여서 순식간에 대자연을 정복을 하였고 종족과 종족, 나라와 나라간에, 지배자와 피지배자로 결론짓고 말았다. 실로 15세기경에 발명한 총은 모든 사람들에게 호기심뿐만 아니라 신격화 되어버려 사격술 훈련은 물론 사격경기까지 빈번히 가지게 하였던 것이다.

사격은 흔히 살생의 수단으로 생각되어 왔기 때문에 전쟁을 자주 겪는 나라에서는 그것을 좋게 생각하지 않았다. 그러나 이런 생각은 자연스럽게 해소되어 갔고, 결국 평화를 사랑하는 국가와 국민들 사이에도 현대적 스포츠로서 불가결의 일익으로 발전되고 있다. 예를 들면 평화의 상징적 나라인 스위스, 세계전파와 함께 스포츠사격으로 인한 수세기동안 누려온 평화의 보금자리가 바로 그것을 증명하고도 남음이 있다.

### (1) 사격의 초기

#### 1) 최초의 독일시합

문헌에 의하면[6] 1477년 독일 바이에른이 아이히 슈테트에서 열렸고 이 대회에서 사수들은 화승총을 이용하여 200m 거리에서 기량을 겨루었으며, 1504년 스위스에서 제작된 한 그림에는 소총사격대회 광경을 볼 수 있는데 선수들은 울타리로 둘러싸이고 지붕이 덮인 사격대에서 멀리 떨어져 있는 과녁을 쏘는 모습이었다.

16세기 말에는 안에 홈이 파인 소총총신 및 매우 정교한 가늠자나 가늠쇠와 더불어 정교하게 장식한 독일제 격발장치가 등장했다.

#### 2) 러시아의 사격

1737년에 안나 황후가 궁전에 표적 사격장을 설치했다는 기록이 표적사격에 관한 최초의 기록이다. 표적은 날아가는 새였고 가장 우수한 명사수는 금으로 장식한 컵과 다이아몬드를 아로새긴 컵을 상으로 받았다. 이러한 왕궁의 사격대회는 전통이 되었다.

6) http://tiny.britannica.co.kr

1806년에 주로 군대 장교들이 상트페테르부르크에 소총이나 단총을 쏘는 최초의 사격장이 세워 졌는데 여기서는 일반 대중이 거의 무료나 다름없는 요금으로 총을 쏠 수 있었다. 1850년대에는 이런 공공 사격장이 훨씬 더 많이 등장했다.

1913년 키예프에서 러시아 최초의 전국사격선수권대회가 열렸고, 제2회 대회는 리가에서 열렸다. 그 후 소련사격 선수들이 올림픽 대회와 세계선수권대회를 잇따라 제패한 것은 러시아가 오랫동안 이 스포츠에 갖고 있던 관심을 반영한다.

### 3) 미국의 개척기

북아메리카의 영국 식민지에서 소총사격은 생활수단이었다. 서부의 미개척지로 이주하는 사람들과 대서양 연안에 정착한 농민들은 표적 사격뿐만 아니라 자신을 보호하고 동물을 사냥하는 데에도 소총을 이용했다. 부싯돌식 발화장치가 달린 켄터키 소총은 독일과 스위스에서 이주해온 총포제작자들이 1750년경부터 만들기 시작 했는데 약 183m 거리에 있는 표적을 정확하게 맞힐 수 있었고, 그 사정거리는 계속 늘어났다. 주말과 휴일에는 거의 모든 마을에서 사격대회가 열렸고 100명이상의 사수가 대회에 참가하는 경우도 많았다. 흔히 쓰인 과녁은 연기로 검게 그을리거나 까맣게 태운 널빤지 조각에 칼로 □자를 그어서 그 교차점을 표적의 중심점으로 삼은 것이었다.

1830년에 이르자 인구가 많은 미국의 동부와 중서부 도시에 사격클럽 등이 생겨났다. 사격대에서 표적을 쏘는 과녁 사격은 1840년 이전에 이미 실시되었다. 1850년대에 버몬트에서 과녁 사격클럽인 전미(全美)소총클럽이 결성되었지만, 이름과는 달리 전국 규모라기보다는 지역 클럽이었고, 회원들은 앞쪽으로 총알을 재는 전 장식 소총을 정확히 쏘기로 유명 했다. 1871년에 국민군 장교들은 사격술 향상을 위해 전국소총협회를 창설했다.

### 4) 영국의 사격

1800년까지는 소총을 이용한 과녁사격이 인기 있는 스포츠였다. 영국 군대는 1800년부터 다양한 소총을 연구했고, 특히 550m 이상 떨어진 표적을 쏘는 장거리 사격을 강조했으며, 1873년에 아일랜드의 소총 사격단은 시합에서 영국과 스코틀랜드를 물리치고 700m · 800m · 900m거리의 시합에서 미국 사격수들에게 도전했다. 이 시합은 1874년에 미국 뉴욕주 롱아일랜드에서 열렸는데, 미국 선수단은 550m 거리 이상을 쏘아 본 적이 없었음에도 불구하고 아일랜드 팀을 이겼다.

19세기 말에는 영어권의 모든 나라에서 장거리 사격에 대한 관심이 급속도로 커져 20세기에 와서도 오랫동안 지속 되었다.

1930년대까지도 국제대회가 자주 열렸고 오스트레일리아와 뉴질랜드처럼 멀리 떨어진 곳에서도 선수단이 영국에서 열린 이 경기에 출전했다.

### 5) 슈에첸 사격

독일과 스위스에서 시작된 슈에첸 사격은 중부 유럽의 대부분 지역에서 수 백 년 동안 거의 변함없이 인기를 누렸고, 1880년대에 이르러서는 눈에 띄게 대중화 되었다. 이 사격은 야외에서는 90~180m, 실내에서는 23m 거리에 있는 표적을 선자세로 쏘는 것이다. 1920년대에 유럽과 미국에서는 쇠퇴하기 시작했다.

제1차 세계대전이 끝난 뒤, 수천 개에 이르는 사격 클럽과 사격협회에서는 소총 과녁 사격에 대한 관심이 급속히 높아졌다. 특히 22구경 림파이어(기구주변에 도화선이 붙은 탄약통을 이용하는 총기)인 소구경 소총사격에 대한 관심이 가장 커졌다.

## (2) 권총사격

단총 과녁사격은 대체로 소총 과녁 사격과 비슷하지만, 정확하게 조준하여 쏘기가 훨씬 어렵기 때문에 널리 이용된 적은 한 번도 없었다. 권총사격은 1896년에 근대올림픽대회가 시작 되었을 때부터 정식 종목에 포함되었고, 영국에서는 1893년 미국에서는 1900년에 전국소총협회 주최 선수권대회에 이 종목이 추가 되었다.

또한 이와 함께 각 국에서는 앞 다투어 대중들의 사격 스포츠애호가 모임인 사격협회가 설립되었던 것이다. 그러는 사이에 역사적인 세계 사격 대회가 서기 1897년 프랑 TM에서 제1회 세계사격선수권대회가 개최되었다.

올림픽대회에서는 서기 1896년 제1회 아테네대회에서 라이플 12종목, 권총 3종목의 사격경기가 행하여졌다. 그 이래 제3회 서기 1904년 쎈트루이즈대회와 제9회 서기 1928년 암스데르담대회를 제외하고 올림픽의 매 대회마다 사격종목은 성대히 실시되었다.

경기 종목별로 보면 제7회 대회(서기 1920년)때에는 라이플, 권총, 틀레이피죤을 합하여 6개 종목이 행하여 졌는데 참가국 수를 헤아려 보면 육상경기 85개국, 권투 62개국 다음이 사격인데 58개국으로 그 비중이 아주 커졌음을 알 수 있다.

### (3) 한국사격의 변천

우리나라에서 사격경기가 처음으로 시작된 것은 해방 이후부터라고 알려져 있다. 사격이란 본래 총을 매개로 하는 것이기 때문에 총 없이는 경기를 할 수 없는 것이다. 따라서 사격의 역사는 총의 발달과 더불어 시작되고 경기 또한 총과 탄약의 보급이 있어야 되는 것이다. 때문에 경기로써의 우리나라 사격은 대한사격연맹의 전신인 대한사격협회가 창설된 1955년 2월 8일 이후부터라고 하겠다.

총포를 다루려면 그것을 훈련하여야 하는 군대를 다룰 수밖에 없었으며, 군사적 관계와 연관되어 발달이 계속되어 갔다. 이러한 점에서 문헌에 의한 우리나라의 사격경기의 시초는 이조말엽인 금세기 초의 육군연성학교에서 비롯된다. 그러나 당시 서민층으로서는 허가증조차 얻기가 어려웠던 일이였기 때문에 사격이란 완전한 공백기나 다를 바 없었다. 이러한 기간을 거쳐 해방이후 그것도 사격인 들의 단체가 창설된 서기 1950년 후반부터 본격적인 사격경기가 시작된 것이다.

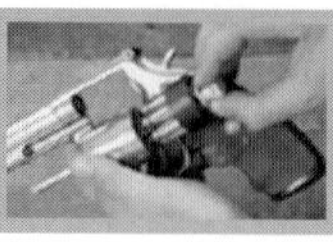

서기 1955년 2월에 발족한 대한사격협회는 대학체육회에 가맹을 신청, 곧 후원을 받아 국제사격연맹을 신청하여 서기 1955년 10월 24일 임시 회원국으로 승인되었고, 다시 서기 1960년 총회에서 정회원 국으로 승인되었다.

한국은 1956년 제16회 멜버른 올림픽대회를 시작으로 국제대회에 선수를 파견하기 시작했으며, 1962년 인도네시아 자카르타에서 개최된 제4회 아시아 경기대회에서 국제대회 사상 첫메달을 획득했다. 이 경기에서 한국은 300m 자유소총에서 남상완(南相完)이 금메달, 50m 자유권총에서 서강욱(徐康旭)이 동메달, 소구경 3자세에서 배병기(裵炳基)가 동메달을 획득했다.

그러는 사이에 한국사격의 질적 향상이 크게 이루어져 1971년10월17일부터 26일까지 실시된 제2회 아시아 사격선수권대회에서는 종합성적 제1위라는 아시아 최고의 사격국가가 되었던 것이다.

### (4) 국제사격기구

국제 사격기구인 국제사격연맹이 서기 1907년 탄생되었다. 그러나 제1차 세계대전 때 이 단체는 해산 되었다가 1921년 다시 조직되어 지금의 U.I.T가 오늘에 이르렀으며 그 본부는 서독에 있다. 기타 국제적인 사격연맹기구로서는 남아메리카 사격연맹이 칠레에 본부를 두고 있으며, 유럽사격연맹이 스페인에 본부를 두고 있다. 한편 남태평양사격연맹은 호주에 본부를 두고 있으며, 아시아 사격연맹은 매회 사격 대회를 주최하는 주최국에 본부를 옮기면서 운영되고 있다.

## 제3절 사격의 기초

### ① 총기의 발달 및 이론

초기의 미개한 원시인들은 사냥의 도구로서 자연 그대로의 돌에서 예리한 돌을 골라 썼고, 원거리 사냥의 필요에 따라 나무로 만든 창을 사용하여 오다가 나뭇가지가 휘어지는 반작용에 의하여 큰 힘이 생기는 이치를 깨닫고 활을 발명하여 사용하였다.

그러나 시간이 흐름에 따라 자연조건이 인간의 능력 범위를 벗어나고 생활이 복잡해지면서 개체의 생존과 더불어 종족을 보존하는 문제가 심각하게 대두되었으며 나아가 세력을 확장할 필요를 느끼게 되었다

이 시기로부터 자기보호를 위한 도구는 단순한 생존수단에서 벗어나 점차 방어 및 공격수단으로 사용되는 무기로 발전하여 전쟁에서 중요한 역할을 담당하게 되었다. 더욱이 화기 발명과 더불어 몇 차례의 세계대전을 치르는 동안에 전쟁수단으로서의 개인용 무기는 눈부신 발전을 거듭하여 오늘날 우리가 보는 발전된 총기에 이르렀다.

화약의 발명은 무기의 발전에 획기적인 일로서, 그 당시로서는 매우 충격적인 사건이었다. 화약은 서양에서보다 동양에서 먼저 사용된 기록이 있는데, 3세기경에 중국에서 이를 전쟁에 사용하였고, 우리나라에서는 고려 최무선장군이 화약을 연구하여 제조한 기록이 있다. 그러나 그때의 화약은 실탄을 비행시킬 수 있는 정도가 못되었고, 다만 그것의 폭파력 또는 소이력(燒夷) 으로 화약 자체를 실탄으로 사용하거나, 실탄 가운데 화약을 넣어 투척기로 적진에 날리는 것에 불과하였다.

프랑스의 Roger Bacon은 1249년에 그의 실험실에서 유황과 숯가루 및 기타의 혼합물에서 폭발이 일어난 것에 착안하여 오랜 연구 끝에 흑색화약을 발명하게 되었다. 그 후 1354년 독일의 Bertrold Schwatz가 이를 이용한 최초의 대포를 발명하게 되었고, 14세기 초 구리로 만든 통(筒)에 화약 점화구를 뚫고, 통 안에 화약・탄환을 장전하여 점화구에 화승(火繩) 또는 뜨겁게 달군 철봉을 끼워

서 발화시키는 원시적 화기 '핸드캐논(hand cannon)'을 소형화한 것이 시초라고 전해진다.

화승총 시대에는 발화방식이 불편하였기 때문에 군용으로는 적당하지 못하였다. Snapping Maychlock Arquebus(유럽계화승총 명)스프링으로 움직이는 뱀모양의 공이와 미는 방식의 발화방식을 가지고 있다.

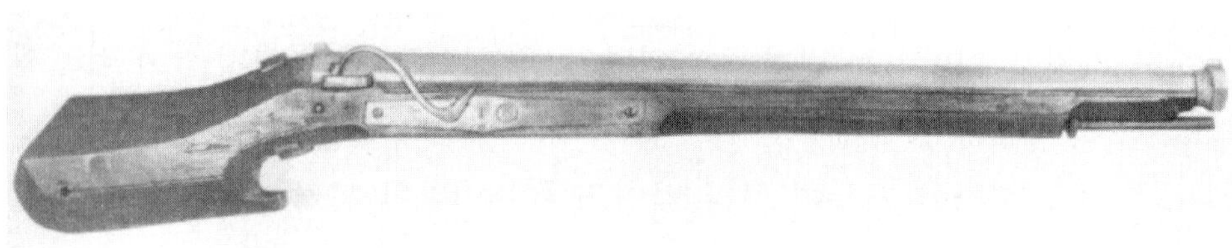

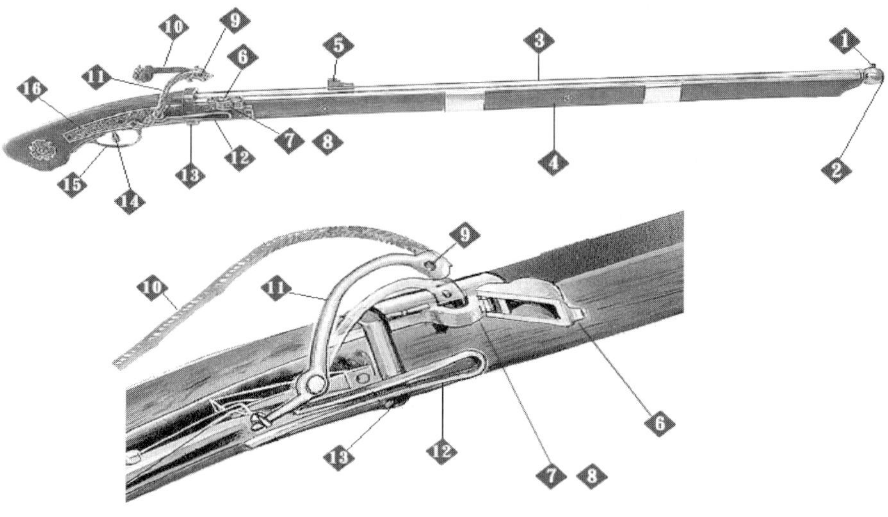

[그림 1-2] 초기 화승총의 구조 명칭 7)

① 가늠쇠 ② 총구 ③ 총신 ④ 총신을 지지하는 부분 ⑤ 가늠자 ⑥ 화약접시를 덮는 덮개 ⑦ 점화용 화약을 넣는 부분, 화약접시 ⑧ 화구(火口) : 화약접시의 안쪽에 있는 점화구명을 끼우는 부분 ⑨ 화 용두의 끝부분, 화승 ⑩ 화승(火繩) : 화약을 점화시키는 ⑪ 심지 화협 : 방아쇠를 당기면 움직여 화약을 점화시키는 장치, 용두 ⑫ 용두를 움직이게 하는 용수철 ⑬ 개머리판과 총신 사이에 들어가는 금구 ⑭ 방아쇠 ⑮ 방아쇠 테두리 ⑯ 지판(地板) : 방아쇠 와 용두사이의 부품을 덮는 판

7) 출처 : http://blog.naver.com/townend/사무라이 와 일본도/세이메이 화승총의 각부명칭

### (1) 권총의 개발

권총은 단총(短銃)이라고도 하며, 14세기 초 구리로 만든 통(筒)에 화약 점화구를 뚫고 통 안에 화약・탄환을 장전하여 점화구에 화승(火繩: 총구로부터 흑색 화약과 탄환을 총신 내에 장전한 다음 불이 붙어있는 화승을 총신의 후부・상부・측방에 있는 점화구에 가져다 대면, 총신내의 화약이 점화되어 탄환이 발사)[8] 또는 뜨겁게 달군 철봉을 끼워서 발화시키는 원시적 화기 '핸드 케논'을 소형화 한 것이 시초라고 전해진다.

서기 1500년경 독일 및 유럽지역에서 비롯한 화승총시대에는 발화방식이 불편하였기 때문에 군용으로는 적당하지 못하였다. 16세기 중엽부터 필록(톱니바퀴 발화장치), 플린트록(부싯돌식 발화장치)이 발명되어 프랑스 기병이 처음으로 사용하였다. 그 외에 지중해・대서양을 누비고 다녔던 영국・포르투칼・에스파냐 등의 해적들이 호신용으로 사용하였다.

16세기 중엽부터 필록(톱니바퀴식 발화장치), 플린트록(부싯돌식 발화장치)이 발명되어 프랑스 기병이 처음으로 사용하였다. 그 외에 지중해・대서양을 누비고 다녔던 영국・포르투갈・에스파냐 등의 해적들이 호신용으로 사용하였다.

19세기 초기 버커션록(뇌관식 격발장치)이 발명되면서 세계에 보급되기 시작하였고, 미국에서는 남북전쟁(1861~1865)에서 여러 종류의 뇌관식 권총이 사용되었으며 구조도 짧은 기간 동안에 개량되었다.

서부 개척시대에는 권총이 법이라고 할 정도로 권총이 많이 보급되기도 하여, 오늘날에 이르러 다양한 종류와 성능의 총기로 발전하게 되었다.

### (2) 권총의 어원

영어 피스톨의 어원은 처음에 피스톨을 만든 곳에 이탈리아의 피스톨라시(Pistola 市)였고, 초기 피스톨은 구경(口徑)이 옛 화폐인 피스톨(피아스톨)크기였고, 권총을 말안장 앞 끝에 두었기 때문에 피스타로(안장 앞부분의 명칭)가 되었다는 등의 설(說)이 있다.

---

8) 출처 : 두산 세계대백과/Encyber

## (3) 총탄이론

총탄(탄약, Cartridge)은 크게 탄자와 약협(탄피), 뇌관으로 나누어 볼 수 있다. 총탄은 화기에서 발사되는 발사체인 탄자와 추진제인 장약을 결합한 것으로, 오늘날과 같은 총탄이 발명되기 전에는 총기를 발사하기 전에 화약을 장전하는 과정과 탄자를 장전하는 과정이 별도로 필요했지만, 카트리지 형태의 총탄의 발명으로 그와 같은 번거로움이 없어지게 되었다.

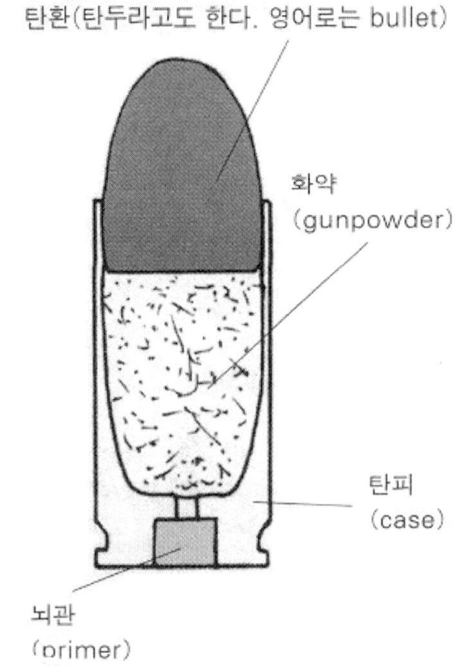


**[그림 1-3]** 총탄의 구조

### 1) 탄자(彈子, Bullet, 탄두)

탄자는 총탄에서 목표물을 향해 실제로 날아가는 유일한 부분으로 탄자를 목표물에 명중시키는 것이 바로 총기를 사용하는 목적이라고 할 수 있을 것이다. 탄자는 비행중의 공기역학적 특성, 목표물에 명중했을 때의 역학적 효과를 고려하여 그 목적에 따라 다양한 형태로 만들어진다. 바람의 영향을 덜 받으며 비행할 수 있도록 탄두는 무거운 금속인 납으로 만들어지고, 목표물을 관통하기 좋게 하기 위해서 겉에 구리 등의 재질이 씌워지는 것이 일반적이다.

### 2) 약협(藥莢, Case, 탄피)

약협은 탄두 뒷부분에 있는 금속제의 원통형 용기로, 탄환 외형의 대부분을 차지한다. 약협에는 장약(裝藥)이 들어있다. 장약은 바로 화약으로서 장약의 폭발 시 발생하는 가스압이 총탄이 발사되는 에너지를 공급하는 역할을 한다. 탄두를 발사하고 난 뒤에는 자동 혹은 수동으로 버려지게 된다.

약협이 있는 이유 중 한 가지는 화약이 터질 때 생기는 가스를 새지 않게 막아주기도 한다. 화약이 터지면 그때의 압력으로 탄피가 약실 안쪽에 착 달라붙어 빈틈을 없애주는 역할을 한다. 따라서 탄피가 없다면, 가스가 뒤쪽으로 많이 새어나가 탄환을 밀어주는 힘이 약해지고 그만큼 총의 위력도 약해지게 된다.

### 3) 뇌관(雷管, Primer)[9]

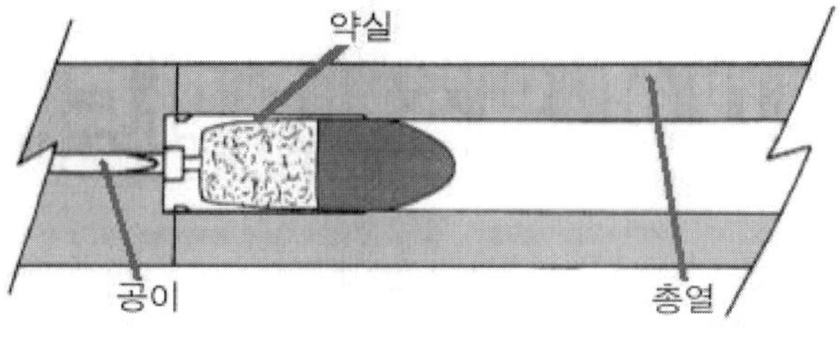


[그림 1-4] 장전된 상태[10]

9) 뇌관이 장치된 위치에 따라 총탄의 종류를 림파이어(rimfire)와 센터파이어(centerfire)로 구별한다. 림파이어탄은 약협의 바닥면 전체가 뇌관의 구실을 하는 것으로, 약협의 바닥면 가장자리를 공이가 때리면 발화하여 격발하게 된다. 반면 센터파이어탄은 약협 바닥의 중앙에 뇌관이 장치되어 있어, 공이가 그곳을 충격해야 격발된다. 림파이어탄의 경우 버려진 탄피를 재사용할 수 없지만, 센터파이어탄의 경우 버려진 탄피를 수거하여 다시 장약을 채우고 뇌관과 탄두를 장착함으로서 재사용할 수 있다. 역사적으로는 림파이어탄이 센터파이어탄보다 먼저 등장했지만, 오늘날에 와서 주로 사용되는 것은 센터파이어탄이다.

10) 총탄이 약실 속에 들어가면 총이 발사되기 직전이라는 뜻이고, 이때를 바로 총이 장전된 상태라고 한다.

뇌관은 약협의 맨 뒷부분에 장치되어 있는 것으로 약협 속의 화약에 비해서 폭발하기는 쉽지만 적은 에너지를 내는 화약이다. 사수가 방아쇠를 당기면 기계적 혹은 전기적 연결에 의해 공이(격침, 擊針) 또는 스트라이커(striker)가 강한 힘으로 뇌관을 때리게 되는데, 뇌관은 그 에너지로 폭발하여 탄두의 주 추진제인 장약을 발화시켜 폭발시킨다.

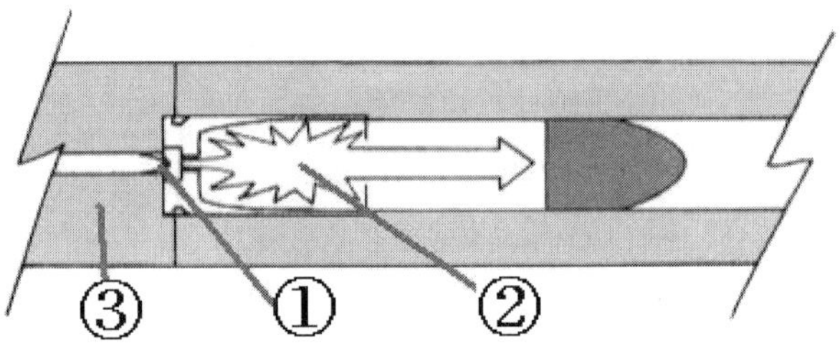


**[그림 1-5]** 격발 상태[11)]

## 4) 탄약의 명칭 · 종류

기본적으로 탄약의 규격은 총열과 탄두의 지름인 구경으로서 정해진다고 할 수 있다. 그러나 탄두의 지름이 같다 하더라도 약협의 크기나 모양이 다르면 약실의 크기나 모양 역시 달라져야 하므로 지름은 같지만 약협의 형태가 다른 경우를 구별할 필요가 있다.

대체로 수치로 나타내어진 구경 뒤에 적당한 낱말을 붙이거나 약협의 길이를 나타내는 수치를 붙이는 식으로, 또는 두 가지 다 취하는 식으로 탄약에 명칭이 부여되며, 45 ACP'나 '9mm × 19 Luger', '5.56 × 45mm NATO' 같은 경우를 예로 들 수 있다.

예로 든 세 경우에서 맨 앞의 수치는 모두 구경을 나타내고, '×'뒤의 수치는 약협의 길이를 나타낸다. 한편, 'ACP', 'Luger', 'NATO'는 그 총탄을 개발한 주체(회사 혹은 군)이 명명한 것이다.[12)]

11) ① 뾰족한 것(보통 '공이'라고 불리는 부품)이 뇌관을 찌르는데 이 과정을 '격발'이라고 한다.
② 기폭제가 터지면서 탄피 속의 화약을 폭발시키고, 이 때의 힘으로 탄환이 앞으로 밀려나간다.
③ 물론 이때 탄피 뒤쪽은 움직이지 않게 단단히 막아두는 편이 좋은데, 이렇게 막아둔 상태를 '폐쇄'되었다고 한다.(출처 : 알기쉬운 총 이야기)

[사진 1-6] 권총 총탄의 종류[13]

### 5) 권총 탄약의 종류별 모양 및 제원

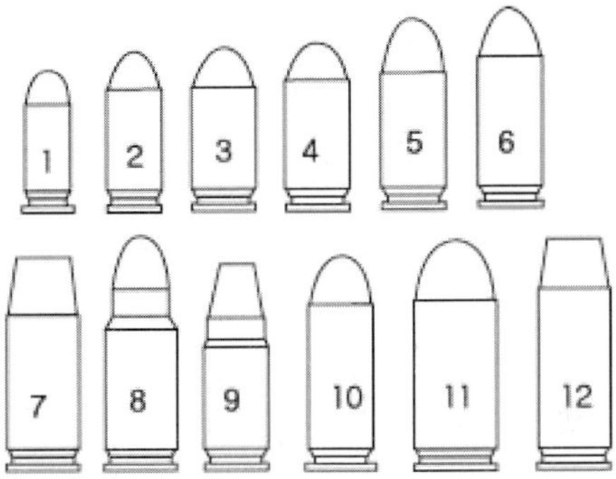


[그림 1-7] 총탄의 종류별 모양

12) 출처 : 위키백과.
13) 우측부터 22LR, 32ACP, 9밀리 파라벨룸, 38슈퍼, 45ACP, 38스페샬, 357매그넘(JSP), 44레밍턴매그넘(JSP), 45윈체스터 매그넘(JSP), 454캐줄(JHP).

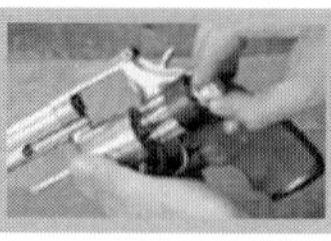



[표 1-1] 자동권총 탄두와 제원

| 번호 | 탄 두 | 탄두중량 | 탄속(MV) |
|---|---|---|---|
| 1 | 25APC(6.35mmSR) | 약2.6g | 약350/s |
| 2 | 32APC(7.65mm×17) | 약 4.8g | 약300m/s |
| 3 | 380APC(9mm×17) | 약 6.2g | 약270m/s |
| 4 | 9mm 마카로프(9mm×18) | 약 6g | 약340m/s |
| 5 | 9mm 파라블럼/루거(9mm×19) | 약 8g | 약390m/s |
| 6 | 9mm 메이져(9mm×21) | | |
| 7 | 40S&W(10mm×21.5) | 약 10g | 약340m/s |
| 8 | 7.63mm 모우져/7.62 토카레프(7.62/7.63mm×25) | 약 5.6g | 약455m/s |
| 9 | 357SIG(9mm×21.5) | 약 8g | 약375m/s |
| 10 | 38APC /38 Super(9mm×23SR) | 약 8.4g | 약390m/s |
| 11 | 45APC(11.43mm×23.5) | 약15.16g | 약259m/s |
| 12 | 10mm AUTO(10mm×25) | 약 12g | 약374m/s |

## (4) 구경 및 용어

① 9mm×19 : 탄환의 지름은 9mm, 탄피의 길이는 19mm이다.

② 38, 45 : 38은 0.38인치, 45는0.45인치이다.

③ MV : MV는 Muzzle Velocity로 발사 시 총구에서 계산한 탄환의 속도이다.

④ ME : ME는 Muzzle Energy로 총구에서 계산한 운동에너지이다.

⑤ 25APC : APC는 Automatic Colt Pistol, 즉 콜트 자동권총을 위해 개발된 총탄이다.

⑥ 9mm파라블럼 : '파라블럼'이란 전쟁에 대비하라는 라틴어 문장의 약자로 이 총 탄을 처음 개발한 DWM 사의 전신약호로 특별한 뜻은 없으며, 또 이 회사가 만든 루거 자동권총에 쓰였다는 이유로 9mm 루거탄으로 불리기도 한다. 파라블럼 탄은 7.65mm×22 (1900년 개발)과 9mm 두 종류뿐이다. 1902년에 처음 등장한 이래 지금은 가장 흔한 군용 자동탄이 되었다. 최신

형의 글록17, 베레타M92FS, P226 등에도 널리 사용되고 있으며, 위력에 비해 반동이 낮고 명중률이 높다.

⑦ **7.63mm 모우저/7.62mm토카레프** : 1896년 독일의 모우져 밀리터리용으로 개발된 총탄, 구경이 작고 가벼운 총탄 을 비교적 빠른 속도로 날려 보내는 원시적인 소구경 고속 탄이다. 그 후 구소련이 이것을 제식 권 총 탄으로 지정 7.62구경으로 만들어져 7.62mm 토카레프로 불리웠다. 토카레프탄은 토카레프 자동권총과 같은 기관 단총에 많이 사용되었으며, 지금도 중국, 북한 등에서는 제식 권총탄이기도 하다.

⑧ **9mm메이저** : 9mm 파라블럼탄의 탄피를 2mm 늘인 변형. 9mm 파라블럼탄 등의 군용탄이 민간시장에 팔릴 수 없는 이탈리아나 프랑스 등 이 나라에 서 민간용 권총에 사용하기 위한 편법으로 개발된 것이다라고 하고 있으며, 탄환전체길이가 9mm 파라블럼과 같아 총열만 바꾸면 기존의 9mm 권총에 이탄을 그대로 사용할 수 있다.[14)]

### (5) 강선이론

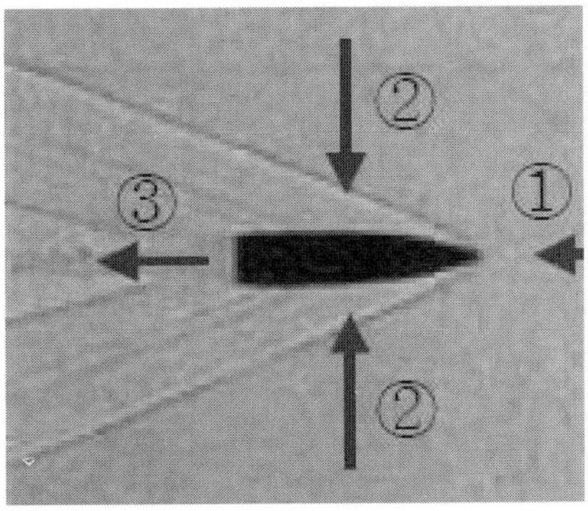


**[그림 1-8]** 공기의 저항력

탄두가 총구를 벗어나서 공기중을 비행할 때 탄두의 비행을 방해하는 저항력은 그림 에서 보는 바와 같이 주로 탄두의 전면에서 부딪치는 공기①, 측면의 공기마찰②, 및 탄두의 후미에 생긴 낮은 공기밀도③, 때문에 발생된다.

14) 출처 : http://blog.naver.com 군사정보

탄두 후미에 생긴 낮은 공기밀도는 비행하는 탄두를 뒤에서 잡아당기는 역할을 하게 된다. 이러한 공기의 저항속에서 탄두가 비행안정성을 유지하기 위한 방법에는 탄두 후미에 날개를 부착하는 날개안정법과 탄두를 회전시키는 회전안정법이 있다.

날개 안정법은 한 쪽 끝에 깃털날개를 부착한 가벼운 화살대를 금속의 화살촉에 결합하여 비행안정을 얻는 방법으로, 주로 박격포탄, 로케트탄, 유도탄 등 길이가 길고 단면적이 작은 탄두에 적용한다.

실제로 탄두의 길이가 단면직경의 6배 이상 될 때는 회전에 의한 비행안정을 얻기가 어렵다는 실험결과로 인해 길이가 긴 로케트탄이나 유도탄에 회전안정을 사용하지 않고 날개를 부착하는 날개안정법을 적용하는 것이다.

이와 같이 길이가 길고 단면적이 작은탄두에 필수적인 날개안정법은 날개에 의해 항력이 발생되며 횡방향 바람의 영향을 많이 받게 되는 단점이 있다. 따라서 소총탄이나 포병탄 등은 강제로 회전을 시켜서 비행안정을 시키는 회전안정법을 적용한다. 이처럼 탄두를 강제로 회전시키기 위하여 총열내부에 나선형으로 파여진 홈을 강선이라고 한다.[15]

강선(Rifle)[16]이란 총강[17]에 나선형으로 파인 홈을 말하며 탄환이 총열 안쪽을 지날 때는 이 강선에 맞물려 돌면서 지나가게 된다. 이렇게 돌면서 총열 밖을 빠져나간 탄환은 날아가면서도 계속 돌게 되는데 이렇게 돌 때 생기는 원심력에 의해 보통 때 같으면 아래로 쳐져야 할 뒤쪽이 똑바로 수평을 유지하면서 앞으로 날아간다. 즉, 탄환이 똑바로 앞만 보고 잘 날아갈 수 있게 하는 방법이 강선(rifle)이다.

15) 참조 : 방위사업청(www.dapa.go.kr)
16) 탄환을 회전시키기 위한 나선 홈을 말하며 또한 소총을 뜻하기도 한다.
17) 총강(Bore)은 총열에서 탄환이 지나가는 길을 말하며, 흔히 말하는 '총구'란 바로 총강의 끝부분, 즉 탄환이 빠져나가는 구멍을 뜻한다. 총강 안쪽에 강선이 파여 있다.

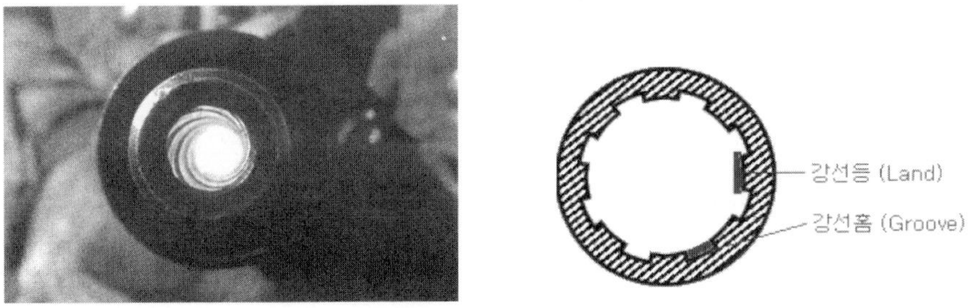


**[그림 1-9]** 강선의 구조

탄환이 강선에 맞물린다는 뜻은 탄환의 지름이 총강의 지름보다 살짝 커야 한다는 뜻인데, 크지 않더라도 최소한 정확히 딱 맞을 정도로 사이즈(size)가 같아야 한다. 실제로 탄두만 뽑아서 총열 뒤쪽에 넣으면 보통은 딱 걸린 채 움직이지 않는다. 탄두가 총강의 지름보다 작게 되면 강선에 제대로 맞물리지도 못하거니와 폭발 가스가 총강과 탄환 사이의 틈새로 새어 탄환을 제대로 밀어주지 못하여 파워와 사정거리가 떨어지게 된다. 실제로 발사된 탄환을 살펴보면 옆구리에 강선에 맞물린 흔적이 희미하게라도 남은 것이 보인다.[18]

예를 들어 단순한 구슬 모양의 탄환이라고 해도 강선에 제대로 맞물리게만 한다면 회전력이 명중률과 사정거리를 높이는데 큰 도움이 된다. 회전 운동에 의한 원심력이 탄환의 직진성에 그만큼 도움이 된다는 의미이다.

강선을 표시하는 용어로 '4조 우선(右線)', '6조 우선(右線)' 등은 4줄이나 6줄의 나선형의 홈(groove)이 오른쪽으로 파여 탄환이 시계방향으로 돌면서 날아가게 된다는 의미이다.[19]

18) 눈으로는 전혀 확인할 수 없지만, 총을 쏘면 탄환은 총강을 지날 때 약간 오그라들고 총열은 탄환이 지나갈 때 아주 살짝 부풀어 오른다. 총열이 단지 단단하기만 해서는 안 되고 어느 정도 탄력도 필요하다는 이유는 이 때문이다.

19) 홍희범(2002), 알기 쉬운 총 이야기, 나스카미디어-ebook.

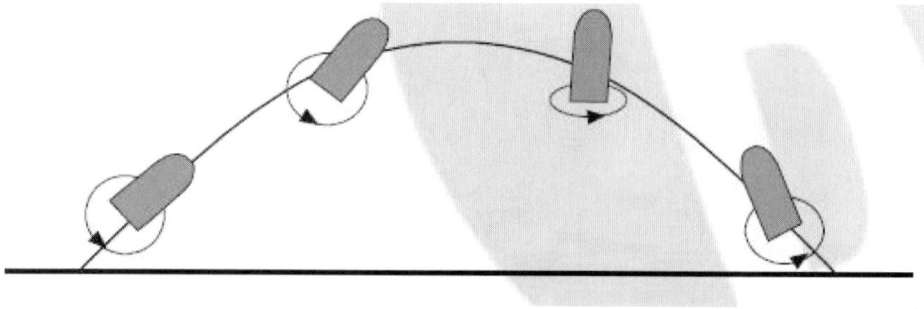

[그림 1-10] 무강선에 의한 탄자의 전복비행

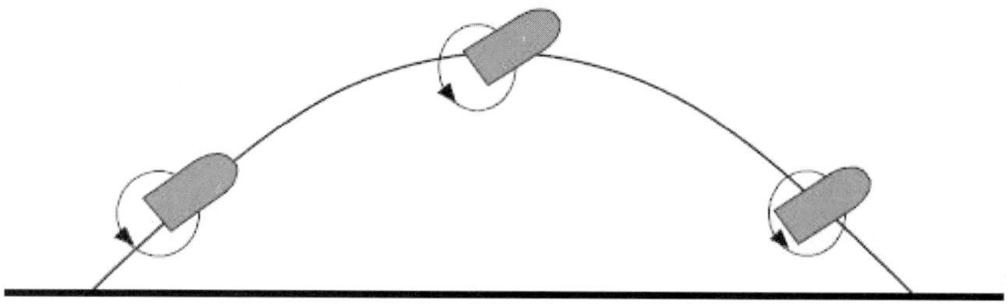

[그림 1-11] 과도한 회전시 탄자의 비행

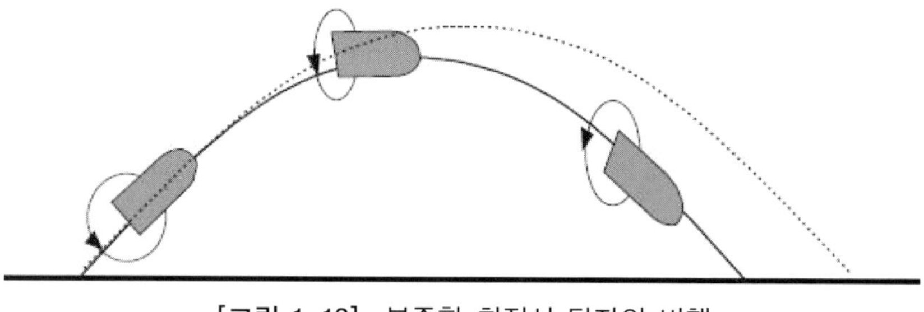

[그림 1-12] 부족한 회전시 탄자의 비행

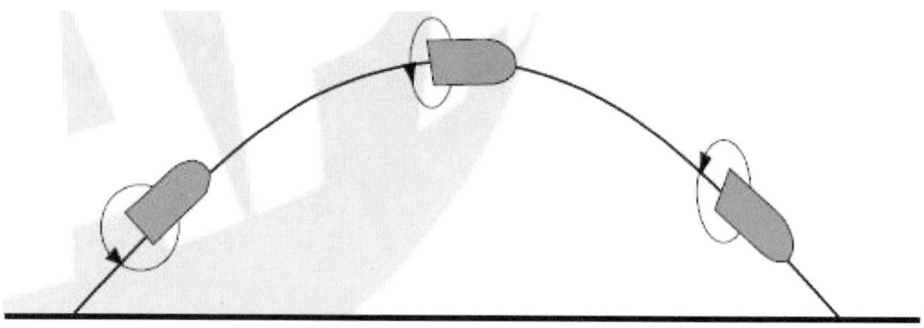

[그림 1-13] 정상적인 회전시 탄자의 비행

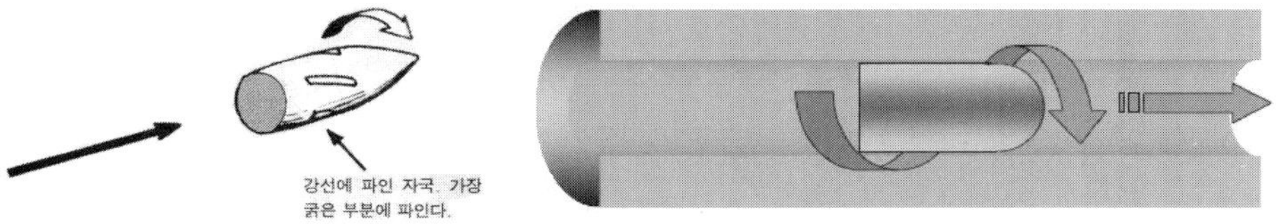


[그림 1-14] 탄자의 우회전

## (6) 총기의 반동현상

권총에서 방아쇠를 당겨 공이로 뇌관을 때리면 점화제가 순간적으로 폭발한다. 점화제의 강렬한 화염은 추진제의 작은 입자를 점화시키면서 확산되어 간다. 추진 장약은 순식간에 연소되어 고압의 가스를 형성하게 되며, 추진제의 연소가 진행됨에 따라 팽창한 추진제의 고압가스는 주위에 압력을 가한다.

총열의 견고한 벽이나 탄자의 바닥이나 주위에 충돌한 가스는 그 이상 팽창하지 못하고 탄자를 밀어내면서 저항이 가장 약한 방향으로 확대하여 나간다.

추진제의 연소로 인한 고압가스의 미는 힘에 의하여 탄자는 강선 속으로 진입되면서 총구를 향하여 강선을 따라 회전하면서 전진한다.

탄자가 강내에서 최고속도에 도달하였을 때 총구를 떠나 외부로 발사된다. 이상의 발사과정은 불과 1내지 4milisecond, 즉 0.001~0.004초 사이의 매우 짧은 시간 내에 이루어진다.[20]

추진제가 연소할 때 팽창하는 연소가스는 그것을 둘러싸고 있는 전표면에 대하여한 힘으로 압력을 가한다. 이때 총강벽에 가하여지는 압력은 총강벽을 확장하게 되고 탄자의 바닥에 가하여진 압력을 탄자를 총강축에 따라 이동시키며, 탄피의 바닥에 가하여진 압력은 탄피를 경유하여 노리쇠를 통하여 총 전체에 전달되어 탄자가 움직이는 반대방향으로 총을 이동시킨다. 다시 말하면 추진제의 연소를 팽창하는 연소가스는 총 자체와 탄자를 각각 반대방향으로 움직이게 한다. 이때 총이 후방으로 움직이는 이동을 반동이라고 한다.

총기의 반동은 사격에 지대한 방향을 미친다. 따라서 경호원은 이러한 현상을 충분히 이해하여 그 본질을 잘 숙지하여야 한다. 물리학의 운동량보존의 법칙에 의하면 그 질량과 속도는 반비례함으로 연소가스의 질량을 무시하였을 경우

20) 이홍주(1995), 총과 탄도학, 서울:청문각, p.91.

총의 반동은 탄자의 운동과 동시에 함께 시작하여 탄자가 총구를 떠나는 순간에 최대가 된다.

사격 시 느끼는 총기의 반동은 총기의 종류에 따라서도 다를 뿐만 아니라 동일한 권총이더라 하더라도 파지하는 방법에 따라서 다를 수 있다. 어떤 때는 사수가 별로 충격을 느끼지 않는가 하면 어떤 때는 강렬하게 느끼는 경우가 있다. 오른손으로 권총사격을 실시할 경우에는 오른손목에 총의 반동을 느낀다. 반동에 대한 오른손목의 반작용은 소총의 경우에 어깨에서 느끼는 것과 같다. 손목에 권총을 지지하는 반작용의 힘은 권총의 총열축에 따라 작용하는 반동력과 크기가 같고 방향이 반대가 되지만 힘의 작용선이 동일하지 않고 수직이격거리가 존재하기 때문에 우력(偶力)[21]으로 인하여 사격 간에 회전운동을 일으키게 된다.

권총을 오른손으로 잡을 때에는 반동을 받아야 할 오른쪽 손바닥의 중앙이 총열축의 오른쪽 아래로 기울게 위치하여 총의 반동을 흡수하여야 된다. 이 때문에 총의 반동과 오른손목의 반작용에 의한 힘은 총의 수직면과 수평면내에 상이한 우력을 발생시키는데 이 두 개의 우력의 상호작용에 의하여 총구는 좌상방향으로 도약하게 되는 것이다.[22]

총기의 반동은 사수에게는 피로를 주고 초보자에게는 기본자세를 망각하게 하며 남발하게 하는 나쁜 습관을 만드는 원인이 되어 사격의 명중률에 나쁜 영향을 준다. 권총사격 시에는 탄자가 상하좌우로 흩어지게 되므로 탄자의 정확한 사격효과를 얻기 위해서는 언제나 바른 자세와 동일한 사격자세를 취할 수 있도록 훈련하여야 한다. 권총의 사격 중 경호원은 총의 반동으로 인한 충격을 어떻게 흡수하여 총기의 반동으로 인한 탄착점의 이동을 극소화시킬 것인가를 항상 염두에 두어야 한다.

---

21) 크기가 서로 같고 방향이 반대인 두 평행력이 강체의 2점에 작용할 때 그 한 조의 힘을 우력이라 한다. 물체에 우력이 작용할 때에는 물체는 이동하지 못하며 지점을 중심으로 회전할 뿐이다. 지점에 다른 힘이 동시에 작용하면 물체는 그 힘의 방향으로 이동하면서 회전한다.

22) 상게서, pp.118-123.

### (7) 총기의 살상현상 및 효과

총기의 살상현상인 총상(銃傷)은 총기의 물리적 작용에 의하여 발사된 탄환에 의한 부상을 의미한다. 법의학적으로는 이를 사창(射創 : Gunshot wound)이라고 부른다. 총구에 의해 발사된 탄환이 아닌, 총의 다른 부분에 의한 상처 등은 총상이 아닌 별도의 개념으로 이해해야 할 것이다.

총의 기계적 구조는 총기의 종류와 설계에 따라 각각이지만 기본적인 작용은 대게 비슷하다. 총의 약실에 총탄을 장전한 다음 방아쇠나 전기충격 등으로 약실 내의 화약이 폭발하게 되고, 그 때 발생하는 화염, 소음, 가스 등의 격렬한 친구들과 함께 총구를 통해 세상 밖으로 나가게 된다. 총기는 표적을 조준하여 발사되는 무기로 안정된 궤도를 통하여 총의 사용자가 조준한대로 날아가서 목표에 명중하지 않으면 무용지물이다.

발사된 탄두는 살상, 파괴에 충분한 운동 에너지를 가지며 안정된 궤도로 비행하기 위해서 총열내부에 강선을 만들어서 탄두에 회전 관성을 주는 것이다. 이 때의 회전력은 총탄의 관통능력과 그로 인한 살상능력과는 큰 관련이 없다.

총기에서 발사된 실탄은 인체에 관통함으로써 직접적인 효과를 발생시키는데 실탄이 주는 효과는 주로 총탄이 타격되는 신체의 부위에 따라 결정되며, 타격된 부위에 형성된 구멍의 크기와 깊이가 클수록 효과가 크다. 이 때 관통의 크기는 실탄의 지름에 비례하며 관통의 깊이는 실탄의 무게와 관계가 있다.[23)]

총상을 인지한 후 반응은 개인에 따라 다르기에 총상의 현상 및 실질적인 효과를 인지함으로써 경호활동에 있어서 총격으로 인한 사고 발생 시 효과적으로 대응할 수 있다.

발사된 탄두가 몸에 맞을 때 생기는 구멍을 사입구(射入口), 몸을 관통할 경우 생기는 구멍을 사출구(射出口)라고 한다. 탄두가 회전력을 가진 상태로 인체에 명중하면 사입구를 만들며 체내에 들어가게 되는데 이 순간 부딪히며 받게 되는 충격과 저항에 의해 본래의 형태를 잃게 된다. 이처럼 인체와 충돌한 탄두는 급격한 충격에 의한 안정된 궤도를 잃게 되며, 체내에 들어온 탄두는 안정

23) 정태황(2009), 경호장비의 이해, 백산출판사, p.41.

된 궤도를 잃은 상태에서 운동 에너지에 의하여 전진을 계속 하게 된다. 균형을 잃은 탄두가 앞뒤로 돌며 체내를 뚫고 이동하면서 근육과 내장 등을 훼손하게 되는 것이다. 탄두의 형태와 발사각도에 따라 사출구의 형태는 다양하며, 사입구에 비해 사출구가 크기가 커지는 것은 탄두가 가진 에너지에 의한 것이지 탄두의 회전의 영향 때문이 아니다. 오히려 회전이 살아있다면 체내를 휘젓는 일이 없이 똑바로 관통해 나아갈 것이다. 총상에 의한 피해현상은 다음과 같다.

① 사입구 및 사출구에 의한 과다출혈
② 체내에 형성된 사창관에 의한 장기의 내부출혈
③ 탄두의 운동 에너지에 의한 장기파괴
④ 외부공기에 의한 감염
⑤ 쇼크에 의한 신체장기 기능 저하 및 정지

총에 맞으면 인체는 본능적으로 스스로를 보호하기 위하여 대량의 아드레날린을 분비시키는데 이로 인하여 흥분상태가 되면 제대로 고통을 느끼기 힘들어진다. 이 때문에 부상자는 자신이 입은 상태에 대하여 정확히 인지하기 힘들어지며, 총에 맞는 순간 부상의 경중을 떠나서 비정상적인 상태이며 치명적 상황에 빠졌다고 보아야 하는 것이다.[24)]

## ② 권총의 성능

권총의 경우 자동권총과 리볼버로 대별한다.

### (1) 권총의 기본

자동권총은 탄창을 넣은 후 슬라이드(권총의 상부)를 한번당기고, 방아쇠를 당기면 발사되고, 별도의 동작 없이 다음 탄의 발사가 가능한 권총이다. 이에 비해 리볼버는 회전식 탄창(실린더)을 열어 실탄을 장전하고 다시 탄창을 닫고

24) 플래툰(2009년 2월호), 총상기획기사 '총 맞는 것처럼', pp.100-107.

격발을 하면 실린더(탄창)가 회전을 하면서 발사가 되는 권총이다.

총의 격발방식에는 단동식(싱글액션)과 복동식(더블액션)이 있다. 싱글액션은 격발 전에 공이치기를 뒤로 완전히 제끼고 격발하는 방식이고, 더블액션은 방아쇠를당기면 공이치기가가 완전 후퇴했다가 전진하는 방식이다.

자동권총의 경우 격발시 뒤로 제껴지는 부분을 슬라이드이라고 하고, 탄환이 발사 되면서 후퇴된 상태로 고정되는데 이것을 슬라이드 스톱이라고 하며, 이때 슬라이드를 고정 상태로 잡아주는 부품을 슬라이드 스토퍼(슬라이드 멈치)라고 한다. 이 상태에서 탄창을 빼고 탄환이 있는 탄창을 넣고, 멈치를 내리면 바로 장전이 된다. 권총의 손잡이는 그립, 권총의 하부를 바디, 공이치기를 해머, 탄약전체는 카트리지(Catrige), 탄환을 불렛(Bullet)이라고 한다.

### (2) 리볼버(Revolver, 회전식 권총)의 역사

회전형 탄창을 이용 장전과 발사를 하는 권총은 총의 역사에서 큰 획을 그은 총이라 하겠다. 이 총이 등장하기 전에 는 부싯돌로 격발시키는 장치 단발총이 전쟁터와 범행현장, 주머니속의 방어 도구로 세상을 지배했다. 전장식의 이총은 물에 젖으면 발사불능이고 장전하는데 1분가량이 걸리던 이총은 명중률도 떨어졌다. 방아쇠를 당겨도 불꽃만 튀고 발사가 안되는 경우가 많았으며 이를 두고 'flash in the pan' 이라고 표현 했다.

이러한 점을 개량과 연구를 거듭하여 후추통 권총이 등단을 했는데 여러 개의 총구가 있는 원총을 사격위치에 두고 격발하는 것으로 연발사격이 늦지만 가능해졌다. 18세기 중엽까지는 격발장치를 손으로 일으켜 세우고 탄창도 발사 때마다 손으로 회전시켰다.

1835년 미국 새뮤얼 콜트(Samuel Colt)가 격철(擊鐵)을 세우면 탄창이 회전되는 싱글액션 장치의 이 새로운 총에 리볼버란 이름을 붙이고 특허를 얻었고, 1855년 영국에서는 방아쇠를 당기면 격철이 서고 회전탄창이 돌면 다시 격철이 떨어져서 뇌관을 발화시켜 탄환을, 발사하는 작동이 한 동작으로 되는 더블액션 장치가 발명되어 오늘날 회전식 권총에 이르고 있다.

### (3) 회전식 권총

회전식 권총은 연뿌리(蓮根)모양의 회전탄창에 탄환과 약협(藥莢)을 일체로 한 탄약 포(5-8발)를 장전하여, 발사할 때마다 수동·자동적으로 탄창을 회전시키면서 연속적으로 발사할 수 있다.

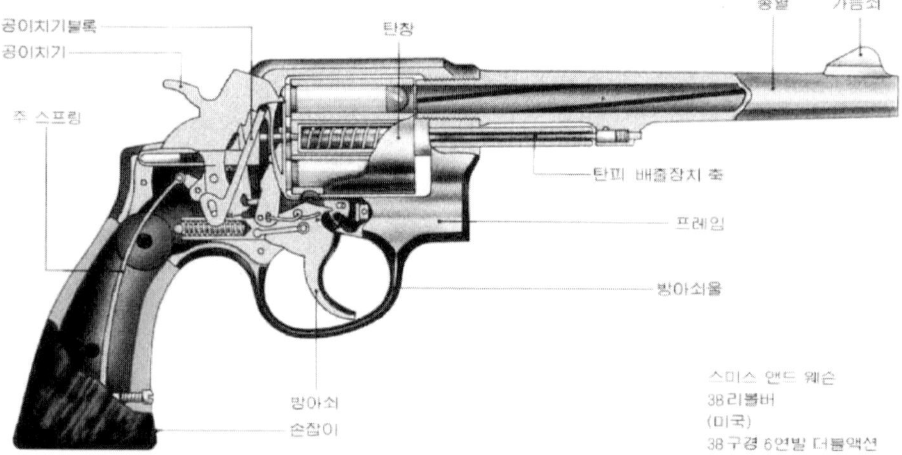


[그림 1-15] 리볼버(38구경)의 구조[25)]

리볼버는 방아쇠를 당기면 방아쇠 뭉치가 해머(공이치기)를 제껴주고 지렛대가 5~8발 들이의 실린더를 돌려 총구 일직선 위치에 갖다 놓는 더블액션 리볼버의 작동방식이다.

회전식 권총은 자동권총에 비해 장전탄수는 적으나 안전도가 높고 불발탄의 처리·취급이 간편하여 경찰용으로 널리 사용된다. 대표적인 것은 콜트, 스미스앤드웨슨(미국), 뉴넘프(일본) 등이 있다.

오늘날 사용되는 권총구경은 0.22인치(5.56mm)에서 0.455인치(11.5mm)까지 있고, 구경 0.22인치 및 0.32인치 일부까지가 림파이어, 그 외에는 센타파이어라고 칭한다. 발사속도는 초속 200~300/sec이며 유효사거리는 20~50m이다.

---

25) 출처 : 권총일반, 그림쟁이 보디빌러, 류용근. http://blog.naver.com/nauryu

### (4) 자동식 권총(반자동식 : semi-auto pistols)

자동권총은 탄창을 넣은 후 슬라이드를 뒤로 당겼다 놓으면 탄창에 있던 탄이 스프링에 의해 약실로 올라갔다가 슬라이드가 앞으로 올 때 약실에 완전히 물려 폐쇄(실탄의 뒤와 양옆 공간은 완전히 막혀 있는 상태)장전되게 된다.

슬라이드를 뒤로 당기면 권총의 뒤쪽에 있는 헤머(공이치기)가 뒤로 제껴지며 발사준비가 된 상태이고 별도의 동작 없이 다음 탄이 발사가 가능하다(자동재장전). 이 상태에서 방아쇠를 당기면 격침의 로크가 풀리면서 헤머 스프링의 강한 힘으로 공이치기 앞에 살짝 돌출한 조그마한 연필심 처럼 생긴 뇌관을 때려 탄환 발사된다.

이때 탄환이 발사되는 과정은 실탄의 뒤쪽 신관이 정확한 지점에 정확 힘으로 타격을 받으면 실탄내부 화약에 의해 폭발하게 되고 신관이 발화하면 주위에 가득 찬 화약도 동시에 터진다. 실탄의 탄피 내에서는 폭발로 생긴 가스압력을 전부 총구 쪽으로 몰아주게 되며, 가스압력이 탄두를 밀자 탄피와 끼워져 있던 탄두가 분리되어 앞으로 밀려 표적을 향해서 비행을 한다.

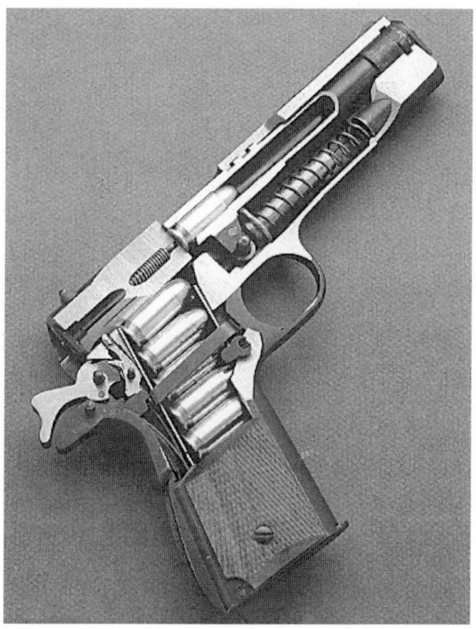

[사진 1-7] 자동권총의 내부(일반)

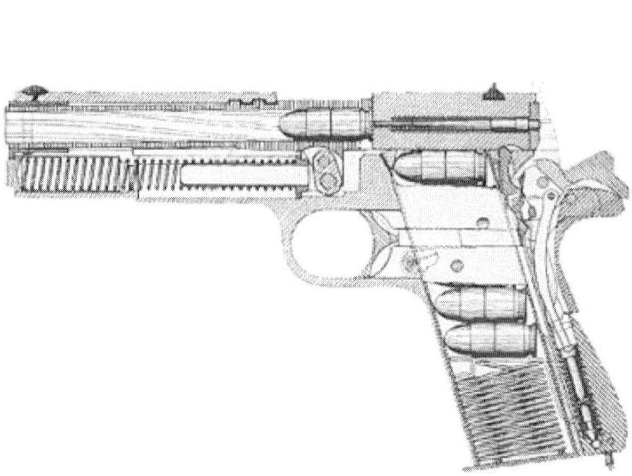

[그림 1-16] 자동권총(일반적)의 작동구조[26)]

실탄이 총열을 통과할 때에 총구내부에는 스크류 바처럼 회전 홈이 파여져 있는 강선이 있다. 강선의 구멍 부분은 실탄의 지름보다 아주 약간 작으나 아주 강한 가스압력으로 뒤에서 밀기 때문에 무른 재질인 납으로 된 탄두는 강선모양대로 긁히고 눌려 회전하면서 밀려나가게 된다.

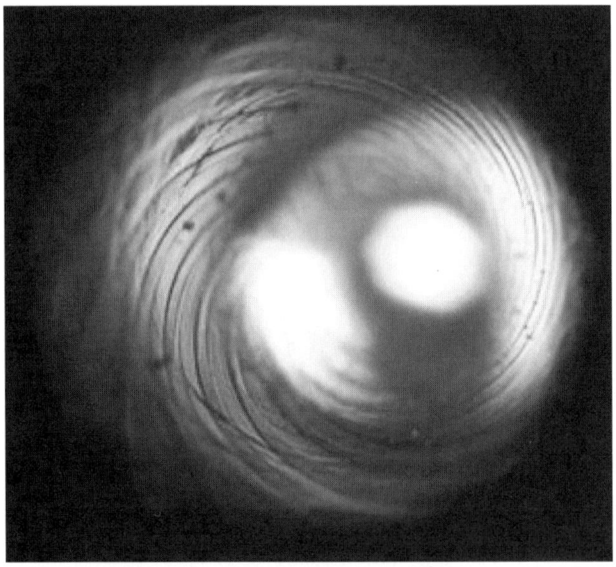

[사진 1-8] 총구내부의 나선 홈(腔線)

26) 출처 : http//blog.naver.com/jgbag30 자동권총의 구조

강선이 스쿠류 모양으로 꼬여 있었기 때문에 실탄도 회전하면서 나갈 수밖에 없으므로 총구를 떠난 실탄은 관성에 의해 회전하면서 표적을 향하여 비행을 하게 된다.

이와 같이 발사된 후 다음탄환이 장전되어 격침의 발화준비 위치에 후퇴 등이 자동적으로 이루어진다. 여기서 다시 방아쇠를 당기면 앞서 언급한 동작이 반복되어 방아쇠를 당길 때 마다 발사·장전이 반자동적으로 이루어져 연발이 된다. 이 과정이 반복되어 마지막 실탄을 발사하고 나면 탄창돌기가 자동으로 솟아올라와 '슬라이드 스톱' 부분을 위로 올리게 된다. 이렇게 되면 슬라이드에 뚫려 있는 구멍에 솟아 올라온 스톱이 걸리게 되어 리코일 스프링이 압축되었음에도 불구하고 슬라이드가 뒤로 재껴진 채 그 상태가 고정된다.

새로운 탄창을 갈아 끼운뒤 가볍게 슬라이드 스톱만 눌러주면 다시 슬라이드가 리코일 스프링의 힘으로 앞으로 밀려가며 동시에 탄알 한발을 약실로 밀어 넣게 된다.

여기에서 슬라이드는 자동권총의 상부 해드로서 탄을 장전하고 반동을 흡수·해머를 젖히는 역할을 하는 장치로서 격발 시 뒤로 재껴지는 기능을 한다. 대부분이 반자동식으로 되어 있으며, 일반적으로 자동권총이라고 할 때 반자동권총을 뜻한다.자동권총은 장전탄수가 많고 장전이 간편하기 때문에 많은 나라에서 군용으로 사용되기도 한다. 대표적인 것은 콜트 M1911 AK(미국, 한국, 일본 등)이 있다.

### 1) 자동권총의 발전과정

리볼버 권총보다 얇고 보다 소형으로 개발한 핸드 리피터 권총은 외력을 이용해 노리쇠를 전·후동시켜 탄약을 총신의 약실에 보내 발사가 끝난 공(빈) 약협을 배출하여 연발 사격할 수 있는 권총 이었으며, 핸드 리피드 권총은 후에 반자동 권총을 생산되는 기초가 되었다.

1890년대는 무연 화약을 발사약으로 사용하는 소형의 약협식 탄약이 완성된 시기와 겹쳐 발명가들이 반자동 권총의 개발에 열중했던 시대였다. 초기의 기계의 메카니즘은 분야를 불문하고 조작성이 나쁘고 부피가 컸고 신뢰성도 떨어졌으며 권총도 예외가 아니었다. 물리학과 기계공학의 합작이라 할 수 있는 반자동 권총은 부피가 크고 조작성도 나쁘고 신뢰성이나 내구성도 부족했다.

한편 미국의 존 · M · 부라우닝(John M. Browning)은 복잡하고 신뢰성 있다고 인식되고 있던 반자동 권총을 발사시의 반동을 이용하는 불로우 백 방식이라고 하는 단순한 구조로 설계하여 얇고 가볍고 신뢰성 높은 제품으로서 완성시켰다. 존 M 브라우닝은 그 후에도 연구를 계속해 대구경의 위력 있는 군용권총을 단순한 메카니즘으로 차례차례로 개발했다. 그중에서도 최초로 성공한 것은 존 M 브라우닝이 설계하여 벨기에의 FN사(社)(Fabrique Nationale company)가 제품화한 중형권총이다.

소형이며 경량으로 단순불로우 백 방식에서 작동하는 초기의 중형권총으로서 가장 성공한 제품이었으며, 소형이라 휴대가 용이하여 군의 장교용으로서 다수 판매되었고 경찰의 무장용으로도 사용 되었다. 실제의 생산은 1899년에 시작되어 1911년에 생산 종료되기 까지 724,450정이 제조되었으며, 인기가 높았기 때문에 벨기에나 중국에서 복제품도 제조 되었다.

### 2) 현대의 자동권총

이탈리아의 베레타 사에도 존 M 브라우닝이 발명한 모델 1900과 발터P38의 영향은 컸었다. 베레타 사(社)가 베레타 M1915를 개발할 때 개발의 참고로 되었고, 베레타 M1951은 발터사의 발터 P38에 크게 영향을 받아 개발 · 생산 되었다. 현재 대성공을 거두고 있는 베레타 M92FS도 발터P38이 없었으면 이 세상에 존재하지 못했다고 해도 과언은 아니다.

오스트리아의 신예총기 메이커인 글록(Glock gmbh)사는 플라스틱으로 제작된 글록17이라고 하는 획기적인 권총을 개발 · 생산하여 오스트리아군의 제식권총에 채용되었다. 현재는 미국 경찰을 시작으로 여러 나라에서도 차례로 채용하여 총기의 톱 메이커로 인정받고 있다. 글록사의 성공을 시작으로 발터사의 발터P99나, Smith&Wesson사의 40F Sigma, H&K사의 USP 등도, 폴리머 프레임, 폴리머 그립을 채용해 개발하고 있다. 현재의 자동권총의 경향으로서는 흉악범의 증가나 대테러 대책으로서 45구경의 권총이나 커스텀화 된 권총이 차례차례로 발매되고 있다.

### 3) 완전자동식(기관권총 : Machine pistol)

완전자동식은 기관권총으로 분류하며 방아쇠를 당기고 있는 동안 연속적으로 탄환이 발사되는 완전자동식을 말한다.

기관권총을 필요분야는 요인경호 분야이다. 요인 경호에서 가장 중용한 것은 상대를 제압하는 것 보다 경호 대상의 안전을 단시간에 확보하기 위한 것이다. 또 요인경호용의 총기는 대부분의 경우 일반에 노출되지 않는 은닉과 휴대가 간편한 것이다. 따라서 권총으로서 휴대가 가능하면서도 유사시 단시간에 화력을 발휘할 수 있어야 한다. 현대의 기관권총으로 가장 대표적인 것은 이탈리아의 베레타 M93R 과 오스트리아의 글록 18C이다.

M93R은 매우 독특한 권총이다. 기관권총이라고는 하지만 완전자동이 아닌 3점사로 발사되며, 앞부분에는 접이식 손잡이까지 장착 되어 있다. 이 총은 처음부터 이탈리아 특수부대 및 경찰이 요인경호용으로 요청해 제작 되었다. 글록18C는 자동・반자동의 선택이 가능하며 점사기구 없이 완전자동이라는 점이 특징이다. 또한 두 총기의 공통점은 개머리판의 부착이 가능 하다.

① 오스트리아제 글록(Glock18) 기관권총

[사진 1-9] 오스트리아 제 세이프 액션형 기관권총[27]

27) 출처 : www.wiki.gotfrag.com/images/6/69/G18_mag

② 이탈리아제 M93R 기관권총

[사진 1-10] 이탈리아제 베레타M93R 기관권총

1st 버전은 총구의 가스방출구멍이 좌우 각각 3개씩 6개이고, 2nd 버전은 총구 구멍이 위쪽으로만 3개이다. 2nd 버전의 총구는 조금이라도 발사 반동을 줄이기 위한 것이다.

[사진 1-11] 흰색 점으로 1점사(단발)3점사(3발)표시가 찍혀있다.

**[사진 1-12]** 전용 접철식 개머리판을 장착한 상태

이탈리아 특수부대와 경찰에서 요인경호를 위해 강한 화력을 지닌 권총을 요구한 것이 M93R이 생산된 배경이다. M92F와 기본 구조는 비슷하지만 크기가 좀 더 크고 중량이 무겁게 되어 있으며, 지나친 연사에 의한 명중률 저하를 막기 위해 일반적인 연발대신 VP70과 마찬가지로 3점사를 채택하였다. 총 앞에는 소형 그립이 있어 사격 시 반동 억제에 도움이 되도록 하였지만 반동은 상당히 센 편에 속한다.

높은 명중률이 필요할 때는 금속제 스톡을 장착할 수도 있는데, VP70과는 다르게 스톡이 없어도 3점사 사격은 가능하다. VP70과는 달리 이탈리아를 비롯한 많은 나라에서 요인경호 및 대테러용으로 쓰이며, 베레타 M93R은 단발과 3점사의 선택이 가능한 권총이다. 엄지손가락으로 조절할 수 있는 조정간과 오른쪽 면에 이와 관련된 메커니즘이 들어있다. 조정간은 권총의 좌・우측에 위치하고 있는데 거기에는 흰색 점 하나와 세 개의 점이 찍혀져 있으며, 흰색 점 하나는 단발, 흰색 점 세 개는 3점사이다. 방아쇠를 당기면 한번에 3점사가 이루어지는데, 재격발을 위해서는 방아쇠를 풀었다가 다시 당겨야 하는 불편함이 있다. 여기서 방아쇠를 당기는데 들어가는 타이밍을 잘 조절하면 의도적으로 단발이나 2점사도 가능하다.

안전장치는 같은 위치에 대칭으로 만들어져 있으나 작동 자체는 독립적이다. 안전장치를 위쪽으로 밀어 올리면 빨간색의 점이 보이는데 이것은 사격이 가능하다는 것을 의미하며, 레버를 내리면 빨간색 점을 가리게 되는데 이때 방아쇠를 잡아당겨도 사격은 되지 않는다. 이 기관권총은 이탈리아의 특수부대. 경찰. 그리고 중남미 일부 국가와 미국의 특수부대(델타 포스)와 경호원들에게 널리 보급되었다.[28)]

## ③ 리볼버와 자동권총의 장단점

### (1) 리볼버의 장 · 단점

#### 1) 장점

① 일단 간단한 구조에서 우수한 내구성과 작동의 신뢰성에 있다.
② 오래 쓰고 기능고장이 적고, 손질하기도 용이하다.
③ 조작이 간단해서 여성을 비롯한 초보자도 다루기가 용이하다.
④ 오발사고가 적어 안전도 가 높고, 총을 인수인계할 때 안전한 상태라야 한다.
⑤ 리볼버의 경우 실린더를 옆으로 열고 젖히는데 이렇게 만해도 안전한 상태가 된다.
⑥ 여러 가지 탄환을 장전해서 사용하기에 편하고 불발탄 발생에 대처가 간편하다.
⑦ 리볼버는 불발탄이 발생했을 경우 그대로 방아쇠를 더 당겨주면 간단히 처리된다.
⑧ 리볼버가 자동식권총보다 가격이 낮은 편이다
⑨ 하프콕(공이치기가 약간 뒤로 후퇴한 상태로 탄의 뇌관을 쳐도 발사가 않된다)을 제외하고는 별다를 안전장치가 없다.
⑩ 방아쇠를 고정시키거나 공이치기를 고정 시킬 필요가 없다.

28) 출처 : http://cafe.naver.com/animaseele/1256

⑪ 약실의 탄을 한발만 제거하고 그곳에 공이치기를 두면 방아쇠를 당기지 않은 한 발사가 되지 않는다.

⑫ 명중률도 평균 자동권총보다 더욱 정확하다.

### 2) 단점(리볼버38구경)

① 발사 시에 탄환이 가진 에너지 일부가 약간 상실된다는 점

② 자동권총과는 달리 실린더와 총열사이에 틈이 있는데 이 부분으로 어느 정도의 에너지가 상실되므로 에너지 상실은 물론 탄착 명중률에도 영향을 끼칠 수 있다.

③ 9mm자동권총이 14발이 평균인데 비해 5-7발로 장탄수가 적다.

④ 탄피제거를 하고 실탄을 장전하는 데는 시간이 소요된다. 보완을 위하여 스피드 로더를 사용할 수도 있다.

**[사진 1-9]** 리볼버의 재장전 기구 스피드로더(speed loader)

리볼버 권총 장전의 단점을 보완하기 위하여 실탄 6발을 신속하게 재장전할 수 있는 장비를 스피드 로더(speed loader)라 한다.

원통형 뒤의 나사를 돌리면 탄을 결합하거나 분리할 수 있으며, 실린더에 스피드 로드가 결합한 실탄을 넣고 원통형 뒤의 나사를 돌리면 스피드 로더와 결합된 실탄이 분리되어 한번에 6발을 신속히 장전할 수 있다. 특히 야간 어둠속에서 재장전 할 경우 효과적이다.

2006CHAMPIONSHIP TITLES current USPSA National Revolver Champion[29]

**[사진 1-10] 스피드 로더를 사용하여 실탄 6발을 장전하는 모습**

29) 629 Mountain Gun. Current USPSA National Revolver Championship Titles. Smith & Wesson- Jerry Miculek 226

## (2) 자동권총의 장 · 단점

### 1) 장점

자동권총의 최대 장점은 일단 장탄수가 많다는 것이다. 기본 7~8발에서 많게는 14~30발까지도 장전 가능한 권총도 있다(예 ; 콜트-9발 .베레타-15발. 글록-18발 등).

### 2) 단점

① 리볼버에 비해 복잡한 구조로 고장이나 작동불량을 일으킬 가능성이 많고, 발사할 때마다 슬라이드가 왕복하여 리볼버 보다 명중률이 떨어진다.
② 불발탄이 생길 경우 리볼버는 방아쇠를 한번 더 당기면 다음 실탄으로 넘어가지만 자동권총의 경우 슬라이드를 후퇴시켜 불발탄을 제거해야 하므로 전투 중에 불리한 사항을 초래할 수 있다.
③ 가스활대가 완전히 전진되지 않았을 경우나 왼손으로 쳐주었는데도 전진이 되지 않았을 경우, 탄창을 제거하고 가스활대를 후퇴시켜 약실을 검사 하거나 다른 탄창으로 교환해야 하는 불편함이 있다.

## (3) 단동식 · 복동식(싱글액션 · 더블액션)

### 1) 리볼버의 단동식(single action)

① 공이치기를 손으로 제낀 후 격발하는것
② 완사 정밀사격 시 활용하는 격발방법
③ 인지의 지문 끝마디 중앙부분이 방아쇠에 닿도록 한다.

### 2) 복동식(double action)

① 리볼버는 방아쇠를 당기면 방아쇠 뭉치가 해머를 제껴주고 지렛대가 실린더 내에 있는 실탄의 탄두를 총구에 갖다 놓는 작동방식이다.
② 공이치기를 미리 제끼지 않은 상태에서 2단계로 격발하는 것.
③ 시간적인 여유가 없는 속사 또는 급사 사격 때에 사용하는 격발 방법이다.
④ 복동식의 경우 인지 끝마디 부분이 방아쇠에 닿도록 한다.

⑤ 오발사고위험은 적으나 격발요령을 숙달하게 위해서 평소 공(空)격발 훈련이 필요하다.

⑥ 더블액션 리볼버의 방아쇠압력은 3kg 정도이다.

### 3) 자동권총

① 단동식

공이치기가 뒤로 후퇴한 상태에서 방아쇠를 당기는 방법으로서 매발 사격마다 자동적으로 공이치기가 후퇴한 상태로 되어 단동식 격발이 이루어진다.

② 복동식

자동권총은 손잡이 아래에 탄창을 넣고 슬라이드를 당겨 빈약실에 실탄을 장전함과 동시에 해머가 제껴져 발사될 준비를 마친다. 이때 해머가 제껴진 상태면 싱글액션이고, 원래 위치에서 방아쇠를 당기는 방법이라면 복동식(더블액션)이다. 공이치기가 앞으로 전진된 상태에서 격발하는 방법으로써, 정확한 사격보다도 신속사격이 요구될 때 사용된다(방아쇠 당김력이 크므로 정확도가 좋지 않다).

제 2 장

# 권총의 유형 · 제원 및 성능 · 조작

## 제1절 38구경 리볼버(revolver)

### 1 리볼버(Revolver)식 권총의 종류

#### (1) 38구경 매그넘 M-646(4") Smith&Wessen

[사진 1-11] 38구경 매그넘 M-646(4in) 재질 : 카본스틸

### (2) 38구경 357매그넘 (38 COLT POLICE MK3)

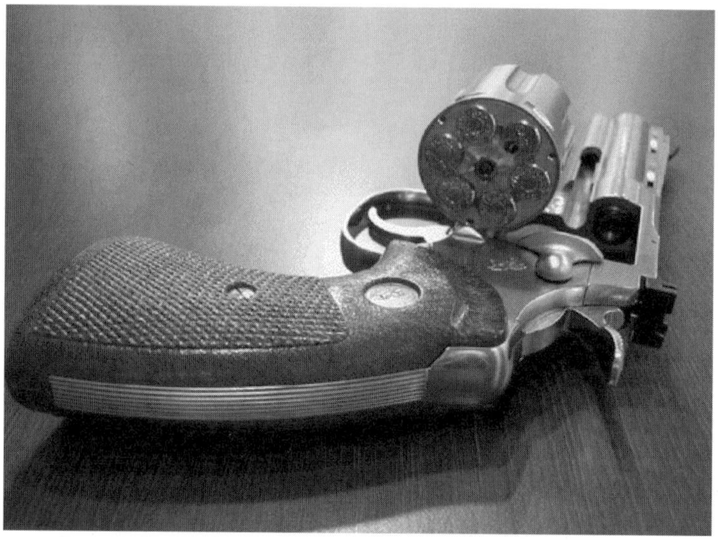

[사진 1-12]  38구경 매그넘(colt police Mk3)

### (3) 38구경 M-10(4in) Smith&Wessen

[사진 1-13]  38구경 M-10(4in)

### (4) 38구경 M-60(3in)

[사진 1-14] 38구경 M-60(3in)

### (5) 38구경 리볼버 M-66(2in)

[사진 1-15] M-66(2in)38구경 리볼버 (미국, 스미스&웨슨)

## ② 외부 구조 및 제원(38구경 M10 Smith & Wessen)

### (1) 외형

[사진 1-16] 38구경 리볼버[30)]

외견상 둥근 원통형에 골이 파져 있고, 둥근 방아쇠울과 자동권총에 비하면 굴곡이 많아 보이는 외형상 특징을 지니고 있다.

### (2) 외부명칭

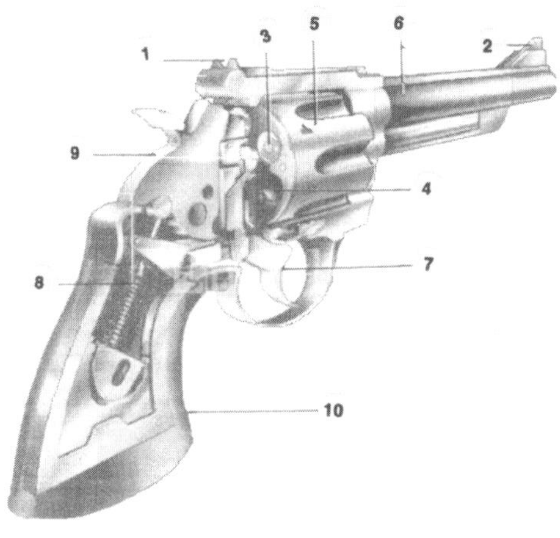


[그림 1-17] 38구경 M-10(4in) 외부명칭

① 가늠자 ② 가늠쇠 ③ 실탄 ④ 빈약실 ⑤ 탄창 ⑥ 총열 ⑦ 방아쇠 ⑧ 공이스프링 ⑨ 공이치기 ⑩ 손잡이

30) 출처 : blogfiles 12.naver.net

## (3) 제원

### 1) 38구경 M-10 (smith &wesson)

[표 1-2] 제원(38구경 M-10 S&W)

| 구조 및 성능 | 38리볼버 4인치 | 38리볼버 2인치 |
|---|---|---|
| 총구의 직경 | 0.38인(9.65mm) | 0.38인치(9.65mm) |
| 총열의 길이 | 4인치(101.6mm) | 2인치(50.8mm) |
| 총의 전장 | 236.5mm | 175mm |
| 총무게 | 864.7g | 560g(794g) |
| 강선 | 5조우선 | 6조우선 |
| 약실수 | 6발(cylinder) | 5발(cylinder)-(6발) |
| 탄속 | 290/sec | |
| 유효사거리 | 50mm | 25m |
| 최대사거리 | 1,676m | 730m |
| 사용 탄종(彈種) | 38special | 38special |

### 2) 38구경 357매그넘 (Colt Police Mk3)

[표 1-3] 제원(38구경 Colt Mk3)

| 구조 및 성능 | 리볼버 |
|---|---|
| 강선(腔線) | 6조우선 |
| 전장 | 343/289/240mm |
| 무게 | 1.36/1.22/1.1kg |
| 탄속 | 400m/sec |
| 제작사 | 미국 colt사 |
| 구경 | 357매그넘 |
| 총신 | 203/153/102/64mm |
| 탄창장전수 | 6발 |
| 생산연도 | 1955년 |

## ③ 특성 및 성능(38구경 M-10 4in)

### (1) 특성

① 반자동식(실린더 회전식)

② 탄창(실린더) 장전식

③ 분리복합 작용식(단동, 복동)

④ 공냉식

⑤ 파지식

### (2) 성능

위 사진에서 볼 수 있듯이 Smith&Wessen 사의 M10 등, 구조상 리볼버R(회전식)권총은 연뿌리(蓮根)모양의 실린더(회전탄창)에 탄환과 약협(藥莢)을 일체로 하여 발사할 때마다 수동·자동으로 탄창을 회전(Roating)시키면서 연속적으로 발사할 수 있고 탄창은 약실과 탄창을 겸하고 있는 셈이다. 일단 발사된 후에도 탄피는 그대로 실린더 속에 남아 있기 때문에 사격이 다 끝나고 나서도 탄피를 제거 해줘야만 한다.

총을 움직이는 에너지가 순전히 '손가락 힘' 뿐이므로 연속으로 힘이 많이 들고 또 실탄을 장전하고 탄피를 제거하는데도 시간이 소요된다고 본다. 또한 리볼버는 자동 권총과 같이 풀 콕(full cock : 헤머가 완전히 뒤로 제껴진 상태)과 하프 콕(half cock : 헤머를 약간만 당긴 상태)이 있고, 방아쇠 만 당기면 공이치기가 움직인다. 가늠자(rear sight)를 좌우상하로 조정(adjustable sight)할 수 있도록 개발생산 되었다.

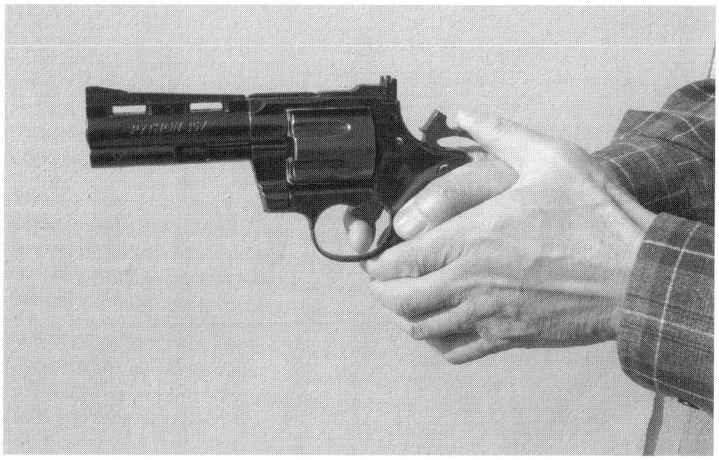

[사진 1-17] 헤머 풀. 하프콕-가늠자 조정기 부착

## ④ 총기조작(38구경 Revolver 4in 기준)

### (1) 실탄장전요령

#### 1) 실린더 개방

총을 잡은 우측 손 엄지로 눌림쇠를 앞으로 밀며, 좌측 왼손엄지·중지·환지로 실린더를 잡아 개방한다.

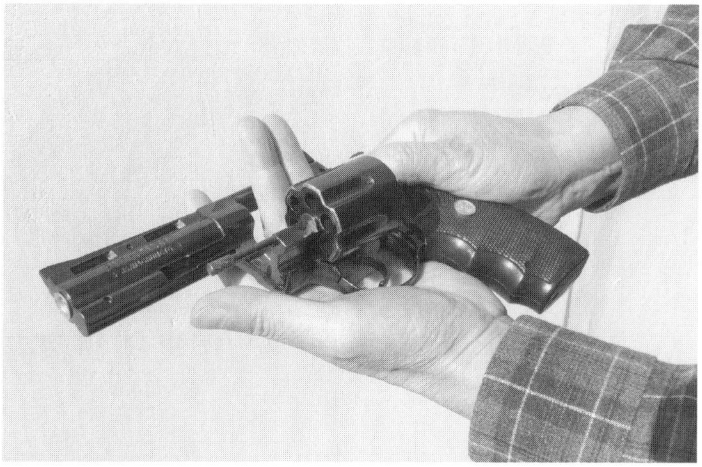

[사진 1-18] 38구경 리볼버 실린더 개방

### 2) 실탄장전

왼손엄지 · 중지 · 환지로 실린더를 잡고, 시계 반대방향으로 돌리면서 빈 약실에 실탄을 장전한다.

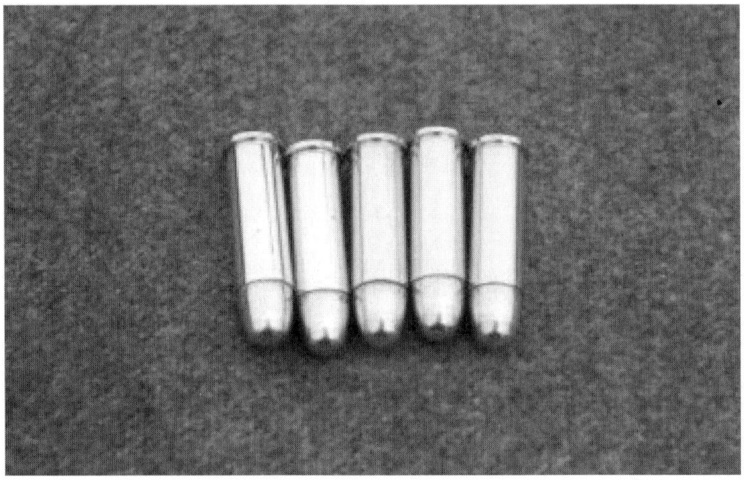

**[사진 1-19]** 38구경 리볼버 실탄(스페셜 볼)

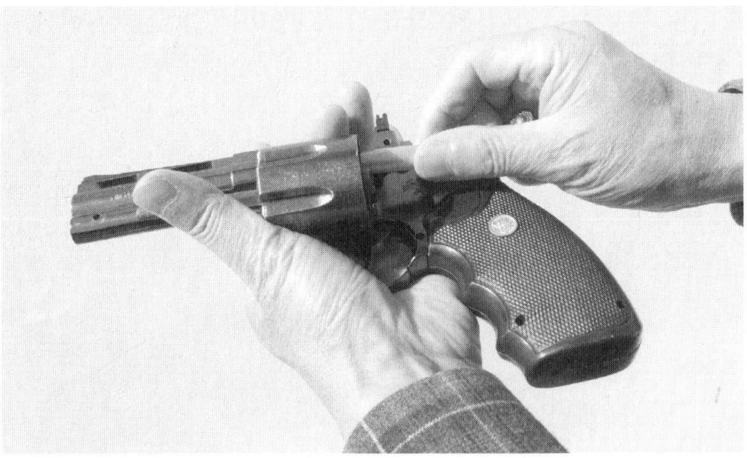

**[사진 1-20]** 실린더(회전식탄창) 내 실탄장전

### 3) 실탄장전 후 실린더 닫기

총구를 표적방향으로 하고 왼손엄지로 실린더를 밀어 닫는다.

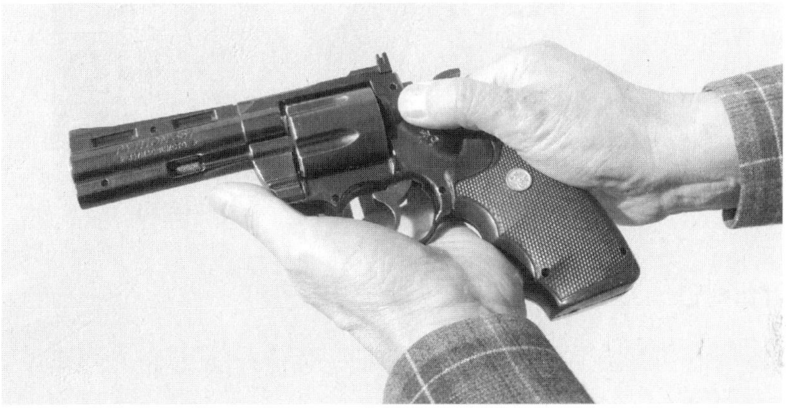

[사진 1-21] 왼 엄지로 실린더를 밀면서 닫기

## (2) 탄피제거 요령

### 1) 추출대(extracter rod) 밀기

실린더를 열고 추출 대를 왼손엄지로 2~3회 눌러 추출된 탄피를 오른손으로 받는다.

[사진 1-22] 탄피제거(추출 대 밀기)

[사진 1-23] 사격 후 제거탄피

## 2) 약실확인

약실확인 후 실린더가 개방된 상태로 총구가 전방을 향하도록 사대(射帶)위에 세워 놓는다.

[사진 1-25] 사격 후 (탄창)약실검사

[사진 1-26] 실린더의 실·탄피가 제거된 상태

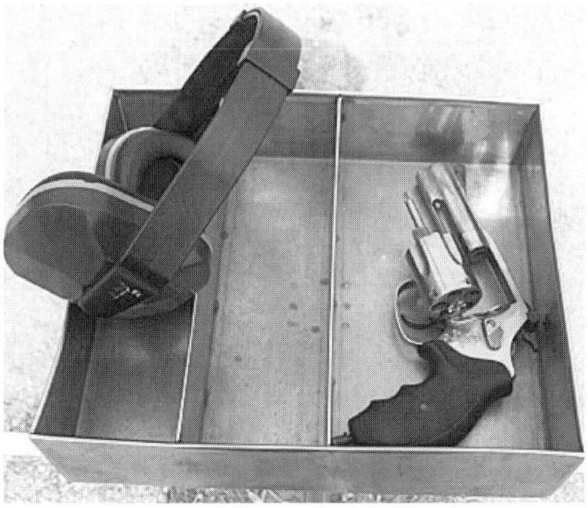

[사진 1-24] 탄창(실린더)검사 후 사대위에 놓여진 빈총

### (3) 총기고장 및 응급처치요령

고장은 총의 기능 작용 과정에서 생기는 우발적인 기능의 중단(단절)이며, 통상 부분품의 마모나 부적절한 취급 및 손질이 안 되었을 때 발생한다. 38리볼버 권총은 주로 발사 시 송탄 격발고장이 대부분이고 그 이외의 장전과 추출불능의 경우는 사수의 조작 미숙에서 온다.

**1) 격발되지 않는 경우 :** 실린더가 닫히지 않는 경우에 발생한다.

① 실린더가 완전히 닫히지 않는 경우로 실린더를 다시 밀어 넣으면 된다.

② 공이치기가 부러진 경우 교체한다.

③ 불량 탄 및 격발장치가 약한 경우로 불량 탄은 교체하고 격발장치가 약한 것은 방아쇠 스프링 조절로 처치 가능하다.

### 2) 사격 중 불발탄 또는 총기이상으로 공이치기가 뒤로 제껴진 상태에서 실탄을 제거하고자 할 경우

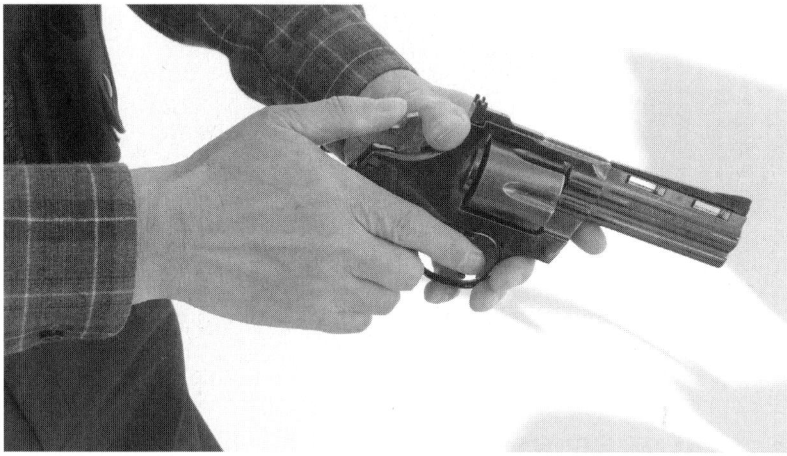

[사진 1-25] 오른손 엄지로 공이치기 부분을 누른다. → 왼손엄지를 격침공간에 끼운다. → 인지로 방아쇠를 당기면서 공이치기를 서서히 놓는다.

① 우선총구를 안전한 방향에 두고, 방아쇠울에서 인지를 뺀 후 총을 잡지 않은 엄지손을 격침 공간(Hammer track)에 끼워 넣는다.

② 격발되면 공이치기를 누르고 있는 엄지손가락의 힘을 서서히 빼면서, 공이치기를 총을 잡지 않은 손 엄지손톱에 닿을 때까지 유도한 후 인지는 방아쇠로부터 뺀다.

③ 계속해서 총을 들고 있지 않은 손 엄지손가락을 빼낸 후, 총을 잡은 손 엄지손가락으로는 천천히 공이치기를 원 위치에 내려놓은 후 실린더를 개방한다.

### 3) 실린더가 닫히지 않는 경우

실린더(탄창)멈치를 앞으로 밀면서 왼엄지로 실린더를 밀어 닫는다.

[사진 1-26] 총을 안전하게 잡고 열린 실린더를 왼 엄지로 밀어 닫는다.

### 4) 실린더가 개방되지 않은 경우

밀대를 시계방향으로 감기, 밀대(추출대)가 풀린 경우로 왼손 또는 오른 엄지와 인지를 이용하여 밀대를 시계방향으로 돌려 조인 후 파지하고 있는 손의 엄지로 눌림쇠를 앞으로 밀며 왼손엄지, 중지, 환지(3.4指)로 실린더를 몸 안쪽으로 밀며 개방한다.

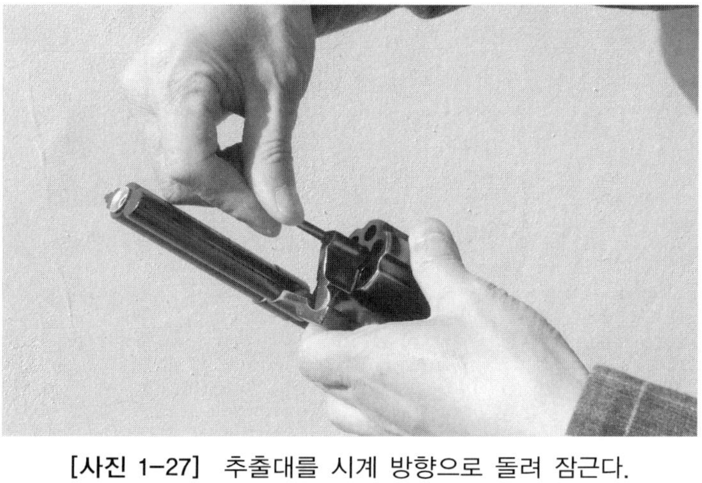

[사진 1-27] 추출대를 시계 방향으로 돌려 잠근다.

### 5) 탄피가 실린더 약실 내에서 제거되지 않는 경우

① 인지손톱이나 얇은 칼날 끝 등으로 탄피 제거한다.
이때 탄피가 약실에 끼어 빠지지 않는 경우, 추출대(밀대)를 왼손으로 밀고 오른손 인지 손톱을 이용 탄피를 제거한다.

② 실린더 내에 볼펜이나 드라이버 등을 이용 탄피를 제거한다.

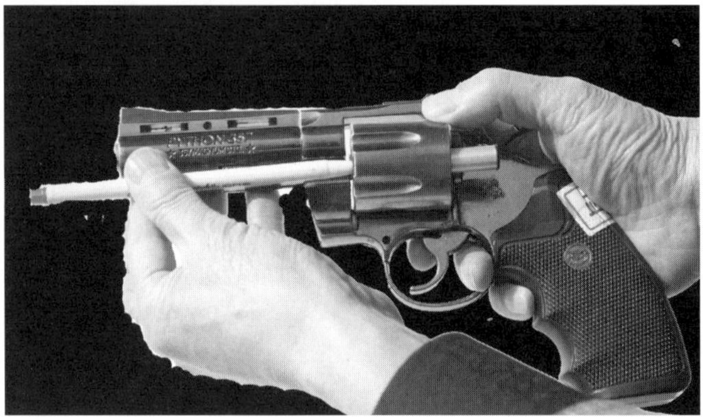

[사진 1-28] 볼펜 등으로 탄피제거

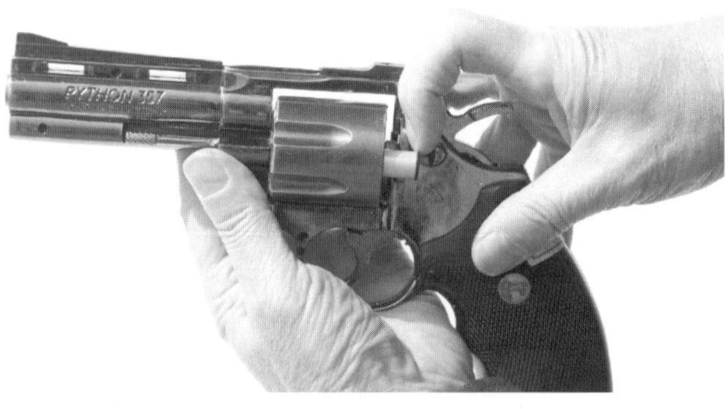


[사진 1-29] 인지손톱끝으로 탄피제거

### 6) 총기 분해결합

① 보통 분해

㉠ 손잡이 개머리판 나사를 풀어 좌우목판 분리

㉡ 실린더 멈치 나사를 풀어 실린더 분리

㉢ 실린더 활대를 풀고 활대 용수철과 축 분리

㉣ 기관부 덮게 나사를 풀고 덮게 분리

㉤ 공이치기 받침대를 들어내고 공이치기 용수철 나사를 풀어 용수철, 공이치기 분리

㉥ 방아쇠 용수철 분리

㉦ 공이치기 분리

㉧ 실린더 자물쇠나사를 풀어 손잡이를 분리시키고 실린더 자물쇠분리(용수철이 튀어나감)

㉨ 실린더 회전멈치 못을 제거(용수철주의)

② 결합은 분해의 역순으로 한다.

## 제2절 DP-51/K5(9mm) 자동식 권총

### 1 외부 구조 및 제원

#### (1) 외형

[사진 1-30] DP-51/K5 우측 외형

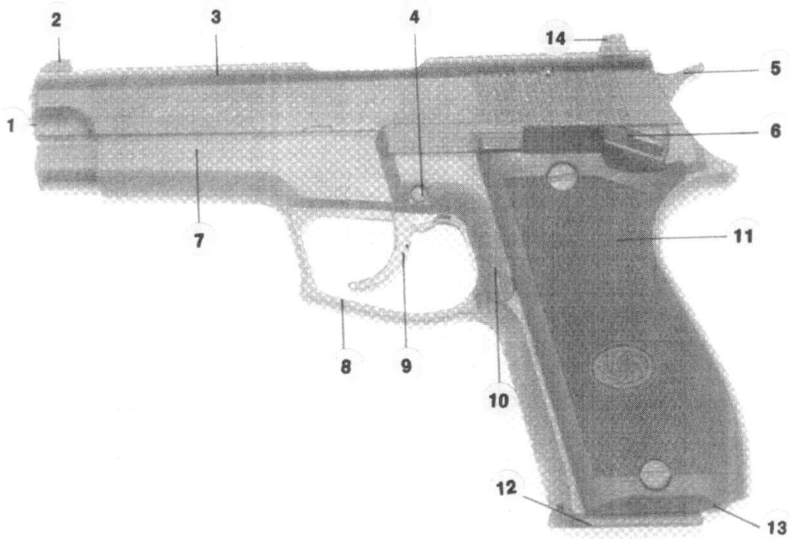


[그림 1-18] DP-51/K5 외부명칭

① 총구 ② 가늠쇠 ③ 가스활대 ④ 가스 활대멈치 ⑤ 공이치기 ⑥ 안전장치 ⑦ 몸통
⑧ 방아쇠울 ⑨ 방아쇠 ⑩ 탄창멈치 ⑪ 손잡이 덮게 ⑫ 탄창 ⑬ 방아끈고리 ⑭ 가늠자

## (2) DP-51/K5 제원

[표 1-4] K5자동권총 제원

| 제조국가 | 대한민국 |
|---|---|
| 제조사(社) | 대우정밀 |
| 개발년도 | 1984~1988.5 |
| 생산기간 | 1989~현재 |
| 사용국가 | 대한민국, 기타 |

| 작동방식 (Type) | 복동식, 공이치기식<br>(Triple action–Double/Singlaction with fast action) |
|---|---|
| 구경 | 9mm |
| 총열길이(Barrlength) | 105mm |
| 전장(Length) | 190mm |
| 강선 | 6조우선 |
| 무게(Weight unloaded) | 800g |
| 탄약(Caliber) | 9×19mm Luger/Parabellum |
| 장전 수(數)<br>(Magazine capacity) | 10~13발(13rounds)<br>1발 약실장전 시 |
| 최대사거리 | 1,550m |
| 유효사거리 | 50m |
| 총구속도 | 356m/sec |

## ② K-5 한국형 자동권총의 특성

### (1) 패스트 액션(Fast Astion) 방식의 작동

K-5는 우리나라에서 노후한 M1191 A1(콜트45구경)을 대체 하기위하여 1984~1989년에 이르러 현재 한국의 제식권총이 된 것으로서, 대체로 평범한 다른 나라 군용 권총들의 특성을 그대로 가지고 있으며, 다른 어느 권총에도 체택 되지 않은 독특한 격발 방식을 가지고 있다.

패스트 액션은 더불액션의 안전성과 싱글액션의 가벼운 방아쇠 압력을 동시에 실현해보자는 아이디어로 70년대 벨기에 FS사에서 개발되었다가 오발사고의 위험이 높다는 이유로 결국 실용화 되지 못하고 사라진 것이다. 그렇지만 대우정밀에서는 평범한 더블액션 자동권총의 구조에 이것을 합하여 안전하고 실용적인 FA방식의 총을 세계의 최초로 개발한 것이다.

### (2) 안전장치

한국형 총기 중에서 가장 한국인의 체형에 알맞게 만들어졌다. 특히 왼손사수도 사용이 용이하도록 안전장치와 탄창 멈치도 좌우 모두 장착되어 있다.

### (3) 특성

① 반자동식, 반동식, 탄창장전식, 파지식

② 가늠자와 가늠쇠는 슬라이드(가스활대)에 부착되어 있고, 야간조준 사격을 위하여 가늠자와 가늠쇠에 트리치 움(tritium : $H^3$)야광 유리관이 끼워져 있어 야간에도 조준 사격이 가능하다.

③ 무게를 경량화 하기위하여 총 몸통은 알루미늄 합금, 총 몸 덮개는 플라스틱으로 제작되었다.

## ③ 총기조작

### (1) 조작요령

[사진 1-31] FA방식 슬라이드 후퇴로 공이와 연결된 스프링이 당겨진 상태(K5)

① 세계최초 FA방식으로 슬라이드후퇴로 공이와 연결된 스프링은 당겨진 상태
② 우선 보통 권총과 같이 슬라이드를 뒤로 당겨 장전한 다음공이를 다시 앞으로 민다.
③ 이때의 공이는 원위치 되어 있지만 그 안의 스프링 장치는 공이를 당긴 것과 거의 같은 상태로 되어있다.
④ 이때 격발을 하면 이미 공이와 연결된 스프링은 당겨진 상태이므로 압력은 거의 느껴지지 않게 격발이 된다.
⑤ 사격이 종료 시 안전자물쇠를 안전위치에 놓고 탄창을 뽑고, 약실 내 남은 탄 여부 확인

### (2) 탄창

[사진 1-32] 장전탄창(Magazine capacity-13 rounds)

## (3) 탄종(彈種)[31]

[표 1-5] 탄종, 용도, 식별방법

| 종류 | 용도 | 식별 |
|---|---|---|
| 보통탄 | • 인마살상 | 탄알은 납합금, 탄체는 금속피<br>특별한 도색이 없음 |
| 공포탄 | • 모의사격 | 탄두는 없고 장약만 들어 있음 |
| 훈련탄 | • 탄알장전 및 제거훈련<br>• 검사총 훈련<br>• 사수 고벽 발견 | 뇌관이 비어있고 장약이 없음<br>탄피에 구멍이 있음 |
| 예광탄 | • 사격관측 | 내부에 산탄 및 예광 혼합물이 들어 있음.<br>탄두를 적색으로 도색 |

[사진 1-33] 패러블럼/루거탄 9mm×19mm(NATO 규격)

31) k-5 권총기계훈련교범, 인천국제공항특공대, p.223

## ④ DP 51/K5 권총분해 및 결합

### (1) 분해결합

#### 1) 개요

한국형 권총의 분해결합은 무리한 힘을 가하지 않고도 할 수 있다. 분해결합 시 부분품의 명칭을 숙지하여야 한다. 총기를 분해 할 때에는 좌에서부터 우로 분해순서에 의거 탁자 또는 평탄한 곳에 정렬함으로써 부분품의 망실을 방지할 수 있으며 결합 시 편리하다. 결합은 분해의 역순이다.

#### 2) 분해결합의 종류

보통분해 결합은 일반적으로 3단 분해과정이다. 특별분해 결합은 가스활대 뭉치, 총모통 뭉치 분해 결합으로서 사용자가 실시하지 않고 인가된 정비요원만이 실시한다.

#### 3) 분해결합 시 주의사항

① 순서에 준해서 실시 무리한 힘을 가하지 말 것

② 시간적 여유를 갖고 실시해야 하며, 평탄하고 깨끗한 곳에서 실시

③ 부분품 망실 및 파손주의

#### 4) 안전검사

총기는 조작 및 분해하기 전에 안전검사를 필히 실시하여야하며, 그 방법은 다음과 같다.

① 안전장치를 '안전' 위치에 놓는다.

만약 안전 자물쇠가 격발위치에 있으면 밀어 올려 '안전'이라는 글씨가 보이도록 하면 된다. 한국형 권총은 격발준비 상태가 아니라도 안전장치를 '안전'위치에 둘 수 있다.

[사진 1-34] 안전장치

② 오른손 엄지로 탄창멈치를 눌러 탄창을 분리함과 동시에 왼손으로 탄창을 제거 한다.

③ 왼손으로 가스활대를 후퇴시켜 약실을 검사한다. 가스활대를 후퇴시켜 약실을 검사할시 사수는 불의의 격발을 방지하기 위하여 오른손 인지가 방아쇠에 닿지 않도록 해야 한다.

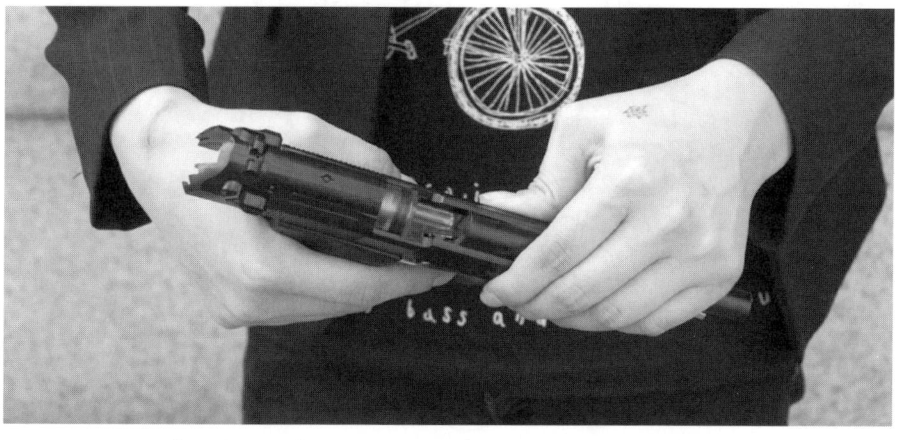

[사진 1-35] 실린더를 후퇴시켜 약실을 검사한다.

④ 가스활대를 전진시키고 안전멈치를 '사격' 위치에 놓은 다음 방아쇠를 당겨 격발한다.

## (2) 세부구조

### 1) 부품

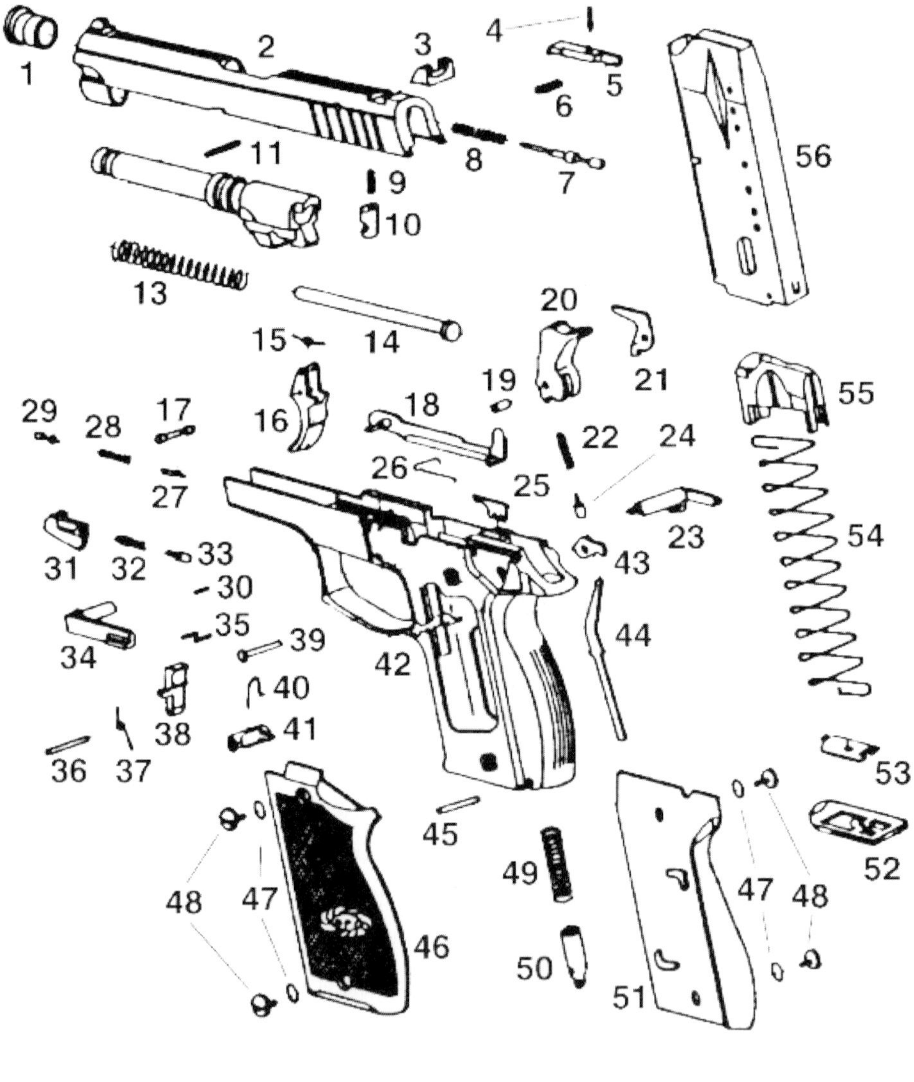

[그림 1-19] 분해모습

## 2) 부품명칭

[표 1-5] 부품명칭

| Key Number | Description |
|---|---|
| 1 | Barrel Bushing |
| 2 | Slide, Stripped* |
| 3 | Rear Sight* |
| 4 | Extractor Pin |
| 5 | Extractor |
| 6 | Extractor Spring |
| 7 | Firing Pin |
| 8 | Firing Pin Spring |
| 9 | Firing Pin Catch Spring |
| 10 | Firing Pin Catch |
| 11 | Lock Pin |
| 13 | Recoil Spring |
| 14 | Recoil Spring Guide* |
| 15 | Trigger Spring* |
| 16 | Trigger |
| 17 | Trigger Pin |
| 18 | Trigger Bar |
| 19 | Hammer Bushing |
| 20 | Hammer |
| 21 | Firing Pin Catch Lever |
| 22 | Hammer Plunger Spring |
| 23 | Safety, Right |
| 24 | Hammer Plunger |
| 25 | Ejector |
| 26 | Trigger Bar Spring |
| 27 | Slide Stop Detent |
| 28 | Slide Stop Spring |

| 29 | Slide Stop Plunger |
|---|---|
| 30 | Slide Stop Detent Pin |
| 31 | Safety, Left |
| 32 | Safety Spring |
| 33 | Safety Plunger |
| 34 | Slide Stop |
| 35 | Ejector Pin |
| 36 | Sear Pin |
| 37 | Sear Spring |
| 38 | Sear |
| 39 | Hammer Pin |
| 40 | Magazine Catch Spring |
| 41 | Magazine Catch |
| 43 | Hammer Insert |
| 44 | Hammer Strut |
| 45 | Hammer Spring Guide Pin |
| 46 & 51 | Grips, Pair |
| 47 | Grip Screw "O" Ring (4 Req'd) |
| 48 | Grip Screw (4 Req'd) |
| 49 | Hammer Spring |
| 50 | Hammer Spring Guide |
| 52 | Magazine Bottom* |
| 53 | Magazine Spring Plate* |
| 54 | Magazine Spring* |
| 55 | Magazine Follower |
| 56 | Magazine Box* |
| NI | Barrel, NI* |
| NI | Magazine Assembly, 13 Round, NI* |

## (3) 보통 분해 및 결합

보통분해 및 결합은 권총의 일반적인 관리 및 손질을 실시할 때 필요한 분해이다.

### 1) 보통분해순서 및 부품명칭

① 가스활대멈치

② 총 몸통뭉치

③ 복좌용수철과 밀대

④ 총열

⑤ 가스활대뭉치

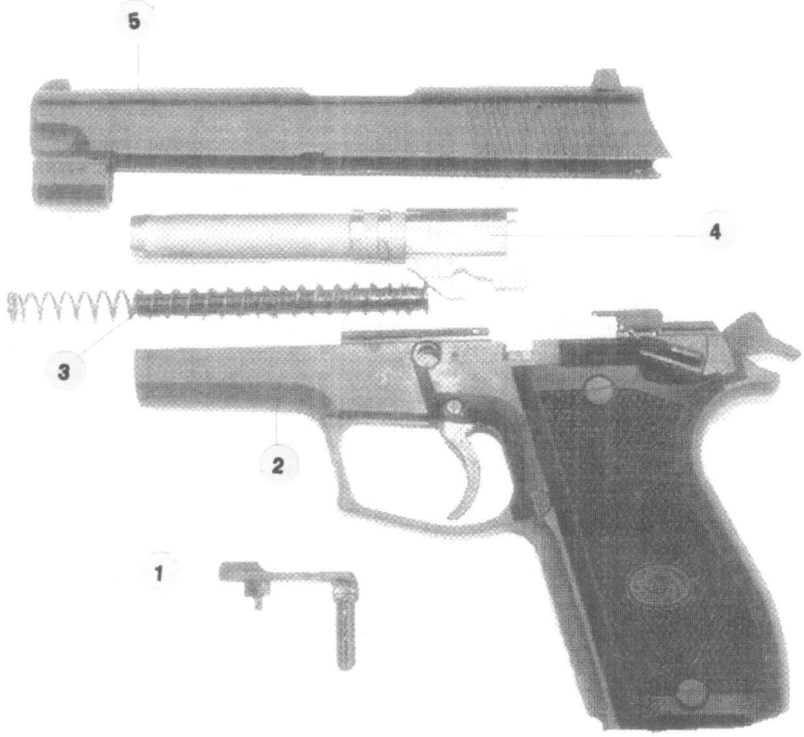


[사진 1-36] 보통분해순서 및 부품명칭

### 2) 분해요령

① 가스활대 멈치

㉠ 안전핀을 제거하면 슬라이드를 앞쪽으로 제거할 수 있다.

㉡ 공이치기를 후퇴시키고 안전장치를 '안전' 위치에 놓는다.

㉢ 오른손으로 총몸통을 잡고 왼손으로 가스활대 홈이 가스활대 멈치까지 오도록 후퇴시켜서 오른손 엄지로 총 몸통을 나머지 손가락으로는 가스활대를 잡아 고정시킨다.

㉣ 왼손인지로 가스활대 멈치를 밀어 좌측으로 빼낸다.

② 총 몸통멈치

오른손은 권총의 손잡이를 잡고 왼손으로 가스활대를 앞으로 밀어 총 몸통에서 분리한다. 분리된 슬라이드에서 리코일 스프링과 밀대를 분리할 수 있다.

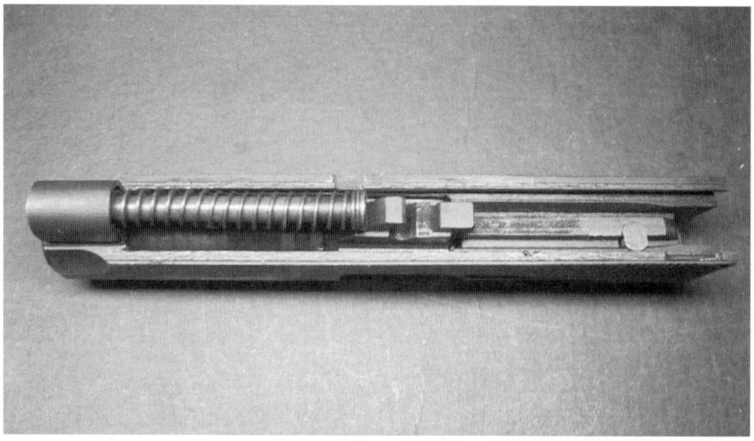

[사진 1-37] 총 몸통멈치

③ 다복좌 용수철과 밀대

㉠ 오른손으로 가스 활대뭉치를 잡고 왼손의 인지는 총구를 잡으며 왼손엄지로 밀대를 총구방향으로 밀어 복좌용수철과 가스 활대뭉치로부터 분리시킨다.

ⓛ 복좌용수철과 밀대를 각각 분리시킨다.

[사진 1-38] 안전핀, 복좌용수철, 복좌용수철 밀대를 분리한 상태

④ 총열

가스활대 뭉치를 왼손으로 잡고 오른손으로 총열을 약간 든 다음 총열을 총 구 방향으로 민 후 위로 들어 올려 우측으로 총열을 빼낸다.

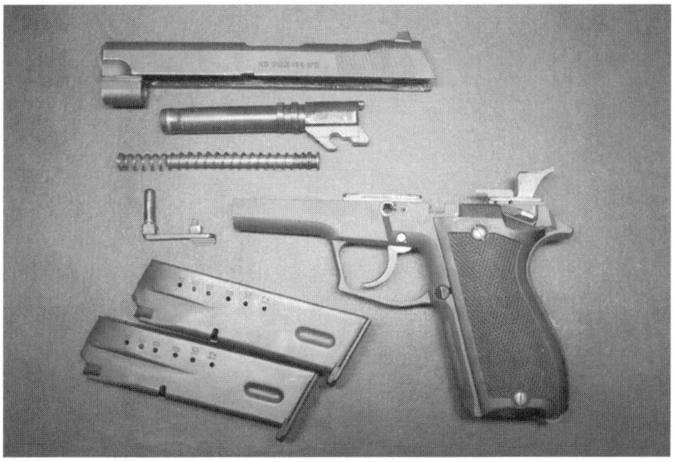

[사진 1-39] 슬라이드에서 챔버(가스활대뭉치)의 분리

⑤ 총열을 분해하고 남은 것은 가스활대뭉치이며 이때 권총의 보통분해가 완료된다.

### 3) 결합요령

결합은 분해의 역순으로 실시한다.

① 총열을 가스활대에 삽입한다.

② 복좌용수철과 밀대를 서로 결합시킨 다음 가스통속으로 밀어넣고 복좌용수철 뒤쪽 끝이 총열 홈 부위에 위치하도록 한다.

③ 가스활대뭉치를 총 몸통 뭉치에 결합시킨 후 가스활대뭉치를 약 2mm 뒤로 당겨 홈을 일치시킨 다음 가스활대멈치를 총 몸통의 구멍에 끼운다.

④ 가스활대 홈이 가스활대의 멈치 부위에 오도록 잡아당긴 후 가스활대멈치를 완전히 밀어넣어 준다.

⑤ 결합이 완료된 다음에는 안전 자물쇠를 '격발' 위치에 놓고 방아쇠를 당겨서 격발여부를 확인하여 결합의 이상 유무를 점검한다.

⑥ 결합 시 잠금용 레버가 총몸 위쪽으로 돌출되지 않도록 주의해야 한다. 만약 잠금용 레버가 돌출 시는 결합이 불가능하며, 무리한 힘을 가하며 결합 시는 발사불능이 발생한다.

## 제3절 구경 22자동권총(국산 KP52LR)

### ① 외부 구조 및 제원

#### (1) 외형(KP52LR)과 명칭

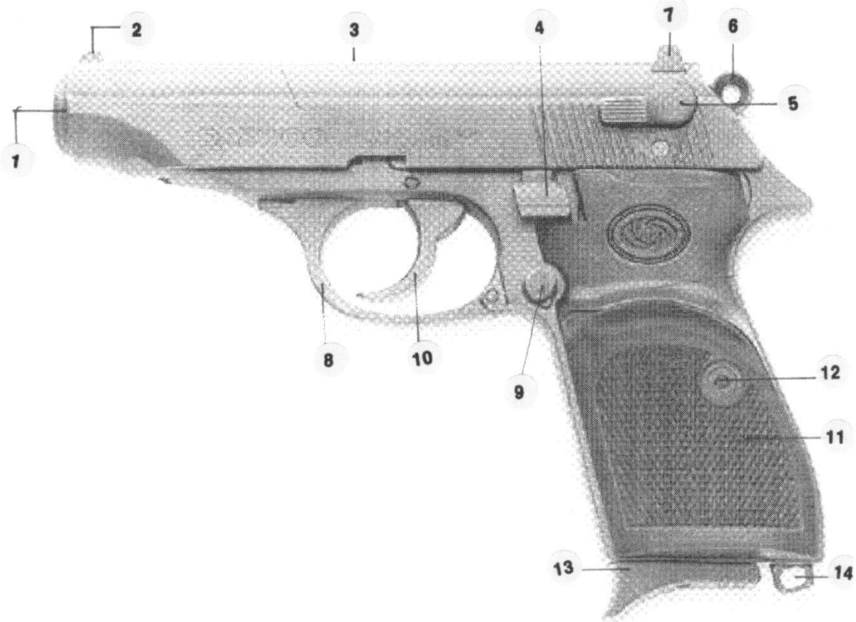


[그림 1-20] 외부 구조 및 명칭(KP52LR)

① 총구 ② 가늠쇠 ③ 가스활대 ④ 차개 ⑤ 안전장치(안전자물쇠) ⑥ 공이치기 ⑦ 가늠자 ⑧ 방아쇠울 ⑨ 탄알집멈치 ⑩ 방아쇠 ⑪ 총몸덮게 ⑫ 총몸덮게 고정나사 ⑬ 탄창꽂이 홈 ⑭ 권총고리

## (2) 제원(22구경 자동권총 KP52)

[표 1-6] 제원

| 구경 | 0.22in(5.56mm) |
|---|---|
| 총의 전장 | 17.0cm |
| 총열길이 | 9.7cm |
| 총의 무게 | 650g(빈탄창포함) |
| 강선 | 6조우선 |
| 탄창용량 | 10발(탄창) |
| 탄속 | 290m/sec |
| 유효사거리 | 50m |
| 최대사거리 | 1,500m |
| 조준반경 | 12.4cm |

## (3) 특성

① 반 자동식

② 파지식

③ 탄알집 장전식

④ 단동 및 복동식(분리복합작용식)

⑤ 공냉식 (야간조준기구식)

## ② 총기조작요령

### (1) 실탄장전

#### 1) 가스 활대후퇴

오른손으로 권총손잡이를 잡고 왼손엄지와 인지로 가스활대 끝부분을 잡아 뒤로 제끼고 차개를 위로 고정 시킨다.

[사진 1-40] 가스활대 후퇴

#### 2) 탄창장전

오른손으로 총을 들고 왼손으로 탄창을 들어 삽입한다.

[사진 1-41] 탄창장전

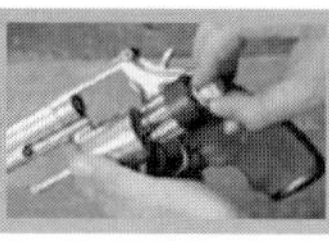



#### 3) 실탄 약실 내 장전

왼손엄지로 차개를 위에서 아래로 내려 실탄 1발을 장전한다.

#### 4) 안전장치 풀어

왼손 엄지손가락을 이용 안전장치를 앞쪽으로 밀어 풀어준다.

#### 5) 탄창제거

① 안전자물쇠를 안전위치에 놓는다.
② 탄창멈치를 눌러 탄창을 빼낸다.
③ 약실 내 남은 탄이 있는지 확인한다.

### (2) 격발방식

#### 1) 격발방식은 단동식 및 복동식이 있다.

① 단동식
공이치기가 뒤로 후퇴된 상태에서 방아쇠를 당기는 방법으로서 매발 사격마다 자동적으로 공이치기가 후퇴된 상태로 되어 단동식 격발이 이루어진다.

② 복동식
공이치기가 앞으로 전진된 상태에서 방아쇠를 당기는 법으로서 정확한 사격보다는 신속사격이 요구될 때 사용한다.

#### 2) 사격

① 안전장치를 "사격" 위치에 둔다. 빨간 점이 보이도록 밀어 올린다.
② 신속사격이 요구되면 복동식으로 사격한다.
③ 시간적 여유가 있으면 공이치기를 손으로 후퇴 시킨 후 조준 사격한다.
④ 계속해서 사격 시에는 방아쇠만 당기면 단동식 사격이 이루어진다.

## ③ 응급처치

### 1) 가스활대가 완전히 전진되고 공이치기가 뇌관 후단을 쳐주었어도 실탄이 발사 되지 않았을 경우

불발탄이 약실(실린더)안에 끼어있는 경우이므로 수동으로 가스활대를 전진 후퇴시켜 불발탄을 제거한 후 실시한다.

### 2) 가스활대가 완전히 전진되지 않았을 경우나 왼손으로 쳐주었는데도 전진이 되지 않았을 경우

탄창을 제거하고 가스활대를 후퇴시켜 약실을 검사하거나 다른 탄창으로 교환하여 격발한다.

# 제4절 베레타 92FS(이탈리아)

## ① 외부 구조 및 제원

### (1) 외형(92FS)

[사진 1-42] 베레타 92FS

### (2) 외부 구조 및 명칭

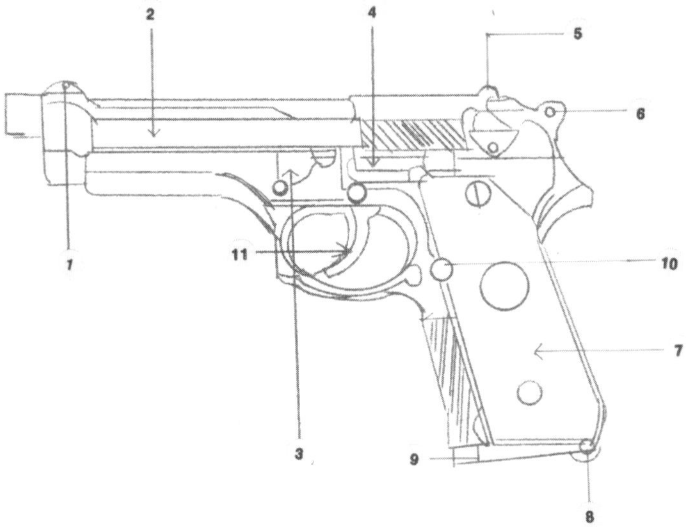


[그림 1-21] 좌측

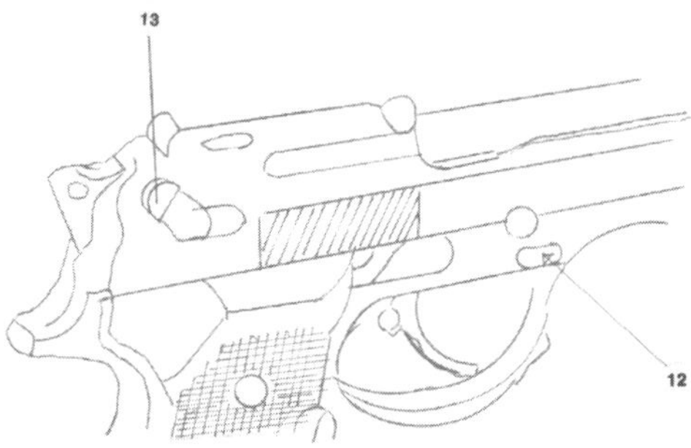


[그림 1-22] 우측

① 가늠쇠 총구 ② 슬라이드 ③ 분해레버 ④ 슬라이드 ⑤ 가늠자 ⑥ 헤머(hammer) ⑦ 그립(손잡이) ⑧ 총고리 ⑨ 탄창 ⑩ 탄창멈치(push button) ⑪ 방아쇠 ⑫ 분해버턴 ⑬ 안전장치

### (3) 제원(베레타 M-92FS)

[표 1-7] 제원(베레타92FS)

| 종류 | 반자동 권총 |
|---|---|
| 개발국가 | 이탈이아 |
| 개발년도 | 1972년 |
| 생산기간 | 1975~현재 |

| 모델 | 92FS inox |
|---|---|
| 구경 | 9X19 mm Parabellum |
| 장전수 용량 | 15발 |
| 액션 | 싱글/다블 |
| 총의 전장 | 217mm/8.5" |
| 총열길이 | 125mm/4.9"(배럴) |
| 총 두께 | 38mm/1.5" |
| 총 높이 | 137mm/5.4" |
| 보기 반지름 | 155mm/6.1" |
| 무게 | 945mm/33.3" |
| 탄속 | 390/sec |
| 최대사거리 | 100m |
| 유효사거리 | 50m |
| 강선 | 6조우선 |

### (4) 베레타 laser-LAM(레이저 전등장착)

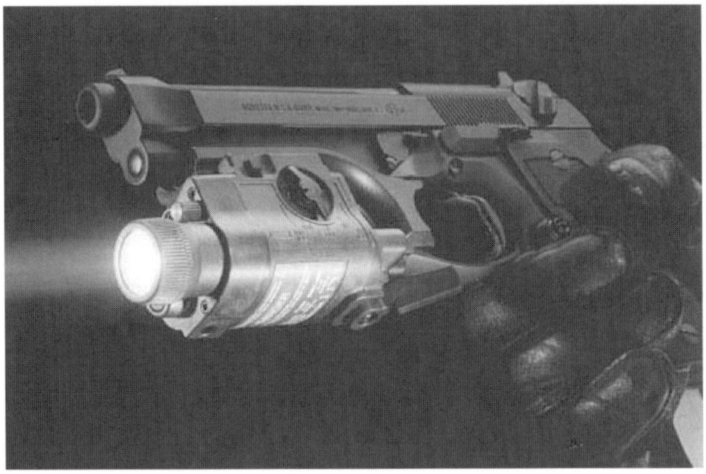

[사진 1-43] 베레타 92FS laser-lam

## ② 베레타 92FS형의 특성과 분해 및 결합

베레타 92는 1976년 이탈리아 총기회사 피에트로 베레타에서 1972년에 설계 생산된 권총이다. 미군이 구식화된 콜트45를 대체하기 위하여 1985년 X-M9 사업에서 M-9 명칭을 따내 표준제식으로 채용하였다. 사용하는 국가는 이탈리아, 미국, 이란 그리고 90년대 후반 프랑스 등 20여 개국에 이르고 있다.

### (1) 특성

① 베레타 92FS는 더블액션이므로 슬라이드를 제껴 장전할 필요가 없다.
② 탄창만 끼운 상태에서 격발을 하면 발사되며, 그 반동으로 슬라이드가 후퇴한다.
③ 왼쪽에는 분해레버, 탄창이 비면 자동으로 슬라이드를 후퇴 고정시키는 슬라이드멈치, 그리고 안전장치 레버가 붙어있다.

④ 탄창의 내부를 두 줄로 장전되지만 맨 위에는 한발씩 올라오게 되어있는 더블컬럼 싱글피드 방식의 15연발이며, 탄창 뒤에는 구멍이 3개 뚫여 있어 남아있는 실탄을 확인할 수 있다.

㉠ 단동식(분리복합식)

㉡ 복동식(분리복합식 )

㉢ 반자동식

㉣ 파지식

㉤ 탄창장전식

㉥ 안전장치 부착

㉦ 연속사격식

㉧ 야간조준기구식

㉨ 공냉식

## (2) 일반적 분해(베레타 92FS)

### 1) 조준장치

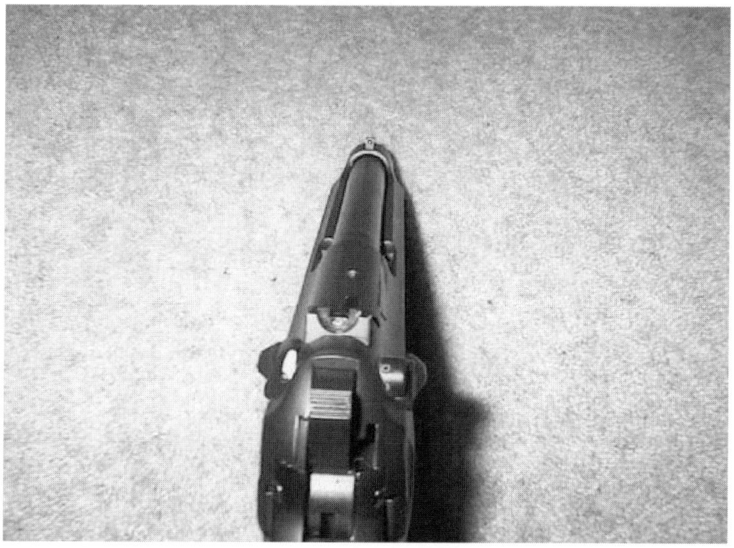

[사진 1-44] 조준장치

[그림 1-23] 가늠자 홈과 가늠쇠를 일치시킨 상태

### 2) 탄창

[사진 1-44] 탄창(15라운드 용량) : 3개의 홀을 통하여 실탄여부 확인

### 3) 총열

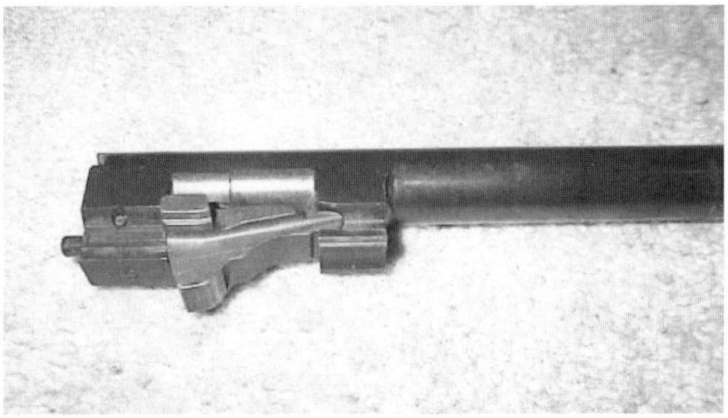

[사진 1-45] 총열

### 4) 공이치기

[사진 1-46] 공이치기(hammer)

### 5) 탄창멈치

[사진 1-47] 탄창멈치(magazine catch assembly)

### 6) 분해레버

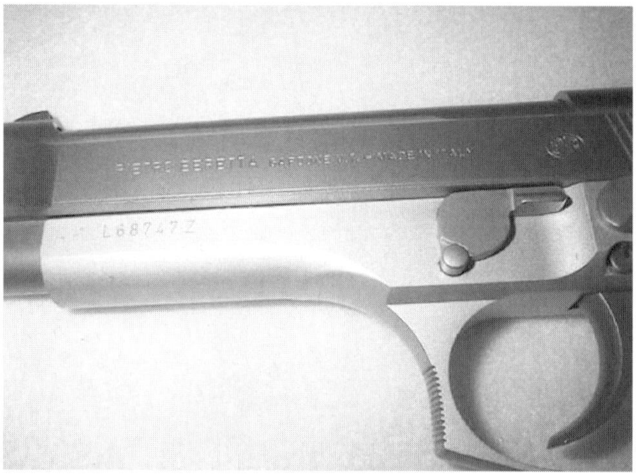

[사진 1-48] 분해레버(disassemly lever)

## 7) 안전장치

[사진 1-49] 안전장치(Decocing safety lever)

## 8) 열린 실린더

[사진 1-50] 열린상태의 실린더(top side)

## 9) 분리된 슬라이드

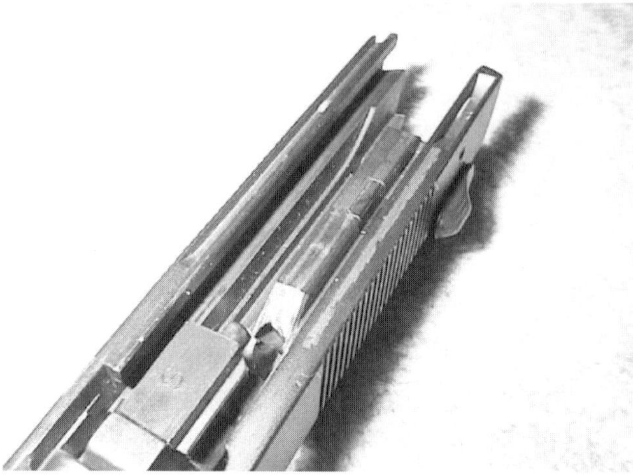

[사진 1-51] 분리된 슬라이드(under side)

## 10) 방아쇠

[사진 1-52] 방아쇠(Trigger, double action)

## (3) 조작요령

### 1) 분해요령

① 안전장치를 안전위치에 놓고

② 탄창제거

③ 공이치기 후퇴

④ 가스활대 분해

⑤ 복좌용수철 분해

⑥ 차개뭉치 분해

차개뭉치를 분해할 때 무리한 힘을 가하면 차개용수철이 변형될 수 있으므로 무리한 힘을 가하지 말아야한다.

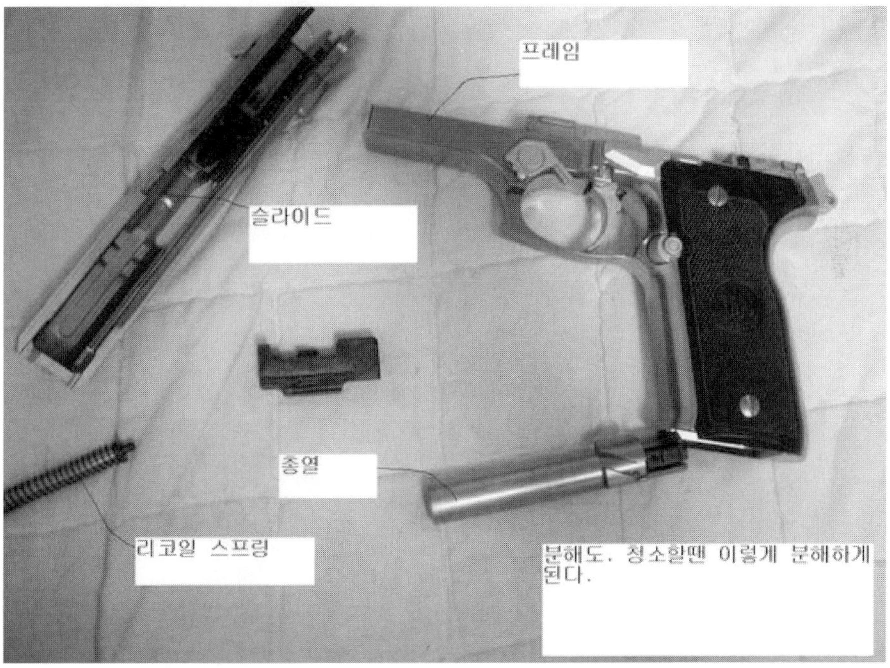


[사진 1-53] 분해[32]

32) 참조 : http://blog naver.com/isy 권총구조에 관한 분해도

2) **결합** : 분해의 역순으로 한다.

### 3) 실탄장전

① 실탄받침 손잡이를 끌어내리면서 실탄의 뒤쪽 끝부터 밀어 넣는다.
② 실탄을 약실에 장전
③ 안전장치를 안전에 위치, 이때 빨간 점이 보이지 않는 상태
④ 실탄이 장전된 탄창을 탄창꽂이 홈에 결합
⑤ 가스활대를 완전히 후퇴, 전진시킨다.

[사진 1-57] 탄창꽂이를 홈에 결합

[사진 1-54] 탄창제거

[사진 1-55] 가스활대 완전후퇴상태

### 4) 총기고장 및 응급처치

① 송탄불능 : 탄창에 먼지, 용수철의 힘, 용수철 결합상태, 실탄받침에 이상이 있을 경우 교환 처치한다.

② 장전불능 : 약실손질, 실탄교환, 이물질제거, 용수철 교환한다.

③ 발사, 추출, 방출불능 : 실탄, 공이, 갈퀴, 차개뭉치 교환

④ 공이치기 잠김 불능 : 공이치기, 격발자, 받침용수철 교환한다.

# 제5절 Glock M-19 권총(오스트리아)

## ① 외형 및 명칭

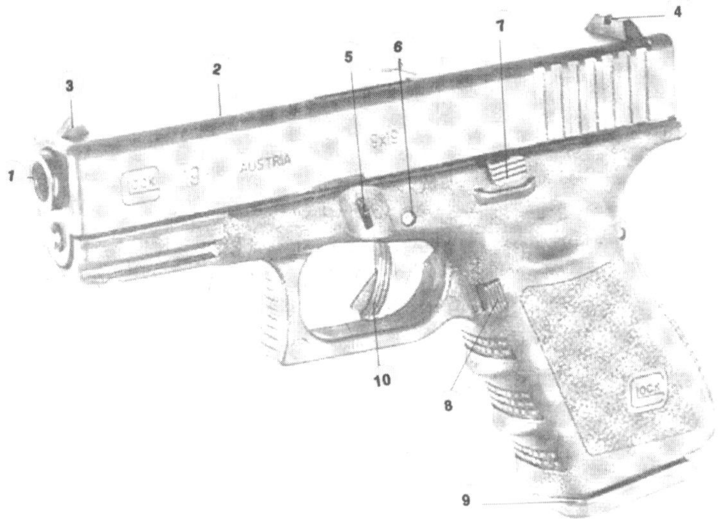


[그림 1-24] 글락 M-19

① 총구 ② 스라이드 ③ 가늠쇠 ④ 가늠자 ⑤ 슬라이드멈치 ⑥ 슬라이드 분해멈치 ⑦ 안전장치 ⑧ 탄창제거멈치 ⑨ 탄창 ⑩ 방아쇠

## ② 제원

[표 1-8] 글락 M-19 제원

| 개발국가 | 오스트리아 |
|---|---|
| 생산회사 | 오스트리아 글록사 |
| 시대 | 1980년대 |
| 사용기간 | 1980 ~현재 |
| 사용국가 | 노르웨이, 미국, 오스트리아, 스웨덴, 한국 등 |
| Action | Safe Action System |

| 구경(caliber) | 9×19mm |
|---|---|
| 프레임 | Compact |
| 전장 길이(length slide) | 174mm/6.85" |
| 총폭(width) | 30mm/1.18" |
| 사이트간 거리(line of sight) | 152mm/5.98" |
| 총열길이(barrel length) | 102mm/4.02"/6.56cm |
| 강선 | 6조우선 |
| 격발압력(trigger pull) | 2.5kg/5.5lbs |
| 탄창용량(mag. capacity) | 10/15/17발 |
| 총구 탄속(muzzel ) | 262m/sec |
| 최대사거리 | 1,800m |
| 유효사거리 | 50m |
| 무게(weight) | 595g/20.99oz |
| 높이(height) | 127mm/5.00" |

## ③ 특성

1963년 '가스톤 글록' 이라는 엔지니어가 회사를 세워 1980년까지 대검과 삽, 훈련용 수류탄 등 간단한 군용소모품을 제작하였으며, 오스트리아군의 신형권총 채용공모에 응해 권총개발에 나섰다. 총기제작 경험이라고 전혀 없던 글록사는 이런 기준을 전부 충족시키는 명품을 선보였다.

모래와 진흙탕, 고온과 저온 등 극한환경에서의 사격을 포함한 1982년 오스트리아군의 혹독한 평가시험에서 글록은 다른 출품작보다 뛰어난 성능을 발휘해 군용권총으로 채용됐다.

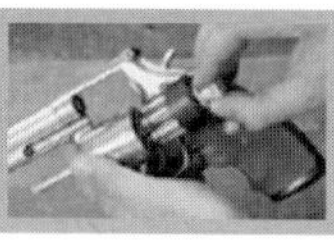



글록사 권총은 쇼트 리코일, safe action 방식, 9mm 루거탄 사용 반자동 권총으로, 현재 미국 경찰이 가장 많이 쓰는 권총으로 오스트리아의 Glock19는 15발+1이라는 장전수 때문에 오스트리아, 노르웨이군에서도 많이 사용하고 있다. 그리고 대한민국 특수부대에서도 개인화기(Glock 19 railed frame version)로 사용하고 있다. 글록이 세계에서 가장 안전한 총으로 평가받는 이유 중 하나가 바로 3가지 안전장치가 내세워지고 있기 때문이다.

3가지의 안전장치(Safe Action System)인데 더블액션 총으로써 글록엔 헤머가 없으며, 이 시스템은 몇 가지의 부품으로 방아쇠를 다르게 바꿀 수 있다. 또한 첫발부터 마지막 발사까지 일관된 방아쇠 압력을 제공한다. 그러므로 사격훈련도 간단히 적응만 한다면 쉽게 할 수 있다.

첫째, '방아쇠안전장치'로 방아쇠에 부착된 조그만 레버를 뜻한다. 방아쇠에 압력을 주면 이 레버가 뒤쪽으로 움직이므로써 안전장치가 풀리게 되는 것이다.

둘째, '공이안전장치'로서 슬라이드 속에 스프링으로 압축 되어있는 노리쇠가 공이를 막고 있다. 이것은 방아쇠가 완전히 당겨질 때까지 막고 있게 된다.

셋째, 실수로 떨어뜨렸을 때를 위한 '충격안전장치(dropsafety)'가 있다. 글록의 프레임은 큰 충격에도 견딜 수 있는 고강도 고분자 복합소재로 만들어져 있다.

이로 인해 변형이 거의 없으며, 녹이나 이물질이 생기는 것을 방지한다. 이 합성고분자는 철보다 강하며 86%정도 가볍고, 이 고분자 프레임은 −40°C ~200°C까지 사용가능하다.

또한 글록에 들어가는 모든 금속부품은 "tenifer"라는 코팅제를 사용하였으며, 다른 같은 구경의 권총에 비해 부품수가 거의절반이다.

이론적으로 다이아몬드보다 강하며 스테인레스나 강철보다 부식에 강하고 외형은 무광(無光)이다.

# 제6절 COLT 45구경 권총(M1911 A1)

## ① 외형 및 구조

### (1) 외형

[사진 1-56] COLT 45

## (2) 명칭 및 구조

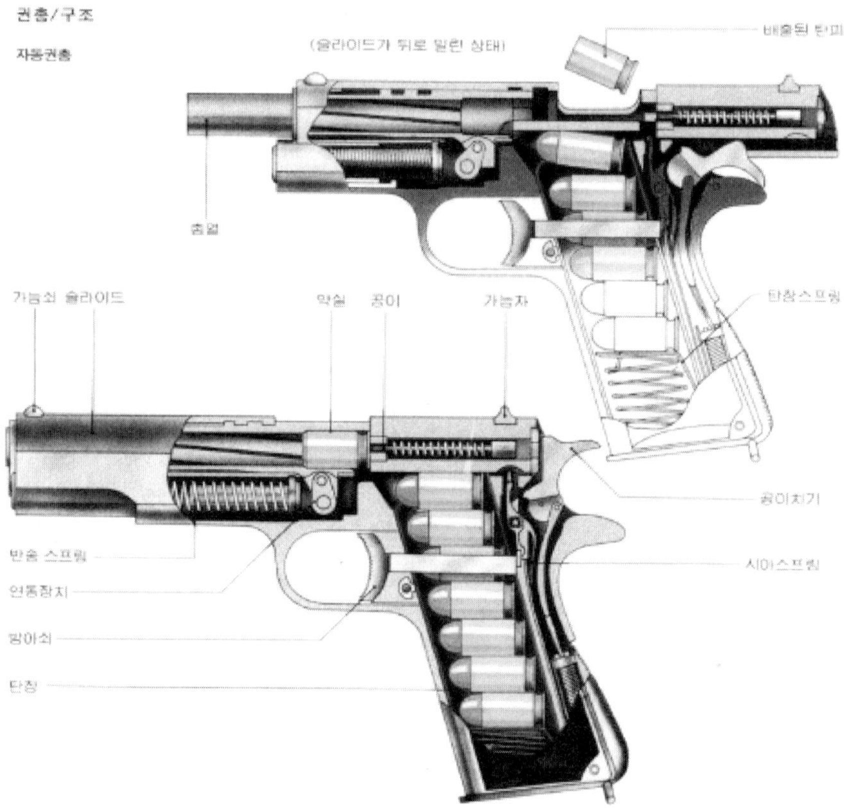


[그림 1-25] 외부명칭 및 구조[33)]

33) 출처 : blog.naver.com/nauryu. 권총일반, 그림쟁이 보디빌러, 류용근

### (3) 분해(分解)

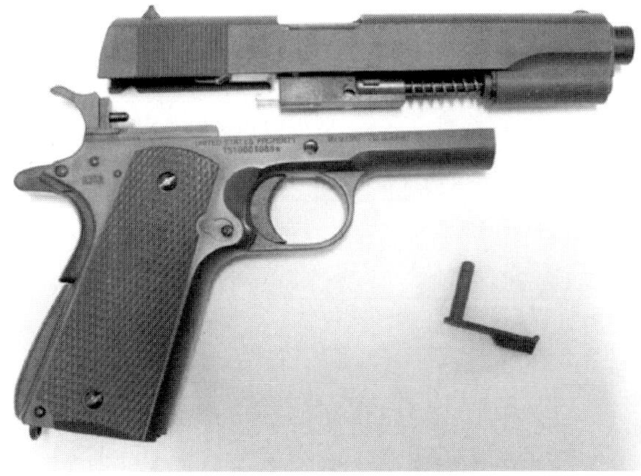

[사진 1-57] 일반분해

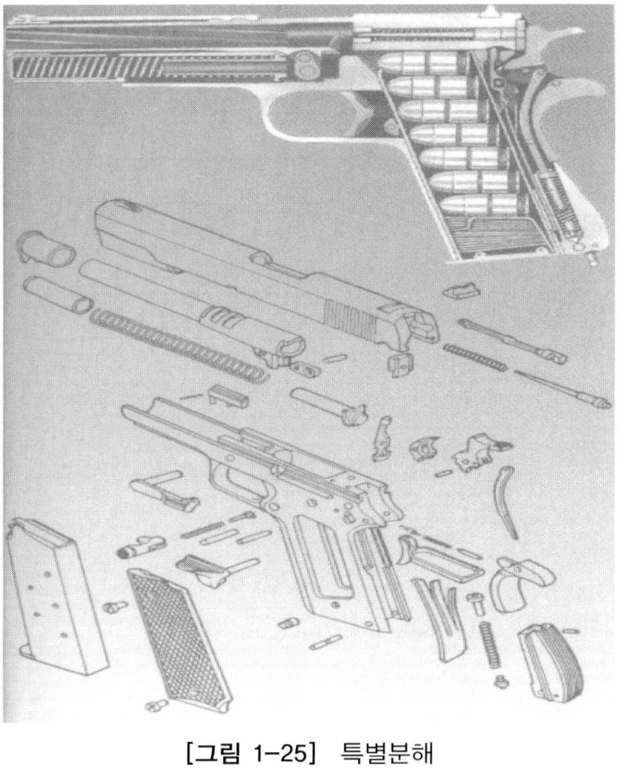

[그림 1-25] 특별분해

## ② 제원(United States Pistol, Caliber.45, M1911.권총)

[표 1-9] 제원

| 개발국가 | 미국 |
|---|---|
| 설계 | 존 브라우닝 |
| 생산회사 | 콜트, 오토 오르디언스, 스프링필드 조병창 |
| 시대 | 제1차 세계 대전 |
| 개발년도 | 1911년 |
| 생산기간 | 1911년~ |
| 사용기간 | 1911년~ |
| 사용국가 | 미국, 영국 |
| 사용된 전쟁 | 제1차 세계대전, 제2차 세계대전,한국전쟁, 베트남전쟁, 아프카니스탄전쟁 |
| 변형 | M1911A1, M15 제너럴스 |
| 생산량 | 2백만정 이상 |

| 정식명칭 | 콜트 45구경 반자동 권총 |
|---|---|
| 작동형식 | 쇼트 리코일식 블로우백/싱글액션 방식 |
| 종류 | 반자동 권총 |
| 구경 | 11.43mm X 23(0.45" ACP) |
| 강선 | 6조좌선 |
| 사용탄환 | 탄환무게230g 장약무게5g |
| 탄창 장전량 | 7+1발 |
| 무게 | 1.14kg(빈탄창), 1.36kg(장전) |
| 전장 | 219mm |
| 총열길이 | 106mm |
| 유효사거리 | 50m |
| 최대사거리 | 1,500m |
| 가늠쇠 높이 | 1.422mm(총구 축선기점) |
| 약실압력 | 17,000p.s.i(pound inch) |
| 방아쇠 압력 | 2.26~2.29kg(5.6pound) |
| 초구탄속 | 262m/sec |

| 총구에너지 | 356/lbs |
|---|---|
| 유효발사속도 | 20발/min |
| 재질 | 금속 |

## 3 권총의 특성과 성능

### (1) 특성

① 반자동식
② 반동식
③ 파지식
④ 탄창장전식
⑤ 쇼트 리코일식 불로우백/싱글액션방식

### (2) 성능

M1911 A1권총은 미국에 존M.브라우닝(JOHN M. Browning)이 하이파워 권총으로 설계한 것으로 1911년에 M1911이라는 이름으로 정식 채용되었다. 그 뒤 여러 차례의 개량을 거쳐 1926년에 M1911 A1이라는 명칭으로 생산되게 되었으며, 총구지름이 0.45인치(11.43mm)나 되는 대단한 화력과 저지력으로 '손대포' 라는 별명을 얻으면서 최근 페르시아만 전쟁까지 쓰이고 아직까지도 한국군 일부에서 사용되고 있다.

1999년 2월 미국의 라이플 전문가 제임스 P. 카우길은 점차 여군의 수가 증가하고 체격이 작은 병사들에게 M1911 A1대신 좀 더 다루기 쉬운 총을 채택해야 할 이유를 주장 하면서부터 이탈리아 베레타사의 M92FS를 미군이 M-9이란 제식명으로 이탈리아의 베레타 권총을 채용한 이후 세계 권총의 대세는 45구경에서 9mm로 바뀌었다.

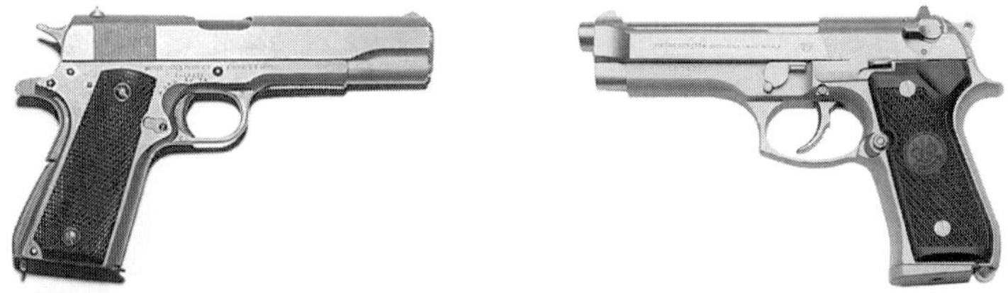

**[사진 1-58]** M1911AI 45구경 권총과 베레타 M92FS 권총

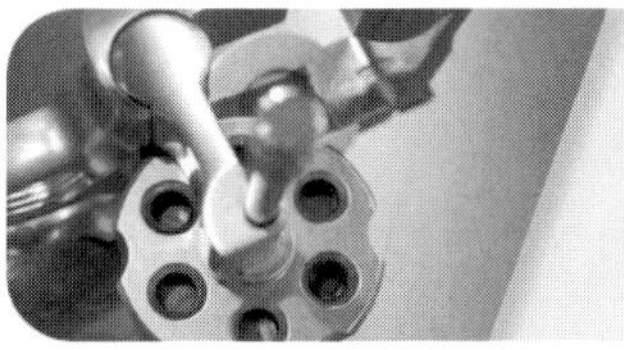

제 3 장

# 사격의 기초이론

## 제1절 안전수칙 및 조치

### ① 개요

#### (1) 총기사고의 원인

대부분 총기사고의 원인은 불안전한 행동 및 조건에서 기인한다. 불안전한 행동이란 불안전한 개인의 습관 혹은 심리상태가 외부로 표출되는 행위이며, 불안전한 조건은 불안전한 물리적·기계적 조건을 말한다.

이들은 각기 또는 상호 결부되어 사고의 원인이 될 수 있고, 사고는 거의 순간적으로 발생하며 그 결과는 다시 돌이킬 수없는 치명적인 것이 대부분이다.

그러므로 불안전한 행동과 조건을 제거하여 사고에 미리 대비하여야 한다. 특히, 총기와 탄약을 취급하는 사격장에 있어서 안전은 준수되어야 한다.

#### (2) 안전기준

안전기준이란 어떤 임무를 안전하게 수행하게 위해 지켜야할 행동절차 및 방법의 기준을 의미하며, 각 개인에 의해 엄격히 지켜져야 하는 것이다. 사격술 교육은 안전교육으로부터 시작되는 것인바, 안전을 소홀히 함으로 인적·물적 손실을 가져와서는 안 될 것이다.

## ② 총기 안전수칙

### (1) 화기사용에 관한 유의사항

전술화기훈련은 기본적인 목표물 타격보다 상당히 어려운데 안전사고에 대한 한 단계 높은 기민함을 요구한다. 훈련은 장전된 무기를 들고 빠르게 움직이는 것을 포함하며 이것은 간단하면서도 복잡한 팀 훈련으로 더 많은 정신적 중압감을 느끼고 기존의 사격장 훈련과는 다른 형태의 훈련이 될 것이다.
지도자와 사격장 요원은 모든 참가자에게 최대의 집중력은 요구할 것이며, 훈련생이 훈련이나 사격장 명령을 이해하지 어렵다면 반드시 질문을 통하여 확인과 이해를 하고 훈련에 임해야 할 것이다.

① 휴대하기 전 리볼버형 권총은 실린더를 개방, 자동 및 반자동식 D-51/K5(한국) 등은 탄창을 뽑고 가스활대(슬라이드)를 후퇴시켜 실탄장전 유무를 확인 후 실탄은 분리휴대

② 사격시를 제외하고는 총구를 사람에게 향하게 하거나 방아쇠울에 손가락 삽입금지

③ 실탄이 장전되지 않은 빈 권총이라도 격발하거나 장난 또는 타인에게 건네주는 행위금지

### (2) 총기 손질시 안전수칙 준수사항

① 손질시 먼저 검사총 후 총구는 반드시 지면으로 지향

② 타인에게 손질을 시키는 행위 절대금지

③ 총기 분실, 피탈방지 대책 강구

④ 지급받은 총기는 반드시 본인이 책임휴대

### (3) 총기 대여 배제 및 회수 대상자

① 비위, 과실로 인한 징계대상자

② 형사사건으로 조사대상자

③ 사직원 제출자

④ 염세비관자, 주벽 및 변태성격, 가정불화자

⑤ 기타 정황을 판단하여 부적격자로 인정되는 자

## 3 총기 안전조치

① 사수는 사선에 임해서 총기의 약실을 개방하고 총구와 약실에 이물질 또는 구리스, 침전물 등의 여부를 살핀다.

② 총기에 맞지 않는 실탄, 탄두가 심하게 흔들리거나 찌그러 있는 실탄, 오일 등이 많이 묻어있지 않는가를 살핀다. 이러한 실탄은 탄매를 누적 시키거나 ,발사 시 높은 약실 압력을 발생시켜 총 기에 심한 손상을 끼치게 되고 약실이 파열될 수도 있다.

③ 총구와 약실을 확인할 때에는 총구는 안전한 방향, 약실을 개방한다.

④ 사수는 사격지휘관의 명령 없이 사격준비 상태에서 손가락을 방아쇠에 넣거나, 장전해서는 안 된다. 더욱이 공이치기(hammer)를 젖혀서(cocking)는 안 된다. 공이치기를 젖힌 발사 직전의 상태가 위험을 상태임을 인식해야 한다.

⑦ 총구는 항상 표적방향 또는 땅을 향해 45° 각도의 안전한 방향에 두어야한다.

⑧ 사격준비가 완료될 때까지 또는 사격지휘관의 “사격준비” 구령시 까지는 일체의 개별행동을 해서는 안 된다.

[사진 1-59] 사격지휘통제소

㉠ 모든 무기를 장전되었다고 생각하고 다룰 것
㉡ 무기로 어떤 것에도 겨누고 있지 말 것
㉢ 사격 지시가 내려질 때까지 모든 무기를 케이스 안에 보관할 것
㉣ 항상 총구를 아래로 향하게 할 것
㉤ 사격 준비가 되기 전에는 방아쇠에 손가락을 대지 말 것
㉥ 목표물과 그 주변의 것들을 확인할 것
㉦ 사격이 끝난 후에 다시 무기를 케이스 안에 보관할 것
㉧ 긴 총기는 총구를 하늘로 향하게 하고 안전장치를 걸고 휴대할 것
㉨ 모든 사격장 지시를 주의 깊게 들을 것
㉩ 사선에 섰을 때 눈과 귀를 이용하여 안전에 유의할 것
㉪ 장전 여부에 상관없이 절대 무기를 따로 방치하지 말고 항상 휴대할 것
㉫ 약 10m 이내의 철로 된 목표물을 조준하지 말 것

## 제2절 교육 및 총기휴대

### ① 사격장 안전(Range Safety) 지침

실제 사격장 훈련에 앞서서 중요한 항목은 안전한 총기조작을 위한 기본적 규칙과 절차를 숙지하는 것으로 다음의 지침들은 '고급화기전술훈련'에서 쓰이는 지침의 표본이다.

**사격장 안전 수칙**

- 사격장 내의 모든 행동은 **통제관의 지시**에 따른다.
- 사선 앞에서는 **구보를 금**한다.
- 사격전 **총구**는 반드시 **전방**을 향한다.
- 사격장에서 **흡연**과 **잡담**을 **금**하며 **정숙**을 유지한다.
- 사격장에서는 **귀**는 **통제관**에게 **눈은 표적**을 향한다.
- 사격간 **개인행동**은 일체 **금**하며 이상이 있을 시 손을 들어 **안전관의 조치**를 받는다.
- 사격후 필히 **안전검사** 실시후 수입철저

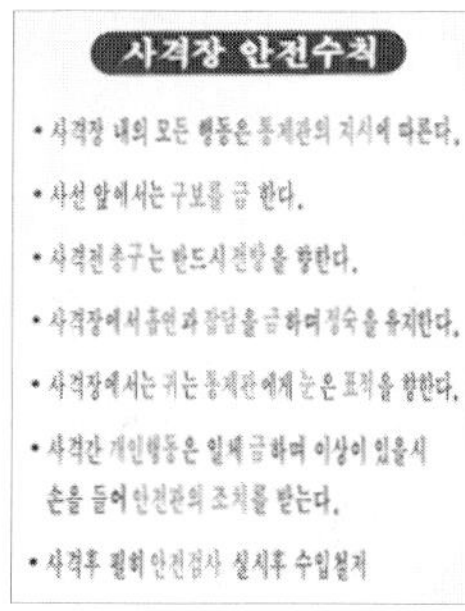


**[사진 1-60]** 사격장 안전수칙

① 사격장에서는 뛰지 말 것, 이는 불안을 조성하고 사격중인 사수를 당황하게 할 우려가 있다.
② 고성, 잡담, 욕설을 금할 것.
③ 음주 후 사격장에 들어가지 말 것.
④ 사격장에서 생·동물의 조준 혹은 사격금지.

[사진 1-61] 권총사격 사선

⑤ 사선 뒤에서는 빈총이라도 격발연습이나 자세를 취하여 거총할 수 없으며, 사람을 겨냥하는 일이 없도록 하고 총구를 항상 상·하 방향으로 지향해야 한다.

⑥ 허락 없이 타인의 총기에 손을 대서는 안 되며, 자기 총을 빌려주어서도 된다.

⑦ 총은 항상 약실이 비어있는 상태로 운반해야 하며, 사격 후에는 약실에 실탄이 남아 있는지 반드시 확인해야한다.

[사진 1-62] 사격 후 반드시 약실 검사실시

⑧ 사격중인 사수 외에는 사선에 들어갈 수 없으며, 사수는 정해진 사대 외에서 사격할 수 없다.

**[사진 1-63]** 사격이 끝난 사수 탄착확인 모습

⑨ 사대에서 총구는 항상 표적방향으로 지향하고, 통제관의 명령 없이 장전 또 사격해서는 안 된다.

⑩ 총기와 실탄을 무리하게 취급하지 말 것

⑪ 총기에 이상이 생기면 즉시 손을 들어 통제관에게 보고 할 것

**[사진 1-64]** 사격장면 : 완사

⑫ 사격이 끝난 사수는 자세를 바꾸지 말고 약실을 연 후에 안전장치를 할 것
⑬ 사격 명령 외에는 손가락을 방아쇠에 끼우지 말 것
⑭ 사격 후 사선에 실탄이 떨어져 있는지 확인할 것
⑮ 통제관으로부터 다음 차례의 사격신호가 있으면 즉시 총구와 약실을 다시확인할 것. 예) "시사사격이 끝난 사수는 기록 사 5발 장전"이라는 통제관의 명령

[사진 1-65] 사격장 통제실

⑯ 사격을 방해할 만한 위험을 주는 사항을 발견했을 때는 즉시 "사격중지"를 명령하거나 통제관에게 보고할 것
⑰ 총기의 점검 및 손질을 계획에 의하여 규칙으로 하되, 반드시 통제관이 지정한 장소에서 할 것

## ② 개인행동에 관한 유의사항

① 지도자나 사격 훈련장 관리인은 사선에서의 모든 통제권을 갖고 있다.
② 서로에게 안전요원의 역할을 하며 상식적으로 행동할 것
③ 당신의 개인적 능력을 벗어나는 무리한 훈련, 운동은 시도하지 말 것
④ 위험의 가능성이 보이면 누구라도 '사격중지', 또는 '중지'라고 외칠 수 있다.

⑤ 훈련을 원활히 유지하기 위해서는 지도자들이 매순간 주의를 기울여야 한다.

⑥ 훈련이 멈췄을 때에는 언제라도 탄창을 재장전할 것

⑦ 사선이 안전하거나 이상 없다고 확인 되었을 때 목표물을 재빨리 붙이거나 교체할 것

⑧ 모든 사격장 수칙을 즉시 따르라. 특히, '중지', 또는 '사격중지' 명령을 철저하게 따르며 조심할 것

## 3 사격장 외 안전조치

① 총기는 안전하고 견고한 무기고에 격납하고, 도난의 우려가 없는 안전한 곳에 보관한다.

② 총기를 운반할 때에는 반드시 총 케이스에 넣어서 땅에 떨어지거나 불안한 상태로 흔들리지 않게 한다.

③ 총기는 항상 깨끗하고 건조한 곳에 두며 활동부분을 열어 약실을 확인하고 격발한 상태로 보관한다.

④ 정신병자, 금치산자, 어린이는 총에 손을 대지 못하게 한다.

⑤ 총기는 항상 장전된 것처럼 취급한다.

⑥ 총기를 들고 이동할 때는 약실을 열고 격발된 상태로 해야 한다.

⑦ 총을 다른 물건의 대용품으로 사용해서는 안 된다.

⑧ 총기와 탄약을 같은 격납고에 보관해서는 안 된다.

⑨ 총기의 이상 유무는 반드시 실외에서 확인한다.

## ④ 사격 중 절대수칙

① **사격 중 표적이외에는 사격금지** : 사격할 때에는 목표물을 정확히 조준하여야 하며, 절대로 지면 딱딱한 표면 등 평면사격이나 모서리에 사격해서는 안 된다.

② **명중사격의 자긍심 확보** : 총기사용은 적법, 정당한 상황에서만 사용할 것이라는 마음가짐과 나는 항상 목표물에 정확히 발사 할 수 있다는 자신감이 있어야 한다.

③ **강력한 규율과 질서유지** : 사격할 때에는 잠깐이나마 잡담을 한다거나 잡념에 빠져서 총을 경솔하게 다루거나 위험을 수반한 행동을 해서는 안 된다.

## ⑤ 사격 후 안전조치

① 총기를 사용한 후에는 반드시 탄피를 제거하고 검사총 약실 개방 후 사선 뒤로 물러나야 한다.

**[사진 1-66]** 사격을 마치고 사선에서 뒤로 물러난 사수

② 사격 전에 사이렌 및 경고방송을 통해 사격장 주변 등산로에 교직원 및 민간인은 접근을 통제한다.

> **통제요령**
>
> • 사이렌 경고 5초간 3회 실시
> • 경고 방송 3회 실시
> • 경고방송 내용(예)
> "지금부터 10분 후에는 사격을 실시하겠습니다. 등산로나 사격장 주변의 교직원 및 민간인은 신속히 안전한곳으로 철수 해주시기 바랍니다."

## 6 혹서기 등 이상기후 시 안전대책

### (1) 혹서기 사격

① 사격장에 식염 확보비치

② 혹서(12:00~14:00)시간대는 가능한 실 사격 지양

③ 사격이 끝난 사수는 교수책임 하에 임간 교육장에서 대기

### (2) 혹한기 사격

① 영하 10°C 이하 시에는 담당부서와 협조하여 수업시간 변경

② 교육장에 석유난로 및 방화수 등 소화기 비치

③ 사격 전 추위와 긴장감 해소를 위하여 가벼운 체조 등 체력단련실시

④ 혹한으로 인하여 총기 오작동 방지

### (3) 건조기 사격

① 사격장 주변 화재예방 철저

② 교육생 흡연금지(화장실주변통제)

③ 통제관 부책 하에 조교, 교육생 포함 20명씩 3개조 방화조 편성

④ 방화도구(삽, 갈퀴, 방화포 등) 상시 비치

### (4) 폭우 시 사격장 관리

① 사격장 절개면 붕괴우려
② 해당부서와 협조하여 배수상태 확인 점검(매년, 수시, 정기)

## 7 총기휴대 시 마음자세

총기의 사용은 국민의 기본적 인권인 생명신체의 안전에 극히 중대한 영향을 미치기 때문에 신중히 배려하지 않으면 안 된다. 또한 총기사용 사안은 돌발적인데다가 천차만별이며 그 대응도 법의 범주 안에서 상대적인 것이 요구된다. 따라서 총기의 사용에 있어서는 그 요건을 형식적으로 이해하는 것만으로는 부족하고 평소부터 항상 마음가짐을 가질 필요가 있다.

### (1) 총기사용의 권한과 책임

타인의 생명・신체가 중대한 위해를 받을 경우에 자기 또는 타인의 생명・신체의 방호 또는 직무집행의 확보를 위하여, 실력행사의 최후 수단으로서 총기의 사용이 인정되고 있다. 항상 냉정한 판단력은 책무의 자각과 함께, 무기의 사용에 관한 법적 근거, 사용판단 등의 이론적인 면과 권총취급 및 사격술에 관한 실기적인 면을 완전히 체득하여야 한다.

### (2) 철저한 사명의식

법과 질서를 유지하고 공공의 안전과 자유를 보호를 것을 직무로 하는 존재라고 했을 때 직무로서 무기의 사용권한을 부여받은 것은 국민의 신뢰를 전제로 하기 때문인 것이다. 직무상 총기를 사용 하는 경우라도 총구의 안전방향 유지에 주의해야 하는 것은 물론이고, 그 외의 조작에 대하여도 제3자에게 위해를 미치지 않도록 취급상의 제반주의를 지킬 의무가 있는 것이다.
총기를 직무상 사용할 필요성이 있고 그 사용권한이 인정되는 이상 그 책임감의 무게를 인식, 직업의식에 철저하게 총기를 취급하여야 한다.

# 제2편

# 사격술 기본이론

제1장

# 사격술 기본이론(拳銃 編)

## 제1절 자세(a stance)

### ① 개념

사수가 사선에서 표적을 향하여 총을 잡고 거총을 할 수 있으려면 신체적 특성에 알맞는 가장 적절한 자세를 신속·정확하게 취하여야 하며, 또한 신체적 균형을 잡아 안정된 자세를 취하기 위해서는 한손으로 완사를 할 경우, 표적과 사수가 일직선상이어야 되는 자연 지향적 자세를 갖추어야 한다.

그러기 위해서는 무엇보다도 사격에 앞서 사격술 훈련에 잘 적응할 수 있는 예비훈련 또한 필수적 요건이라 할 수 있다.

## 2 국제권총사격경기 시의 자세(a stance)

권총으로 표적을 사격하는 근대 5종경기의 대표적인 것으로는 자유권총, 속사권총, 센터파이어권총, 스탠더드 권총, 공기권총 및 여자만의 스포츠권총경기가 있다.

일반적으로 권총경기 사격선수들의 전형적인 한손파지 서서쏴 자세는 아래와 같다.

[사진 2-1] 국제경기에서의 자세[1]
2008. 8. 베이징 올림픽경기장 : 남자50m 공기권총경기 장면

1) 출처 : http//blog.naver.com/guneabee 베이징

## (1) 자유권총 경기

> **22구경(5.6mm) Rim Fire**
>
> • Rim fire : 탄피바닥 둘레에 기폭제가 깔려있어 공이 로 이 부분을 때려 발화시키는 방식

권총에 부합되는 총으로써 방아쇠무게, 손잡이의 크기, 총열의 길이, 가늠자와 가늠쇠의 거리, 권총의 무게에 제한이 없는 사격경기이다.

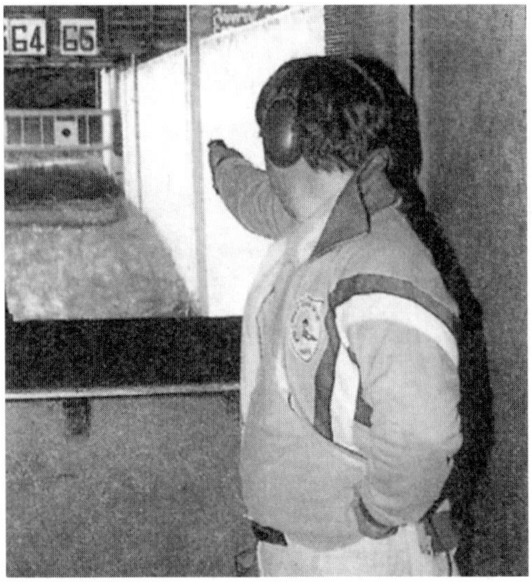

[사진 2-2] 자유권총경기모습-표적거리 25m 지사(遲射)

구경 5.6mm 이하의 권총을 사용하며, 표적거리는 50m, 국제식 완사표적의 지름은 50cm이며, 중심의 10점권의 지름의 크기는 50mm이다. 프로그램은 60발을 사격하며, 정교한 권총과 고도의 기술을 요한다.

### (2) 속사권총(Angle of shooting) 경기

올림픽 속사권총사격은 UIT종목에서 자유권총 다음으로 가장 긴 역사를 가진 종목이다. 현재 시행되는 사격종목은 1947년에 스톡홀름에서 개최된 세계선수권대회에서 채택된 것이다.

인상표적(실루엣 : 불어 : silhouette 標的 : 사격경기에 사용하는 과녁으로서 높이160cm 최대너비 45cm의 검은색 판으로 된 인간전신입상)을 사용하므로 실루엣경기라고도 한다.

권총은 구경 5.6mm, 무게 1.26kg 이내이며, 25m 거리에서 75cm 간격으로 서 있는 인상표적 5개를 8초간 5발을 사격하는 것을 4회 반복한다. 이어서 6초간에 5발을 4회, 4초간에 5발을 4회, 합계60발을 사격하며, 사수는 수직면에서 45° 이내에서 권총을 파지하고 있는 손을 아래로 겨냥하고 준비된 자세에서 표적의 출현을 기다린다.

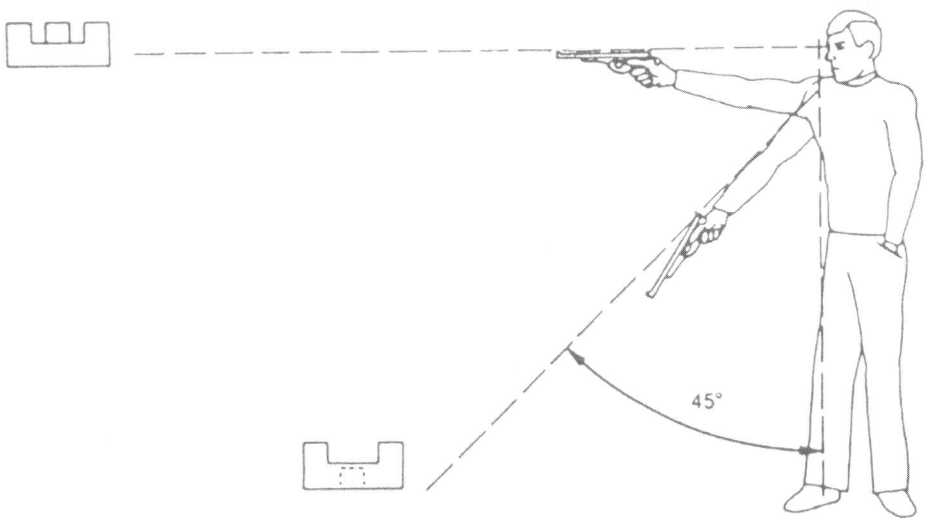


[그림 2-1] 속사권총 조준방법

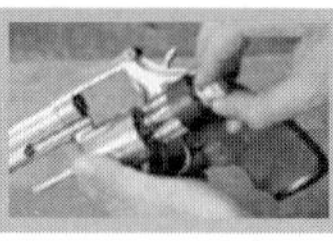



표적은 모서리가 져 있기 때문에 표적이 사수와 마주치는 순간에 사격을 시작하여 표적이 사라지고 그 순간에 사격을 끝내는 것이 사격의 타이밍이며, 사수는 표적이 돌아서기 시작하자마자 곧 거총(据銃)을 하기 시작한다. 권총의 조준장치는 아주 짧아서 정확한 조준선 정렬을 하지 않으면 조준선정렬의 각의 오차 때문에 고득점을 할 수 없게 된다.

완사사격보다 부드러운 동시에 더 견고하게 자세를 취해야 한다. 왜냐하면 속사권총사수는 매 시리즈가 계속되는 동안 신속하게 조준자세를 바꿔야 하기 때문이다. 이렇게 하기 위해서는 몸통전체를 움직여야 한다. 이 동작은 다리 근육을 통해서 이루어지기 때문에 다리 관절에 너무 힘을 가해서는 안 된다.

한편 몸의 윗부분 즉 몸통, 어깨, 팔, 머리는 표적에 사격하는 사이에 한 동작으로 견고하게 유지되어야 한다. 발은 완사자세보다 더 넓게 벌려야 한다. 왜냐하면 이 자세에서는 히프 관절이 견고하게 고정되지 않았기 때문에 방향전환 동작을 하려면 몸통에 더 큰 유동성을 주기 때문이다. 따라서 완사자세는 표적을 비스듬하게 표적지향 하는데 총열은 어깨와 20~25° 각을 이루는 것이 좋다. 이 자세는 정확하고 신속하게 총을 수직으로 들어 올리는데 도움이 된다. 자세를 취한 후에는 몸을 오른쪽으로 약간 틀어 첫 표적을 조준하는 연습을 하는데 이는 숙달할 때까지 계속해서 해야 한다. 이때 우에서 좌로 사격을 해야 하며 완사 사격법을 사용하면 좋다.

이 방법은 긴장을 풀고 좌에서 우로 몸을 돌리는 폭을 균등하게 하면 팔은 첫 표적에서 마지막 표적까지 7° 정도 움직이는 것이다. 그러나 이 방법은 확실한 것이 못된다. 이러한 것을 고려해볼 때 첫 표적에 대해 조준선정열을 하는 것이 더 현명한 방법이고, 초탄이 명중하게 되면 그 시리즈의 나머지 탄도 따라서 맞게 된다.

다섯 발을 다 쏘는 동안에는 숨을 멈추고 있어야 한다. 그렇다고 사격하기 전에 숨을 내쉴 필요는 없다. 준비 자세에서 팔을 낮출 때 "준비"라는 통제를 하기 전에 숨을 내쉬어야 하는데 들이마시는 것은 조준을 하면서 약간만 마시면 된다. 이때 숨을 많이 들이마셔도 안 된다.[2)]

2) 박종규(1988), 사격총서 소총·권총Ⅱ, 을지서적 p.331

[사진 2-3] 표적과 사수의 사격장면

### (3) 센터파이어권총 경기

센타화이어 시합의 시초는 1896년 아테네 1회 올림픽 경기에서 실시한 군용권총 시합이었으며, 사격기술에는 완사와 급사의 두 종류가 있다. 시합에서 사용되는 완사 사격기술은 완사권총사격에서 사용되는 기술과 특별히 다른 점은 없다. 급사자세는 완사자세와 크게 다른 점이 없으나 그때그때 취하는 자세는 거총동작에 도움이 되며 발은 다소 벌리며, 신체의 무게는 중앙 앞쪽으로 치우치게 하고 거총시에는 권총의 무게를 고려해야 한다.

표적에 대한 몸의 위치는 매우 중요하다. 조준을 하고자 할 때 권총이 거총동작의 마지막 과정에서 표적의 중심에 조준되는 것이 중요하다. 자세의 중심을 잡을 때 팔과 손목을 움직이면 않된다. 조준지역에 대한 권총의 마지막 위치는 거총속도에 달려있다. 표적은 3초 내에 사라졌다가 7초 후에 다시 나타나게 된다. 표적이 나타날 때 팔로 조준위치까지 권총을 들어 올리고 숨을 쉬거나 허파로 들어가도록 공기를 들이 마신다. 그리고 표적이 돌아섰을 때 다음 사격동작을 위해서 준비된 위치에서 숨을 내쉬고 호흡주기를 되풀이 한다.

총기는 구경 8mm(32구경) 이상 11.5mm(45구경)이내의 자동권총 또는 리볼버를 사용하며, 방아쇠 압력은 최소 1000g이 되어야 한다.

표적거리는 25m, 자유권총표적을 사용하여 6분 이내에 5발씩 사격하는 지사(遲射)를 6회, 속사권총 경기 표적에 1회 3초씩, 7초 간격으로 5회 나타나는 표적에 1발씩 사격하며, 6회 반복하여 합계 60발을 사격한다.

### (4) 스탠더드권총 경기

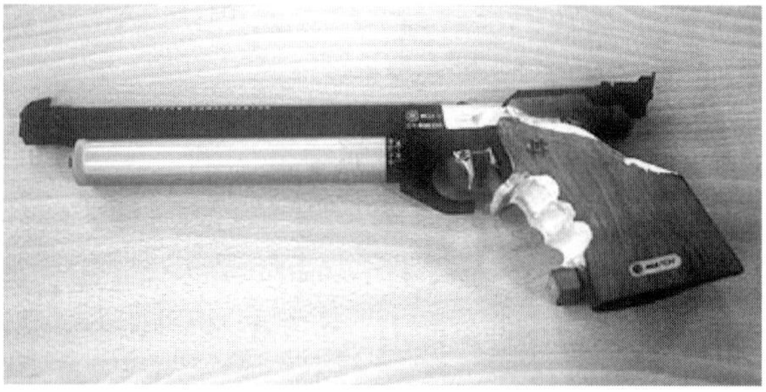

[사진 2-4] 스탠더드권총

스탠더드권총은 필슨에서 개최된 유럽선수권대회중인 1962년에 도입된 것으로써 UIT종목에 비교적 늦게 도입된 종목이다. 스탠더드 권총은 국제식 완사표적을 사격한다.

구경 5.6mm, 표적거리 25m, 150(30초마다 1발)·20·10초간 출현하는 표적에 각각 5발씩 4회, 합계 60발을 사격한다. 시합을 하기 전에 150초 이내에 5발을 시사(試射)할 수 있으며, 방아쇠 압력이 1000g이기 때문에 사격하기가 비교적 어렵다.

[사진 2-5] 25m 표적거리의 완벽한 정밀 지향자세의 사수

사수는 완벽한 정밀 지향자세를 갖춘 뒤, 팔을 들어 거총이 완료되었을 때 흐트러짐이 없도록 하여야 한다. 성공적으로 사격을 하기 위해서는 몸의 체중을 약간 앞으로 두고 총을 들어 올려서 조준선이 쉽게 조준지역 안에 들어올 수 있도록 자세가 숙달되어야한다.

조준과 거총은 20초 시리즈에서 초탄사격 시에는 충분한 시간적 여유를 갖는 것이 좋다. 호흡은 20초와 10초 사격에 있어서 "준비하여" 라는 구령이 내려지면 표적은 3초 내에 사라지고 이어서 7초 후에 다시 출현하므로, 합리적인 체력단련을 통해서 5발 시리즈 사격을 중간호흡 없이 우수하게 실시 할 수 있도록 훈련해야만 한다.

### (5) 스포츠권총 경기

22구경 5.6mm, 센타파이어 권총 사격경기와 같은 규칙으로 여자만이 실시한다. 1984년 로스앤젤레스 올림픽 대회 때부터 실시되고 있다. 국제완사로서 거리는 25m이다.

[사진 2-6] 여자선수들의 25m 표적 완·급사 연습사격

매 30발 사격으로 급사와 완사 두 과정을 나눈다. 완사는 30발을 6분내 5발을 쏘며, 5발을 6회 사격을 실시하고, 급사는 30발을 6회로 나누어 매회 5발을 사격한다. 표적은 3초마다 90°돌아서 나타난다.

### (6) 공기권총 사격경기

[사진 2-7] 공기권총 사격장면

표적거리는 10m이며, 60발을 2시간 15분 이내에 사격하는 경기로서 600점이 만점이다. 여자경기는 40발 경기로서 1시간 30분 이내에 사격한다.

## ③ 일반적 권총 사격

국제경기 권총 5종 사격 외에 군인, 경찰, 특수부대 등의 권총사격을 의미한다.

### (1) 사격자세(한손 · 양손파지)

① 서서쏴
② 구부려쏴
③ 무릎 쏴
④ 쪼그려 쏴
⑤ 엎드려 쏴
⑥ 이동표적 쏴
⑦ 장애물 의탁 쏴
⑧ 전방회전낙법 쏴
⑨ 후방회전낙법 쏴
⑩ 좌 측방 회전낙법 쏴
⑪ 우 측방 회전낙법 쏴
⑫ 장애물 회전낙법 쏴

### (2) 이상적인 자세요령

사격에 있어서 가장 이상적인 자세를 취하기 위해서는 신체의 각 부분별 기능에 대해서 숙지하고 있어야한다. 골격은 몸의 근육 부분을 지탱하고 근육은 뼈대를 움직이므로 자세를 유지하는데 신경을 자극하여 결정된 동작을 수행하게 해주며 신경의 의식적 원인이나 반사동작에 의해서 전달된다.

### (3) 안정된 사격자세

권총사격의 경우 한손·양손사격을 하고 있다. 한손 완사사격의 경우 앞에서 설명된 경기사격의 기본이론과 같이 안정된 사격의 자세는 표적과 사수가 일직선상이 되는 자연지향적이어야 하며, 자신의 체중은 지지면에 가라앉히고, 발의 위치는 자신의 어깨넓이 만큼 벌려서 편안한 자세를 취하되 신체의 중심 이동이 없어야한다.

[사진 2-8] 사수의 지지면 발 위치는 측면.
표적과 사수의 일직선 지향자세(완사의 경우).

상체는 곧게 세우며 긴장은 풀고 자연스럽게 표적을 향해 거총을 한다. 따라서 매 발 실탄이 발사될 때마다 적용된다. 이 자세는 가장 완벽하고 이상적인 자세라고 정의할 수 있는 절대적인 규칙이 있는 것은 아니다. 그러므로 자신의 특수한 체격과 신체적 측성에 가장 적합한 자세를 찾도록 한다.

### 1) 발과 상체

발은 편안한 자세로 취하고 어깨넓이 만큼의 간격을 유지하며 상체의 채중은 발바닥 전면에 균등하게 분배되도록 한다. 상체의 윗부분은 수직으로 세우고 몸통은 약간 뒤로 기울여서 거총을 한 상태의 팔의 무게를 지탱해 준다. 왜냐하면 모든 동작은 어깨로부터 오는 것이 아니다. 이때 거총자세의 팔꿈치를 곧게 편다.

### 2) 머리(고개) · 팔의 위치

머리는 시선과 수평이 되게 한다. 앞으로나 뒤로 기울어지게 되면 눈이 긴장하게 된다. 얼굴은 목 근육이 지나치게 긴장하지 않도록 하여 표적을 향해 최대한도로 돌린다. 그렇지 않으면 팔이 어깨근육을 약하게 받쳐주고 머리는 뇌의 혈액순환이 원활하지 못하게 되어 목 근육이 피로한 현상이 나타난다. 따라서 대부분의 훈련지침서들은 한손 완사의 경우 사수가 표적을 향해 일직선상의 약 70°로 지향하는 자세를 취하도록 권하고 있다.

이 자세는 사수들에 의해 절차적으로 사수 개개인에게 맞는 자세를 취하는 것이 옳은 정설로 받아들여지고 있다. 그러나 지나치게 가슴이 표적을 향하는 자세나, 표적과 측면을 향하는 자세가 그때그때 마다 달라지는 자세는 피해야 한다.

### (4) 총구 지향자세

옳은 자세를 취하기 위한 초보단계는 권총을 표적에 겨냥하는 것이다. 우선 표적을 향해 겨냥한 권총의 총구를 내리고 눈을 감는다. 그리고 목표물을 향해 거총을 하고 눈을 뜬다.

[사진 2-9] 표적을 지향. 눈을 감고 거총준비
- 표적지향 거총하고 눈을 뜬다.

총구가 표적의 중심(10점圈)에서 벗어나면 벗어난 만큼 발을 움직여 조준을 한다. 오른손 사수는 왼발을 움직여서 편안한 자세를 다시 취하기 위해 오른발을 끌어 준다. 눈을 감았을 때도 총선이 자연스럽게 표적의 중앙에 오기까지 과정을 반복 한다.

### (5) 사격하지 않는 손 처리

조준 및 격발을 하는 동안에는 사격하지 않는 손은 대부분 사수는 바지호주머니에 넣고 있거나 벨트, 자킷에 걸쳐놓는다. 이렇게 함으로써 사격하지 않는 팔의 어깨가 처지는 것을 방지할 수 있다. 이때 호주머니에 넣는 손은 긴장을 푼 채로 힘을 빼야하고, 벨트에 걸치는 손은 엄지를 살짝 걸치는 정도라야 한다.

[사진 2-10] 엄지를 벨트에 살짝 걸친 자세(완사 시)

## (6) 한손파지 속사자세

올림픽 속사권총 사격의 방아쇠 압력은 150~250g 정도이다. 완사 사격보다 부드러운 동시에 더 견고하게 자세를 취해야 한다.

[사진 2-11] 한손파지 속사자세(표적방향 20~25°)

[사진 2-12] 옳지 않은 손의 위치(왼손)

몸의 윗부분 즉 몸통, 어깨, 팔, 머리는 표적 사격하는 동안에는 한 동작으로 견고하게 유지되어야 한다. 발은 완사자세보다 더 넓게 벌려야 한다. 총열은 어깨와 20~25°각을 이루는 것이 정확하고 신속하게 총을 수직으로 들어 올리는데 도움이 된다(※ 국제 권총사격경기에 있어서 한손 속사의 경우).
몸통은 위쪽으로 약간 들어 올리되 발바닥 전면에 골고루 몸의 체중이 실리도록 한다.

### (7) 이상적 지지면

권총 사수가 사격을 하기 위하여 자세를 취하는 과정에서 발을 딛고 있는 지면을 지지면이라고 한다. 가장 이상적인 지지면의 발 위치는 삼각형으로 몸의 중심이 지지면의 삼각형 중앙에 오도록 하는 것이 안정된다.

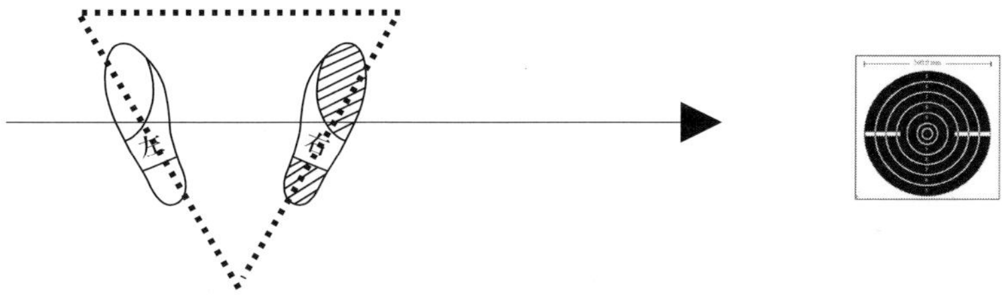


[그림 2-2] 몸의 중심이 지지면의 삼각형 중앙에 오도록 한다.

이때 지지면의 발의 간격이 좁으면 안정감을 잃게 되고 권총의 무게가 지지면 중심선 밖으로 나오게 되어 신체적 긴장과 몸의 중심 이동이 생기게 되어 불안정한 자세가 된다. 또한 지지면의 발의 위치가 너무 넓으면 다리의 근육긴장을 유발시킬 수 있다.

### (8) 몸의 균형(올림픽 속사권총사격)

가장 편한 자세는 자연스럽게 곧바로 선 자세이며 균형을 유지하기 위하여서는 근육에 최소한의 힘만이 들어가도록 해야 한다. 총을 들어서 조준 했을 때 몸의 중심 밖으로 벗어난 팔과총의 무게만큼 상체를 조금 뒤로 젖히는 것이 몸의 균형유지에 도움이 된다. 이때 몸의 중심이 양발 중앙에 있어야한다

[그림 2-3] 올림픽 속사권총사격 : 몸의 균형유지(Silhouette, Angle of Shooting)

[사진 2-13] 몸의 균형유지 (가슴이 표적방향으로 개방된 지지균형 유지면의 발 위치)

1982년 카라카스에서 개최된 세계참피언선수권대회에서 러시아의 쿠즈민은 완벽하게 300점을 기록했다.

## 제2절 파지(Grip)

### ① 개념

탄환을 목표물에 정확하게 보내려면 기본동작에서 어느 하나 중요하지 않을 수 없다. 그 가운데 파지는 가장 안정되고 견고하게 이루어져야 한다.
오늘에 이르기까지 세계 각국에서 다목적으로 생산 제작되는 총기 모형의 종류는 다양하다. 특히 리볼버(회전식)식 권총과 국산 대우정밀에서 1989년에 개발 보급한 K5 반자동식 권총 등은 손잡이의 크기·모양이 각양이다.
서양·유럽에서 제작된 총기 중에서 특히 체격이 작은 여성들에게 인기가 있는 것도 있다. 그래서 미국도 전통적인 Colt 45구경을 작고 강하게 개발된 베레타 92FS(이탈리아) 또는 Glock19(오스트리아)를 제식으로 대체하였으며, 우리나라 여자경찰관의 경우도 38구경 권총3인치(스미스 앤 웨슨)로 대체하고 있다.

### ② 파지요령

#### (1) 한손파지의 경우

손잡이는 총을 가능한 한 편하게 파지할 수 있어야한다. 표적을 조준할 때 정확한 자세를 취했다면 총열과 조준선이 일치 되어져야한다. 만약 그렇게 되지 않았다면 파지가 잘못되었다고 볼 수 있으며 파지 상태를 점검 수정할 필요가 있다.
올바른 파지를 위해서는 사격하지 않는 손으로 총열의 앞부분을 가볍게 올려 감싸 잡고, 파지하는 손은 엄지와 인지사이는 V자 모양으로 펴 총열을 미는듯이 손잡이 뒤 등을 손바닥으로 손금에 밀착시키도록 하고, 손가락 3. 4 .5지로 손잡이를 감싸 잡는다. 이때 3지(中指)가 방아쇠울과 몸체를 받치고 있어야 하며, 격발인지(2指)는 총열의 선에 90°가 되도록 하여 방아쇠를 작동할 수 있도록 하여야 한다.

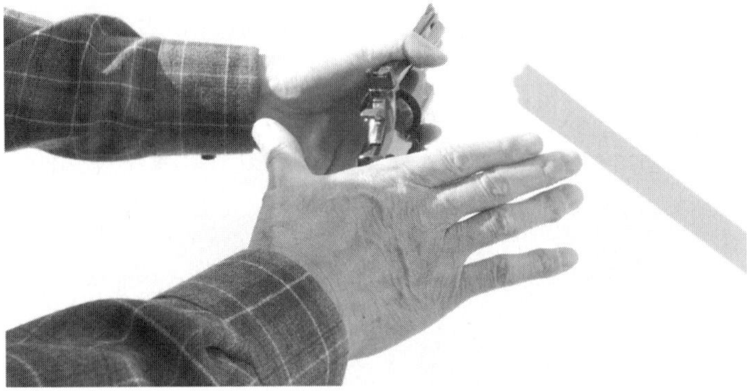

**[사진 2-14]** V자 모양으로 총열을 미는 듯이 손바닥을 밀착한다.

**[사진 2-14]** 반동 시 파지 풀림과 동시 총구 각도는 상향이 된다.
- 방아쇠의 상부 측에 인지압력이 가해진다.
- 바르지 못한 교차파지가 된다.

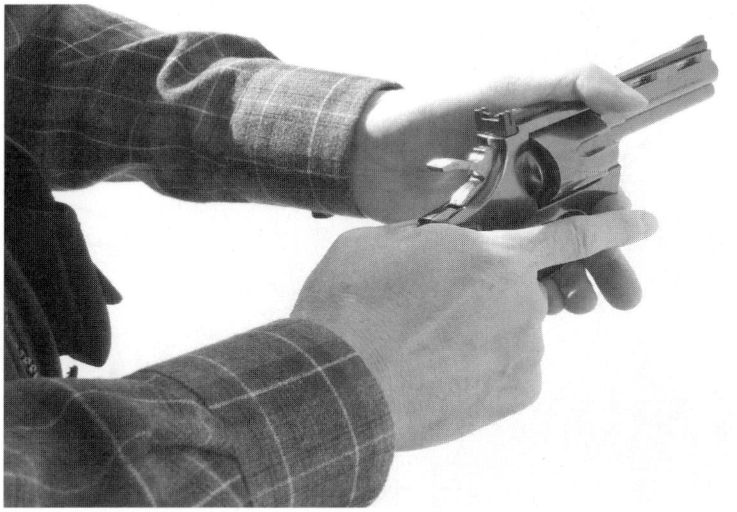

**[사진 2-15]** 3. 4. 5지로 총을 살며시 감싸 잡는다.

**[사진 2-16]** 감싸 잡은 안쪽 손 형태

[사진 2-17]  3지가 방아쇠울과 몸체를 받친다.

격발인지가 직후방으로 작용할 수 있도록 해야 한다.
(훈련 시 동전을 총기 위에 올려놓고 격발 시 떨어지지 않도록 한다.)

격발인지가 총열의 선에 90°가 되도록 방아쇠 작동을 한다.

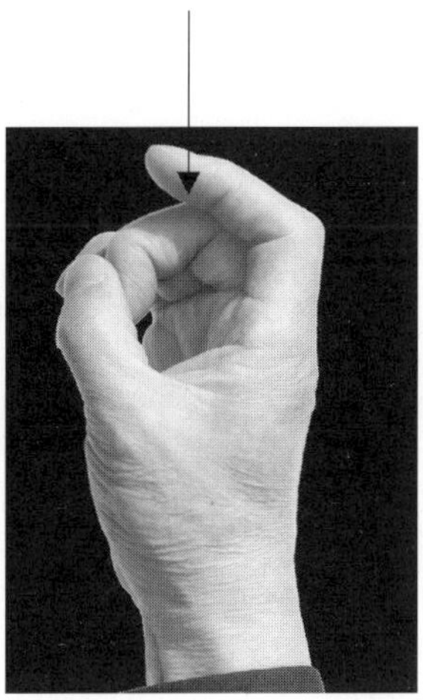

[사진 2-18] 총열선의 90°각도 직·후방으로 작동되는 인지(引指)의 올바른 압력과 파지법

[사진 2-19]  정확한 양손 교차파지

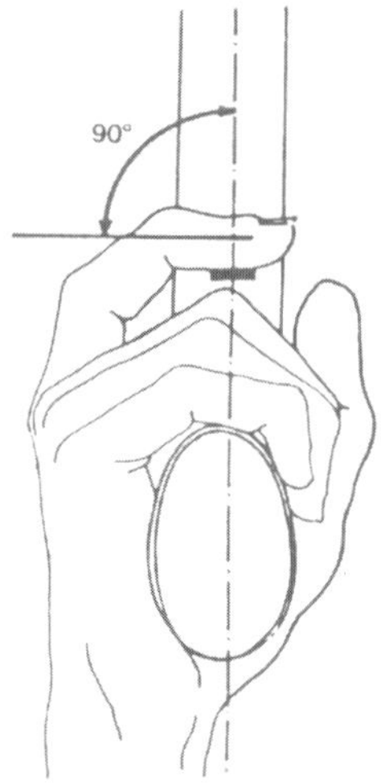


[그림 2-4]  정확한 한손파지

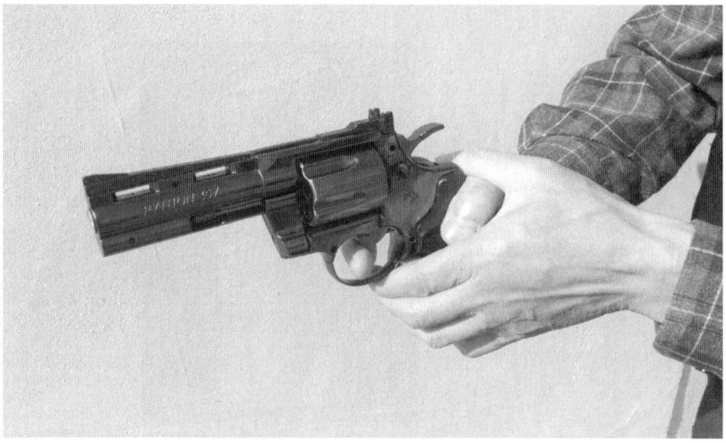

[사진 2-20]  리볼버식 권총 교차파지법

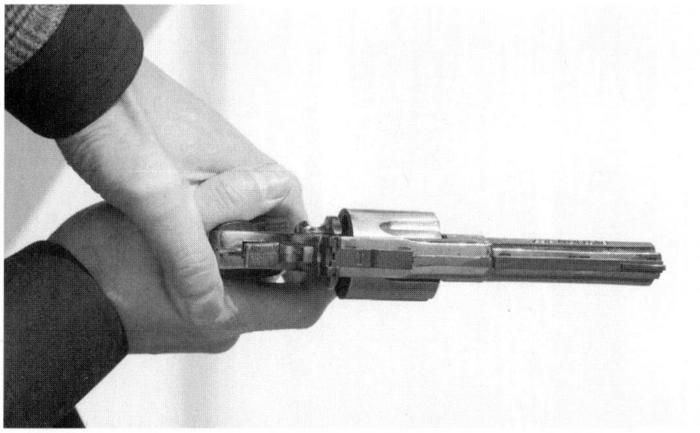

[사진 2-21] 위에서 본 직 후방 격발파지

[사진 2-22] 리볼버식 권총 강화파지법

[사진 2-23] 자동식 권총 강화파지법(글록M-19)
슬라이드 전후퇴 시 엄지가 닿지 않도록 유의(좌측면)

[사진 2-24] 자동식 권총 웨브형 강화파지법(우측면)

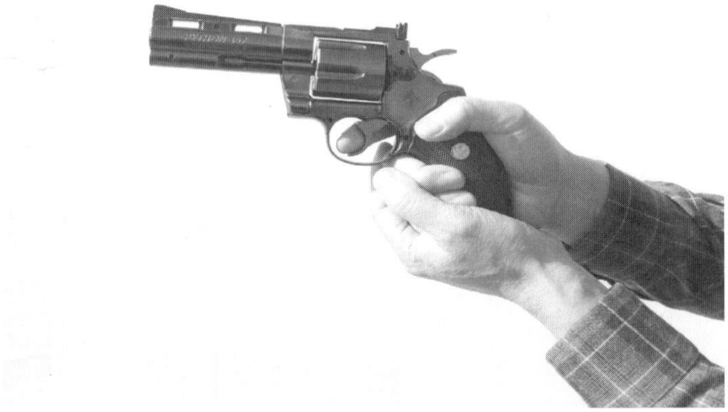

[사진 2-25] 올바르지 않는 파지-1(반동 폭이 크다)

[사진 2-26] 올바르지 않는 파지-2(반동폭이 크다)

[사진 2-27] 올바르지 않는 파지-3(반동폭이 크다)[3)]

## (3) 엄지의 위치

① 완사 시(single action) 리볼버(실린더 회전식)형 권총은 총열의 수평에서 약45°가량 엄지마디 상부의 안쪽을 구부려 파지하고, 자동식 (탄창장전식)형은 총열의 수평에서 30° 가량 엄지를 놓는다.

② 속사 시(double action) 리볼버형은 완사의 경우와 같이 위치를 하며, 반동 시 풀림 방지를 위해서 약간의 힘을 가한다.

3) 올바르지 않은 파지를 하는 경우 반동 시 파지가 풀려 발사된 탄착이 분산된다.

특히, 한손파지 속사 시(복동식)에는 완사시의 가한 압력보다 총이 몸통안쪽으로 구부러진 인지의 압력이 좀더 강해져야 한다. 그렇게 되어야 연속 자동발사 시 파지의 유격을 최소화 할 수 있다.

그러나 탄창장전식 자동권총은 양손파지 시 엄지는 총열에 나란하게 90°에 놓는다. 왜냐하면 한손으로 파지한 총 손잡이의 둘레를 고르게 밀착하기 위해서는 양손파지 시 감싸 잡는 엄지손이 포개지게 되면 파지공간이 형성되므로, 파지된 총의 손잡이 둘레는 마치 붕대를 감은것과 같이 내면이 밀착이 되어야 한다.

### (4) 압력의 균일성

① 파지는 구부린 엄지로 일정한 압력이 없으면 총기파지의 유격을 초래할 수 있고 인지도 격발 시 총기의 몸통에 붙이지 않고 간극을 두어 독립운동을 하여야 한다.

그러나 격발 시 인지의 압력이 연동적으로 총기의 전체압력에 영향을 미치지 않는다고 볼 수 없다. 이는 파지에 가해진 압력은 방아쇠에 가해진 압력과 직접관계가 있다.

이처럼 총기 손잡이를 잡은 파지상태는 바이스 기구에 물체를 고정시켰을 때처럼 전체적으로 압력의 균형이 고르게 분포되어야 하고 너무 강한 압력을 가하면 총의 동요가 발생한다. 또한 너무 약한 압력을 가하면 격발 시 반동으로 파지가 풀리게 되는 것을 초래한다.

② 전체적인 파지압력의 안배는 3지 : 3, 4지 : 2, 5지 : 1의 비율의 배분을 필요로 한다. 그렇지 않으면 권총의 총구가 처져 하탄의 원인이 된다.

또한, 사격도중에 파지의 긴장을 늦추고 순간 느슨하게 하여 손의 혈액순환을 원활하게 하는 것도 중요하다. 압력이 지속적으로 가해지면 손의 근육이 경직되어 혈액순환을 방해하게 되어 근육의 피로를 가중시켜 정확성을 떨어뜨리는 결과를 초래하게 된다.

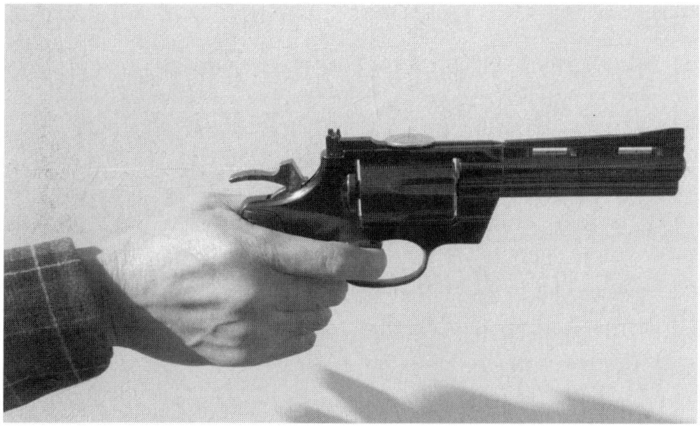

[사진 2-28] 파지압력의 안배(按配)

[사진 2-29] 왼손 파지

## (5) 반동처리

### 1) 자동식 권총의 경우 발사 시 탄도학적 반동원리

① 방아쇠를 당기면 뒤에 있는 공이치기가 노리쇠를 치게 되고, 노리쇠는 실탄의 뇌관을 치면 실탄이 격발한다.

② 격발되면 화약의 폭발로 인해서 탄두가 비행하게 되며, 그 가스의 압력으로 인해 슬라이더가 후퇴가 된다.

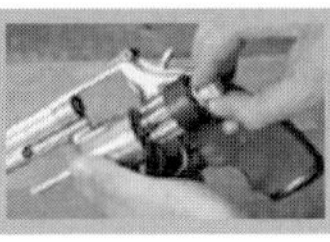



③ 슬라이드가 완전히 후퇴하면 탄피는 배출구로 튕겨나가게 되고, 슬라이드가 다시 전진하면서 아래 탄창의 새로운 탄환이 들어와서 장전된다.

총의 발사원리는 격발을 하면 공이를 치고, 공이치기가 발화부분인 뇌관을 치면 화약이 점화되고, 탄환이 총구를 떠나기 시작한다. 이때 직 후방으로 똑같은 압력의 반작용이 발생한다. 팔목은 이러한 힘에 대비하여야 하고, 파지의 힘, 팔목, 팔굽이 접혀 지지 않고 곧바른 상태를 유지한 채 반동을 받게 되면 가늠쇠와 가늠자도 일치될 수 있다.

### 2) 반동 시 파지의 강도

격발 시 발생하는 반동을 처리하기 위해서는 어느 정도의 힘으로 파지해야 한다는 분석이 가능하다. 만약 너무 느슨하게 파지를 하면 반동 시 좌측방향 즉, 파지 한 손의 개방된 부분으로 힘이 절단되어 파지가 풀리게 된다는 것을 알 수 있다.

[사진 2-30] 사격반동 장면

## 제3절 호흡(呼吸)[4]

### ① 호흡조절

#### (1) 완사의 경우

표적을 조준하고 격발을 하는 순간까지 사수는 일정한 숨을 멈출 수 있어야 한다. 평상시 와 같이 정상호흡을 하면서 총을 잡고 거총을 하게 된다면 총을 든 팔의 동요 폭이 증가할 것이다. 그래서 거총을 하기 전에는 정상적으로 몇 초간의 숨을 들어 마시도록 한다.
숨을 한꺼번에 과도하게 들이쉬게 되면 인체 심박수가 증가하게 되므로 조준할 시에는 갈비뼈와 허파가 약간의 공기를 방출할 수 있도록 신축성을 주어야 한다. 이때 횡경막을 움직이지 않도록 해야 하고 기도는 약간 열어놓는 것이 좋다.

[표 2-1] 호흡주기

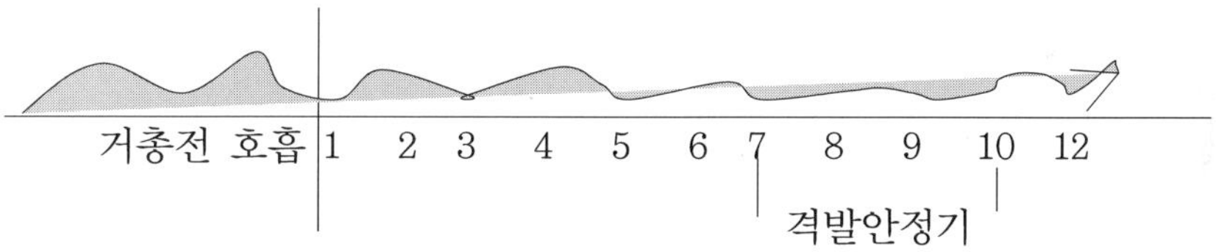


만약 10초 이내에 격발이 이루어지지 않으면 팔을 내리고 몇 초 동안 숨을 들이 쉬고 그다음에 다시 시작해야 할 것이다. 그래서 평소 체력훈련을 통해 심폐활량과 혈액의 산소용존량을 증대시킬 수 있어야 한다.

#### (2) 속사(급사)의 경우

급사 사격에 있어서 표적이 출현할 때 조준 구역까지 거총을 하면서 숨을 들이마신다. 표적이 사라졌을 때 다음 사격동작을 위해서 그 위치에서 숨을 내쉬고 호흡주기를 되풀이 한다. 이러한 습관적인 호흡의 주기는 권총의 경기사격방식

4) 제3절의 호흡은 모두 완사의 경우에 적용되는 설명이다.

에 의해서 한정된 시간 내의 사격으로부터 비롯된 습관 된 호흡 기준이라고 볼 수 있다.

## ② 호흡과 생체리듬

① 호흡은 혈액 속에 산소를 공급하여 근육, 신경 및 두뇌 등의 신체기관으로 하여금 효과적으로 활동할 수 있도록 한다.

② 호흡을 하고 있는 동안은 몸이 움직이게 되는 것이 당연하다. 몸의 움직임 때문에 격발 시에는 안정된 탄착의 형성을 기대할 수 없을 것이다.

③ 그래서 불안전한 호흡은 인체의 혈액순환 및 물질대사 또는 생리과정에 밀접한 관계를 가지게 되어 사수의 컨디션에 영향을 주게 된다.

④ 호흡주기에서 평상시 인체의 정상호흡은 매 분당 평균 12~15회 이다. 1호흡 주기는 4~5초이고, 1회 보통 약500㎤의 공기를 흡입하게 되는데 최대 약 1500$cm^3$의 공기를 흡입할 수가 있다.[5)]

[표 2-2] 호흡주기

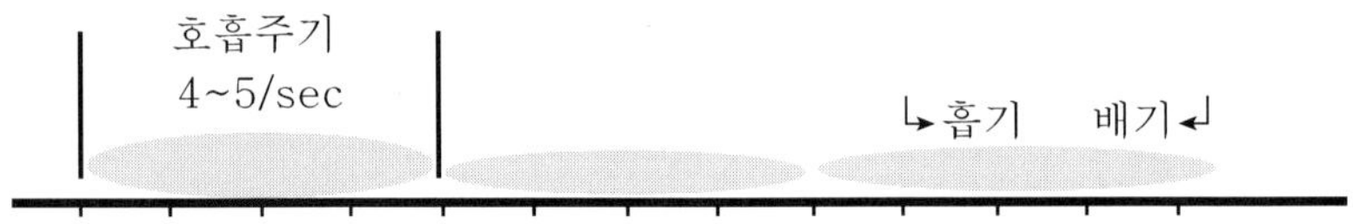


## ③ 호흡정지요령

파지를 한 총을 내리고 편안한 상태에서 평소보다 조금 깊은 호흡을 2~3회 정도한다. 거총을 하면서 숨을 들이쉬고 표적상단에 총을 멈추면서 숨을 내쉰다. 이때 자연지향자세를 확인해야 한다.
거총상태의 동요를 최소화 하기위하여 ⅔가량의 숨을 내쉬고 ⅓가량의 숨을 남기면서 기도를 개방시키도록 하며, 입은 다물지 않고 약간 벌리고 있어야한다.

5) (주)재단법인 한국사격진흥회 군용권총 사격술

이때 최대한 동요를 줄이면서 조준선 정열과 격발이 이루어지도록 하며, 격발 후 반동을 받음과 동시에 추적의 과정이 이루어진 다음 총을 내리면서 참았던 숨을 내쉰다.

### ④ 훈련방법

매 발 일정한 호흡주기를 반복하여 숙달한다. 호흡을 최대한 멈추기 훈련을 실시하여 심폐활량을 증가 시키도록 한다. 호흡 후 정지시간은 8~12초 사이가 이상적이며 15초를 초과하면 거총을 해제하고, 10~15초 정도 휴식 후 다시 거총하여야 한다. 권총사격의 격발은 호흡정지와 동시에 격발조정으로 들어가 조준지역에서 약 2~5초 이내 격발이 이루어지도록 훈련한다.

## 제4절 조준(照準 : sight alignment)

### ① 조준선 정열과 정조준

#### (1) 조준선 정열

조준선 정열은 가늠자 홈과 가늠쇠를 일치시킨 상태에서 가늠자의 좌우공간과 상하면이 좌우 대칭 및 수평이 되도록 맞추는 것을 말한다. 이는 곧 총의 조준구에서만 이루어지는 단계라고 할 수 있다.

[그림 2-5] 가늠자 홈과 가늠쇠상단을 일치한 상태

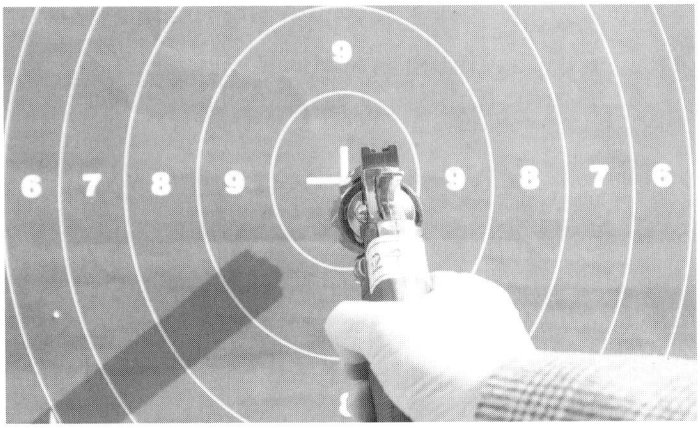


[사진 2-31] 총을 표적중심에 정열

[사진 2-32] 정조준은 일명 '표적정렬'이다.

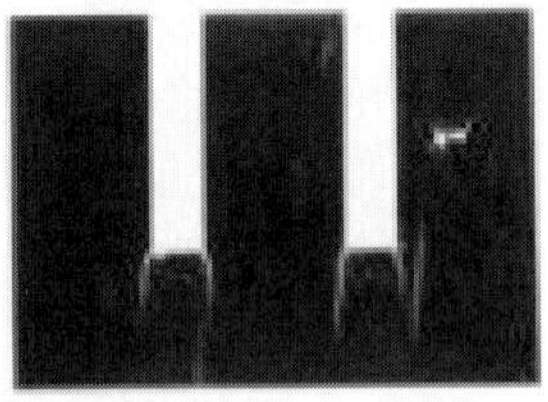

[그림 2-6] 가늠자와 가늠쇠의 복합상태

조준선을 정열 한다는 것은 총을 표적중심에 정열하기 위하여 가늠자와 가늠쇠 그리고 조준점을 동일선상에 위치시키는 동작을 말한다.

사수가 아무리 자세를 정확히 취한다고 해도 총기를 완전히 고정 시킬 수는 없다. 조준은 끊임없이 총이 움직이고 있다는 가정 하에서 수행되어야 한다. 조준선 정열 시 가늠자 가늠쇠가 선명히 보이고 표적은 안개가 낀 것처럼 희미하게 보이는 것이 정상이다. 이때 표적을 정확히 보려고 가늠자, 가늠쇠에 대한 시선(눈의 초점)을 놓치게 되면 정확한 사격을 할 수 없다.

### 1) 조준선 정열의 중요성

눈의 초점을 표적에 두면 조준선 정열은 무방비 상태가 된다. 탄착의 편차를 줄이기 위해 눈의 초점을 가늠쇠 선단에 두면 표적은 희미하게 보이거나 가늠쇠는 뚜렷이 보이며 가늠쇠의 움직임에 눈의 초점이 계속 따라 다녀 정확한 조준선 정열을 할 수 있다.

### 2) 조준선 정열의 편차공식

**예제** [6] **베레타 92FS형 권총 조준선 정열의 편차는 0.1cm일 경우, 사거리 25m에서의 탄착점은?**(※ 92FS 조준장(照準長)[7] 15.5cm)

【정답】 15.5 : 0.1 = 2500 : ?

? = (0.1×2500)/15.5 = 16.1cm

가늠자 공간과 가늠쇠 정열상태가 1mm 상하 좌우로 치우치게 되면 25m 지점 표적에서는 탄착의 형성은 약 20cm 이상 흩어지게 된다.[8] 그러므로 조준선 정열 방식에 있어서 눈의 초점(eye focus)이 표적에 빼앗기면 빼앗길수록 기록은 기대할 수 없다. 눈의 초점은 한곳에 집중 할 수밖에 없으므로 조준선 정열에만 두어야 한다.

6) 군용권총사격술교범, 재단법인 한국사격진흥회
7) 조준장 : 총의 가늠자에서 가늠쇠까지의 길이
8) http://new nonmun.com/sub-list : 경호요원 권총사격 시 조준선 정열방식과 기록변화에 미치는 영향.

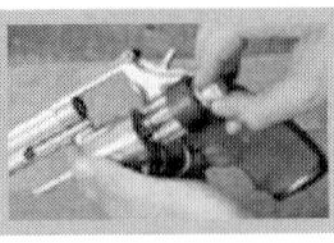



### (2) 정조준

① 일명 '표적정열'이라고도 하며 조준선 정열이 이루어진 상태에서 표적의 중앙이 가늠쇠 선단에 접하게 되는 상태를 말하며, 이는 총과 표적과의 관계에서 일어나는 현상이다.

정조준은 권총사격을 성공적으로 행하기 위한 중요한 요소 중의 하나이다.

② 탄착점이 좌 · 우 · 상 · 하 탄으로 형성됨에 총기 자체의 문제인 경우와 사수의 사격실력 문제가 있는 경우가 있으며, 좌 · 우 · 상 · 하 어느 한쪽에 집중적으로 탄착점이 몰리는 경우는 오조준을 하는 경우다.

그렇지 않는 경우는 판단을 서둘러 오조준을 할 것이 아니라 총 자체의 명중률을 믿고 계속 흑점 중앙에 정조준을 해야 할 것이다,

③ 조준선 정렬의 편차와 탄착관계에 있어서 가늠쇠의 선단이 너무 표적 하단쪽으로 밀착하거나 떨어지면 사수가 조준 당시의 생각과는 다른 탄착이 형성된다.

④ 조준선 정렬시 총의 이동과 탄착점 편차 관계는 조준선의 정확성을 좌우하는 요소는 사수의 올바른 조준선을 항상 형성 · 유지하는 능력과 그 바른 조준선을 조준점(표적)에 일치시키는 능력인 것이다.

즉, 조준선이 정렬된 상태로 총의 평행이동에 대해서는 이동한 거리만큼 실제 탄착이 편차가 생기지만 수직이동 즉 가늠쇠의 이동은 명중탄의 편차를 훨씬 더 크게 한다.[9)]

올바른 조준요령은 가늠자를 통하여 가늠쇠 선단에 시선을 집중하면 25m 전방에 있는 표적을 가상 했을 때 표적이 희미하게 보이고 조준선은 선명하게 보여야 한다. 반대로 흑점이 선명하게 보인다면 조준선은 흐려지게 된다.

이때 조준점을 찾기 위해 표적과 조준선을 번갈아 보지 않아야 하며, 실탄이 총구를 떠난 다음에도 계속 격발전의 상태를 유지하려는 노력을 반동 후에도 시선은 조준선을 따라가야 한다.

9) 사격 · 진압술(2004), 중앙경찰학교, pp35~37

[사진 2-33] 정조준(표적중앙에 가늠쇠 선단)

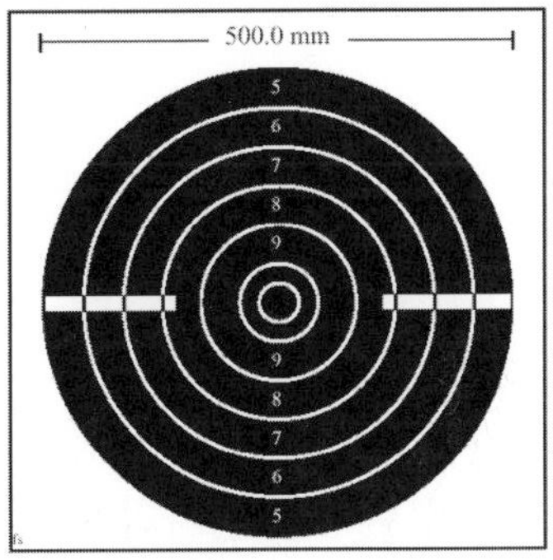


[사진 2-34] 노무현 전 대통령의 권총사격시사(試射) 장면과 표적지 10)

[사진 2-35] 조준 시 눈의 초점(eye focus)

10) 출처 : President-noh-S&W-M19: 노무현 전 대통령의 사격장에서의 3.8구경 권총시사(試射)

### (3) 시력집중의 한계

대부분의 사수들은 좋은 눈은 뜨고 다른 눈은 감고서 한쪽 눈으로 사격을 한다. 그러나 한쪽 눈으로 사격을 하려면 집중력이 약해지고 얼굴 근육이 긴장된다. 그래서 조준할 때는 두 눈을 다 뜨도록 해야 한다.

사격에 사용되지 않는 눈은 눈가리게(사격장비)를 착용함으로 정신 분산을 방지할 수 있다.

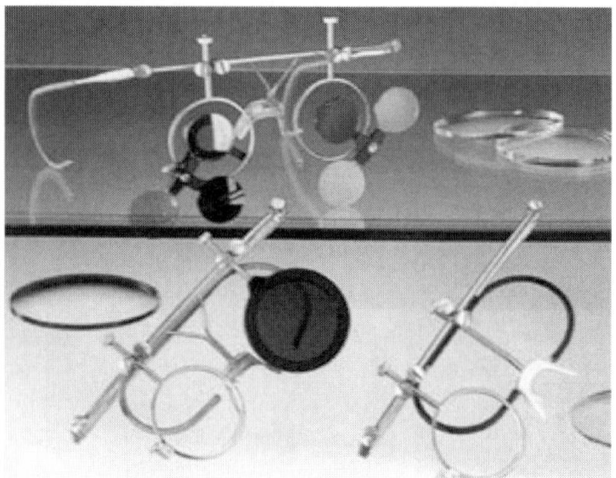

[사진 2-36] 사격장비-눈가리게

이때에는 반투명 눈 가리게가 이상적이다.

이 반투명 눈가리게는 똑같은 정도로 양 눈에 빛이 들어오게 하면서 시력의 깊이를 더해준다. 조준할 때에는 양 눈 중에서 좋은 눈을 사용하는 것이 좋다.

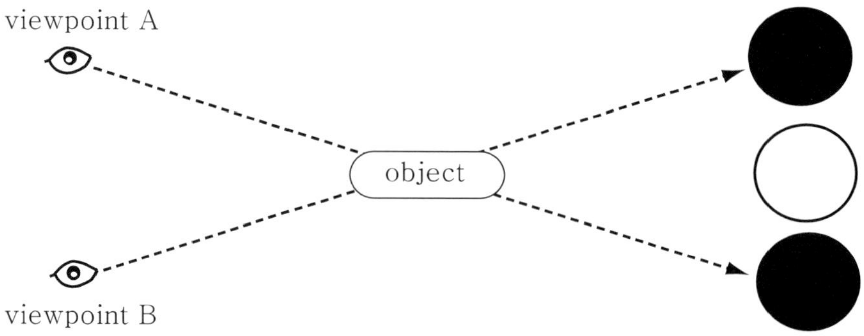


[그림 2-7] 양눈(兩眼) 사격 시 A, B각, 보이는 표적의 상(Viewpoint A ,B)

양눈 시 우안은 좌측 상, 좌안은 우측 상으로 나타난다. 이때 오른손사격은 우측 표적상, 왼손사격은 좌측 표적상에 각각 조준선 정열이 되어야 한다. 각 눈의 초점은(Object) 가늠자와 가늠쇠에 집중하여야 한다. 따라서 표적은 희미하게 나타난다.

표적이 뚜렷하게 보이는 경우는 눈의 초점이 표적에 빼앗기고 있는 현상이다.

**[사진 2-37]** 양안(兩眼) 사격훈련(양손사격)

**[사진 2-38]** 사수가 표적에 초점이 집중 되었을 경우

사수가 양 눈을 뜨고(양안) 조준선 정열에 초점을 두었을 때 표적은 둘로 보이게 된다. 오른손 사수가 왼눈을 감고 조준선 정열을 했을 때의 표적상은 좌측에 보였던 상일 것이다.

시력의 집중 한계에 있어서 한 점을 계속 응시하는 경우 사격의 최고치를 유지할 수 있는 최초의 몇 초 동안뿐이고, 그 후는 차차 망막 상에서 영상의 명확도가 저하되어 대상물이 보이는 상태가 점점 흐려져 심도(深度)가 희미하게 된다. 그래서 5~7초 지나면 사수의 눈은 부정확성(不正確性)을 깨닫는 상태가 되므로, 최후의 정조준 단계에 들어간 조준시간은 4-5초를 초과해서는 아니 된다.

### (4) 지역조준(地域照準)

'지역조준' 이라함은 조준하고자 하는 곳, 즉 조준점을 선택하는 것이 아니고 보통 흑점 가운데에서 사수 총의 동요만큼을 선택하여 점이 아닌 지역(구역)을 선택하여 조준 하는 것을 지역조준이라한다.

총의 움직임은 어느 사수에게나 나타나기 마련이다. 지역조준을 택하지 않고 조준점을 택하여 사격하다보면 초보자에게는 여러 방해요인으로 인하여 사격을 그르치는 경우가 많다. 그래서 조준을 하는 동안 권총이 약간 움직이게 된다. 이러한 움직임은 표적지 중심지역에 형성되게 되며 이것을 지역조준이라고 한다.

**[사진 2-39]** 표적중앙 +점에 지역조준 연습(공기권총 사격장)

[그림 2-8] 지역조준이 양호한 상태

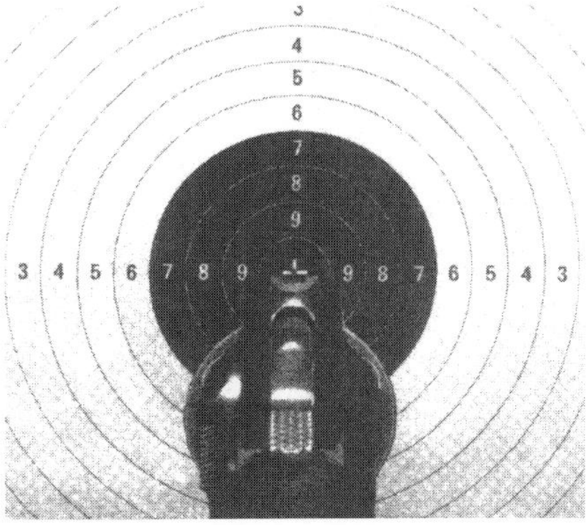

[그림 2-9] 지역조준 완사표적

## ② 훈련방법

사격을 하는데 있어 조준은 매우 중요한 요소 중의 하나이다. 사격 시 올바른 조준을 하지 못하여 좋은 결과를 얻지 못하는 경우가 아주 많다. 그러므로 평소 정확한 조준능력을 숙달 시켜야 한다.

### (1) 백지표적에 조준 및 사격

흑점이 없는 표적지는 총의 동요를 축소시켜 주는 듯한 인상을 보여주며, 가늠쇠에 시선의 집중이 증대된다. 흑점에 의한 주의산만이 일어나지 않는다. 또한 격발이 좋지 못했을 때 가늠쇠의 움직임을 정확히 볼 수 있다.

### (2) 근거리조준

실 거리, 표적이 가깝고 선명한 벽 또는 물체에 조준을 해봄으로써 사수 최대 능력치로 조준선을 볼 수 있다. 백지표적조준, 근거리 조준 등을 통하여 사수 능력을 확인할 수 있다.

### (3) 시선집중훈련

시선집중훈련을 통하여 어느 한곳에 시선을 집중할 수 있는 능력을 향상 시킨다.

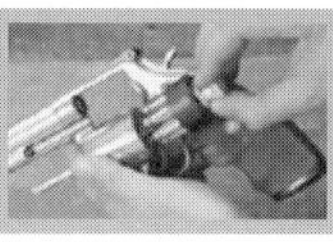



## 제5절 격발(percussion)

### ① 격발요령

격발은 권총사격술에서 가장 핵심이 되는 기술이다. 다른 기술이 아무리 완벽해도 격발이 잘못되면 소용없다. 즉 탄환이 발사되는 순간 조준이 흐트러지기 때문이다.

인지(2지)는 조준하는 눈 뒤 직선상으로 방아쇠에 압력을 가한다. 이렇게 하여 방아쇠를 첫 관절의 중심에 대면 손가락의 위치는 제대로 된 것이다. 이는 손가락의 다른 부분이 활모양으로 움직이는 반면에 끝마디는 직선상으로 움직이기 때문이다. 이때 압력이 뒤쪽으로 직접 전달되지 않는다면 총구가 빗나가게 된다. 즉 확 잡아채거나 당기게 되는 것이다.

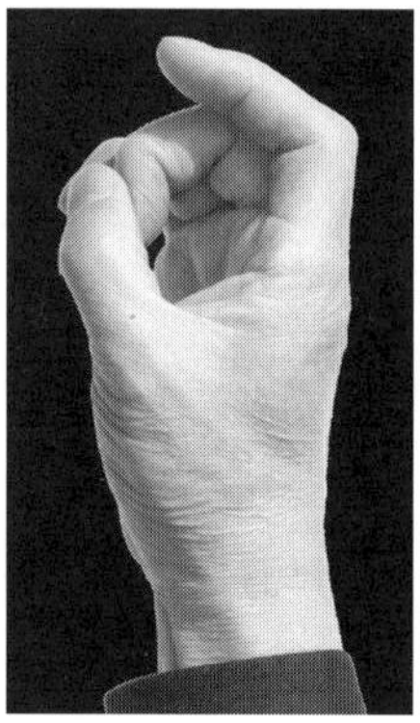

[사진 2-40] 올바른 인지동작

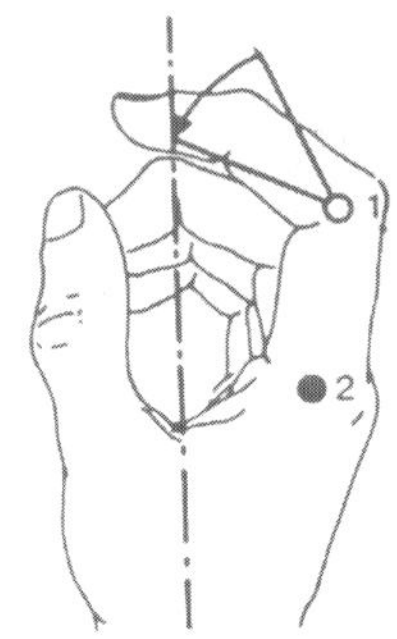


[그림 2-10] 움직임은 점1에서 일어나고 직후방으로 압력을 가한다.

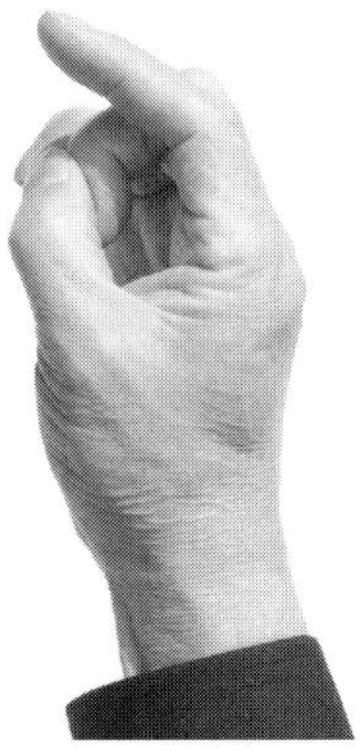

[사진 2-41] 잘못된 인지동작

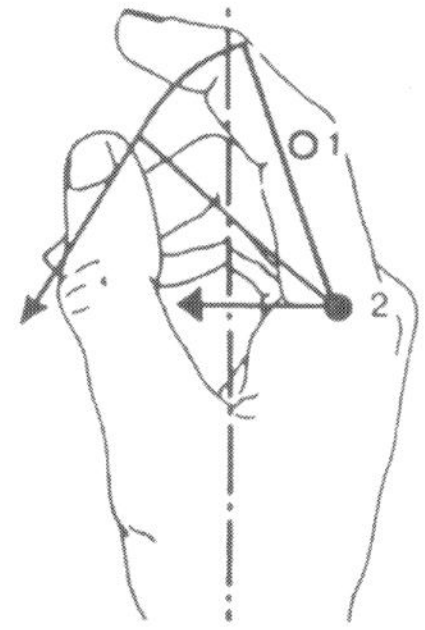


[그림 2-11] 움직임이 점 2에서 발생하고 방아쇠는 각을 이루며 당겨지고 동시에 비스듬한 압력이 몸체에 가해진다.

### (1) 인지 독립운동

인지는 권총 몸체와 손잡이에서 떨어져 있어야 한다. 만약 가해진 압력이 뒤쪽(직 후방)으로 직접 전달되지 않는다면 총구의 각도는 달라지게 된다. 인지가 몸체나 손잡이를 만지고 있다면 손가락의 밑바닥 근육은 권총의 측면에 압력을 가하게 되는 그 순간에 측면으로 움직임을 야기한다.

방아쇠를 당길 때에는 부드럽게 격발되는 순간을 의식하지 말고 당기고 발사는 최적시간 내에 이루어지도록 조절해야 한다.

[사진 2-42] 완사 단동식(single action) 격발의 인지위치

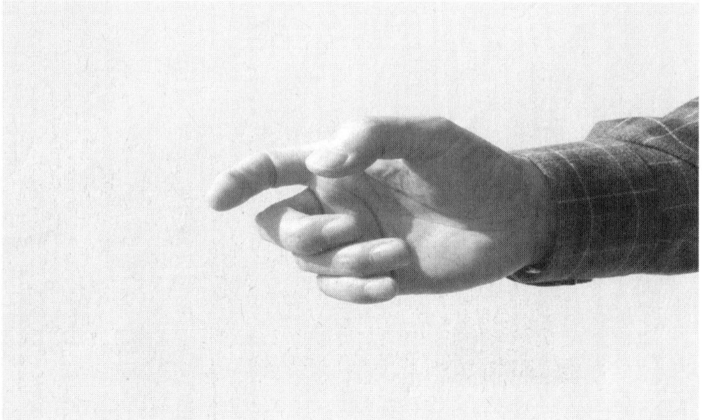

[사진 2-43] 파지한 인지의 상태

### (2) 격발 시 인지의 위치선정

① 방아쇠의 아래쪽 $\frac{2}{3}$ 지점에 인지를 댄다.

② 인지의 지문(끝마디) 중앙부분이 방아쇠에 닿도록 해야 한다.

③ 복동식 격발의 경우 손가락 첫마디 부분이 방아쇠에 닿도록 한다. 격발지의 둘째 마디를 축으로 하여 방아쇠를 당기게 되면 둘째마디를 축으로 원을 그리며 움직이는 것을 볼 수 있고, 반면에 첫째 마디의 도톰한 부분을 이용하여 당기게 되면 일직선으로 움직이는 것을 알 수 있다.

④ 너무 끝에 닿으면 무리하게 힘이 들어가고 너무 깊게 넣게 되면 격발힘을 가하기 쉬우나 총 몸통에 인지의 근육 부분이 닿게 되어 격발 감각이 둔해진다.

⑤ 인지의 위치가 부정확하면 방아쇠를 끌어당기거나 밀게 된다.

㉠ 손가락을 너무 많이 방아쇠에 대면 인지의 두 번째 관절로 방아쇠를 당기게 된다. 이때 오른 손잡이 사수의 경우에는 우 탄이 발생한다.

㉡ 방아쇠에 손가락을 너무 적게 대면 방아쇠를 밀게 되는데 이때는 오른 손 잡이 사수의 경우 좌탄이 발생한다.

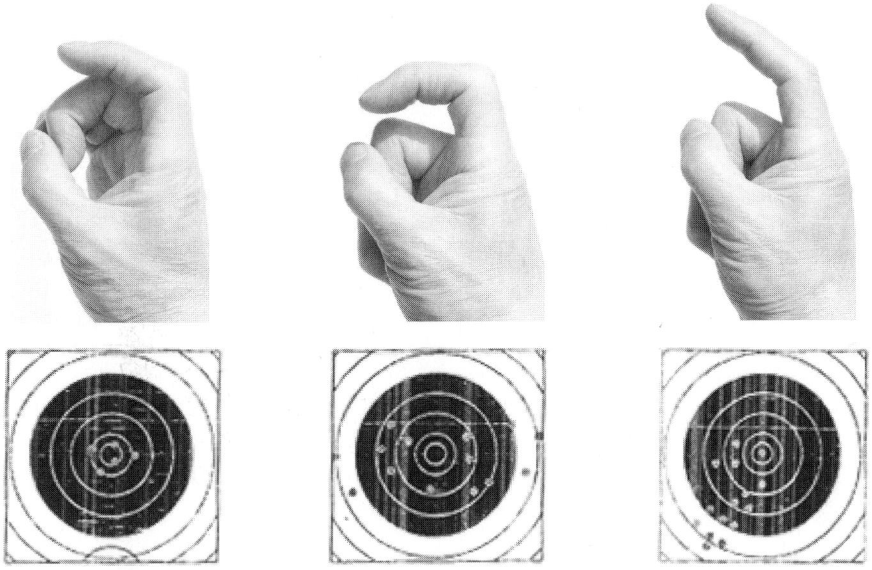

[사진 2-44] 인지의위치가 정·부 정확한 경우의 탄착형성

[사진 2-45] 실탄사격의 단동식 격발(완사 시)

[사진 2-46] 실탄사격의 양손파지시 격발인지(단 · 복동식)

지문중앙부분

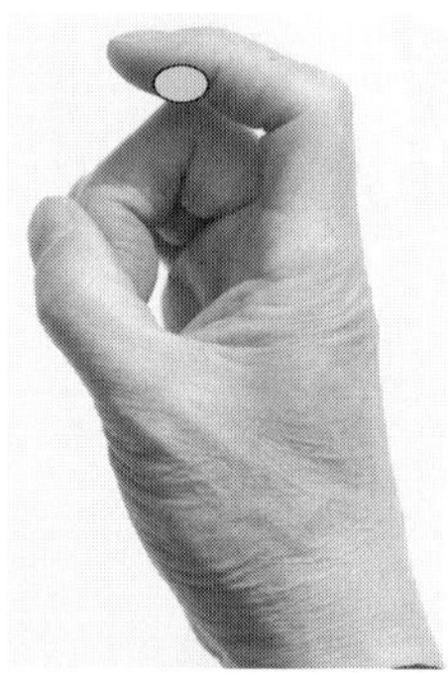

[사진 2-47] 단동식 격발 시 인지접점

인지 끝 마디

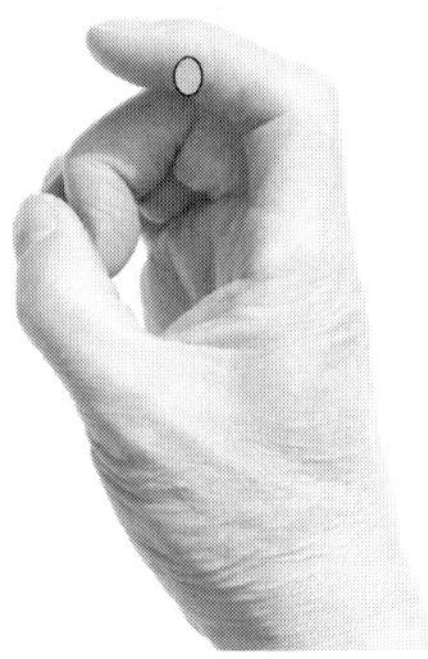

[사진 2-48] 복동식 격발 시 인지접점

### (3) 격발시간(단동식 : 완사)

① 조준이 잘될 때까지 격발을 연기하면 조준이 불안정하게 되어 탄알을 발사할 때 까지 권총을 잡고 있는 시간이 너무 오래 걸린다. 권총을 조준하여 파지하고 있는 것은 정적인 활동인데 반하여 방아쇠를 당기는 것은 동적활동이다. 즉, 한 손만을 사용해서 정적이고 동적인 요소를 함께 조절해야 한다. 이렇게 하기위해서는 두 작용을 함께 시작하는 것이 최선의 방책이다.

② 일단 권총을 조준지역을 향해 들어 올리면 조준선정렬을 하면서 방아쇠를 서서히 당기기 시작한다. 최적 격발의 간(間)은 1.5~2.5/sec 이상 소요 되어서는 안 된다. 장시간의 격발과정은 총의 동요를 불러오기 때문이다.

③ 권총사격에 있어서 가장 범하기 쉬운 실수중의 하나는 최적 격발시간이 지났는데도 다시 시도하는 경우이다. 격발시간이 지났다고 판단되면 미련 없이 총을 내리고 심호흡 후 처음과 똑같은 자세로 시도해야 한다.

④ 준비시간을 최대한 활용하여 거의 완벽하게 한 후 격발을 시도하되 1.5~2.5초 내에 격발을 해야 하는데 이는, 장시간의 격발과정은 총의 동요를 불러오기 때문이다.

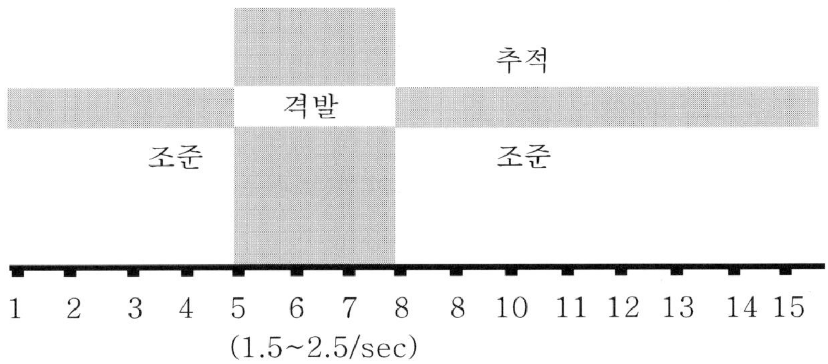


**[그림 2-12]** 격발의 최적시간

### (4) 점압적 격발(Squeeze방법)

① 격발하는 압력은 계속적으로 일정한 힘을 증가시켜 발사에 이르도록 하는 점압적(漸壓的)방법으로 격발이 되어야 한다.

② 조준지역에서 총의 움직임을 최소화 한 상태에서 방아쇠에 최초의 압력(격발압력의 70~80%)을 가한 뒤 계속해서 멈추지 않고 힘을 가하는 과정을 점압적 격발이라 하고, 이 상태에서 무의식 격발이 될 수 있도록(즉, 자연적인 격발이 될 때까지) 부단히 기다려야 한다.

## ② 격발 시 범하기 쉬운 결함

### (1) 잡아채기 격발(Snatching)

방아쇠를 급작스럽게 잡아 당겨 여러 근육의 긴장 또는 심리적 부담으로 빨리 격발하려는 마음에서 방아쇠를 잡아채면서 격발하는 경우, 보통 파지한 손 전체에 힘이 들어가 총구가 심하게 움직임으로써 조준선 자체가 많게는 2~3cm가 움직이게 된다. 이때 탄착은 1~7시 방향으로 많이 형성된다.

### (2) 미는 격발(Pusing)

인지가 너무 길거나 너무 짧아서 방아쇠를 좌로 밀면서 격발하는 경우를 말한다.

### (3) 불규칙한 격발

한번에 격발을 끝내지 못하고 방아쇠에 힘을 가하다가 다시 조준상태가 흐트러지면서 힘을 빼고 정지했다가 양호한 상태가 되면 급작스럽게 당기거나 아니면 너무 오래 끌면서 격발하는 경우를 말한다.

### (4) 위축격발

반동 또는 충격에 대비한 사전의 동작으로 오른쪽어깨를 내밀거나 오른손 전체에 압력이나, 총신 축과 평행하지 않은 방아쇠의 압력 등 여러 현상으로 인해 총의 지향을 편중시켜 명중률을 저하시키는 경우를 말한다.

### (5) 의식격발

계속적인 방아쇠의 압력을 가하는 과정에서 무의식적인 상태에서 격발이 되게 하는 것이 아니라 이제는 실탄을 내보내자 라는 생각으로 의식한 격발하는 것을 말한다.

## ③ 훈련방법

### (1) 공(空) 격발 훈련

격발방법을 개선시키고 감각을 숙달하는 방법으로는 공 격발 훈련과 같이 좋은 훈련방법은 없다. 공 격발 훈련은 실탄사격 시 발견할 수 없는 사수 자신의 문제점을 발견하여 교정 보완할 수 있으며, 실탄을 절약함과 동시에 훈련효과를 극대화 시켜 줌으로써 사수로서의 필수훈련이다.

### (2) 눈감고 공 격발 훈련

총의 동요, 조준 등 격발이외의 모든 것을 보지도 느끼지도 않은 상태에서 오직 격발지(擊發指)만의 느낌으로 격발 훈련을 할 수 있다.

### (3) 모의탄(模擬彈) 사격

공 격발 훈련이 어느 정도 숙달된 사수에게 실탄사격을 병행시키면서 비(非)사수가 사수 모르게 실탄과 모의탄(탄피)을 장전 해주어 공 격발 되는 상태를 사수 본인이 스스로 느끼고 관찰할 수 있게 함으로써 문제점을 발견하고 교정할 수 있는 격발훈련이다.

## 제6절 추적 및 예언

### ① 추적(追跡)

추적이란 실탄이 총구를 떠난 다음에도 계속해서 격발전의 상태를 유지하려는 노력을 추적이라 하며, 대부분의 사수들이 격발 순간에 자신이 표적으로 향해 탄착을 확인하고자 하는 행위를 하게 된다. 그러나 우수한 사수는 격발 후에도 1-2초정도를 계속 가늠쇠를 주시하고 또한 총기를 격발 전 상태로까지 유지한 후 총을 내린다. 이 시간이 추적하는 시간인데 추적을 정확히 해야만 사수 자신의 문제점을 좀 더 정확히 도출해낼 수 있게 된다.

#### (1) 반사작용 예감

정조준의 상이 시신경에 전달되면서 뇌신경은 다시 방아쇠 손가락에 전달하여 격발하도록 하게 되는데 그때 필요한 시간은 0.18~0.22초가 된다. 이시간은 격발전이나 격발순간에 총의 조준선 정렬에 격발, 폭음, 섬광, 반동을 예상한 반사작용을 가져오게 할 수 있어 미리 눈을 감아버리는 경우가 있다. 격발순간까지 눈을 떠 더욱 가늠쇠에 시선의 초점을 고정해야 한다.

#### (2) 격발 후 지속지향

격발 후에 실탄이 총구를 떠났다고 해서 사격행위가 끝난 것이 아니다. 격발 후에도 권총은 표적을 계속 지향해야 하며, 실탄이 총열을 벗어나는 시간을 감안해서 사격자세를 그대로 유지시켜 주는 것이다. 다시 말하자면 격발 시 생기는 총의 반동에 의해 움직였던 권총이 다시 격발 직전의 조준 상태로 복귀하도록 추적해야 하며 이 행위가 끝나면 비로소 손을 내린다.

파지상태를 너무 일찍 이완시키게 되면 격발 전에 가늠자와 가늠쇠에 집중하기가 어렵다. 권총을 발사하자마자 팔을 내리는 사수는 격발하기 전부터 이미 팔을 내리기 시작 한 것이나 다름없다.

### (3) 반동예상 결함

반동을 미리 예상하고 격발을 하게 되면 팔에서 벗어나는 결과가 생긴다. 또한 안정된 파지와 가늠자, 가늠쇠에 대한 집중력이 충분하지 못하면 발사순간에 권총을 제대로 조절할 수 없게 된다. 이 두 가지의 결함은 심각한 것이다.

## ② 예언(豫言)

추적을 하는 동안에 실탄의 예상되는 탄착점 위치를 어림잡아 보아야한다. 격발 순간에는 조준상태를 정확히 확인하여 그편차를 머릿속으로 측정하여 탄착형성의 방향과 위치를 관측하는 것을 예언이라 하며, 그 예언은 시계방향으로 해야 한다. 추적과 예언에서 이루어진 탄착점과 실제 탄착점을 비교하면서 상관관계를 익혀야 한다.

추적과 예언을 잘하기 위하여 올바른 격발이 중요하다. 즉, 점증식 방법의 격발이 성공되었다면 사수는 추적을 성공시킬 수 있는 확률이 높아진다. 추적에서 무의식 격발의 성공은 정신집중 문제로서 격발이 이루어 진 뒤에도 정신을 흩트리지 않고 집중하여 총과 자세를 지킬 수 있는 굳은 의지가 필요하다.

## 제7절 분석(分析)

### ① 분석일반

① 분석은 탄착점의 예언과 확인으로 시작된다.
② 추적을 못하면 예언·분석을 할 수 없다.
③ 예상치 못했던 탄착형성은 사수가 당황한다.
④ 사격행위의 기본원칙 중 흠결을 찾아본다.
⑤ 사격 당일 기후환경과 자신의 심신상태를 점검한다.

### ② 유형별 탄착점 분석과 교정

#### (1) 분산된 탄착점

##### 1) 원인

① 전문적 개인지도를 요하는 사수
② 폭발음과 총의 반동을 의식하여 격발순간 눈을 감고 파지한 손과 팔에 힘을 주면서 급작 격발
③ 거총(据銃)을 한 팔과 손을 떨면서 조준선이나 격발을 제대로 할 수 없는 사수

##### 2) 교정방법

① 공 격발훈련을 반복 실시하고, 실탄사격은 처음부터 천천히 단계별 한다.
② 반복된 공 격발훈련과 실탄사격으로 총소리와 반동에 적응을 해나가도록 한다.

### (2) 상탄(12시 방향)

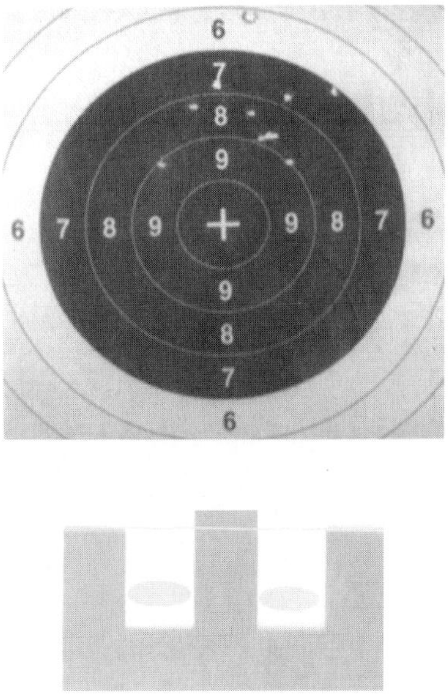

[그림 2-13] 조준선 정열상태와 탄착형성(상탄)

#### 1) 가늠쇠가 가늠자 수평보다 약간 올라간 경우

① 방아쇠 위 부분에 격발하는 인지손가락이 닿을 경우 격발 시 방아쇠 아래 홈 부분으로 밀리면서 발생한다.

② 손목에 힘을 과도하게 가한 경우

③ 반동을 의식해 격발 순간 미리총구가 약간 올라간 경우

④ 가늠쇠를 가늠자의 수평보다 높게 하여 단순히 가늠쇠 하나만 보고 사격한 경우

⑤ 격발과 동시에 고개가 숙여지는 경우

⑥ 격발 시 몸통 전체가 뒤로 기울어지는 경우

#### 2) 교정방법

① 격발 시 조준선의 수평을 최우선으로 보면서 격발순간 파지상태와 팔의 부동성을 유지하고, 격발은 인지만으로 독립적으로 이루어지도록 한다.

② 방아쇠 인지의 위치를 확인 점검 하도록 하며, 실탄사격에 앞서 공 격발 훈련이 필요로 한다.

### (3) 우 상탄(12~03시 방향)

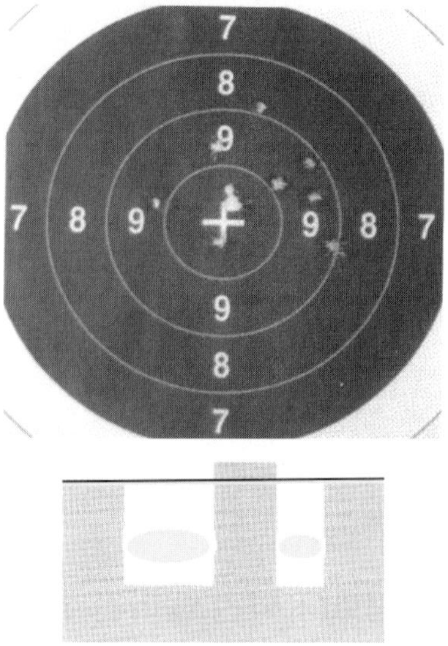


[그림 2-14] 조준선 정열상태와 탄착군 형성(우 상탄)

#### 1) 원인

① 가늠쇠가 가늠자 수평보다 높고, 우측 간격이 약간 좁은 경우

② 자세와 파지가 잘못되어 격발시 직후방 격발이 제대로 안된 경우

③ 반동을 의식해서 팔목 관절에 힘이 들어간 경우

④ 방아쇠 윗부분에 인지를 대고 격발시 밑으로 내려가면서 우측으로 약간 치우치면서 격발한 경우

⑤ 격발 타이밍을 의식할 경우

#### 2) 교정방법

① 인지 끝마디 지문 중앙부분이 방아쇠 홈에 닿도록 맞춰 파지하고 인지 끝 두 마디를 이용 직 후방으로 독립하여 당기는 훈련을 반복한다.

② 자연지향자세로 공 격발 훈련을 하여 수정한다.

### (4) 우탄(03시 방향)

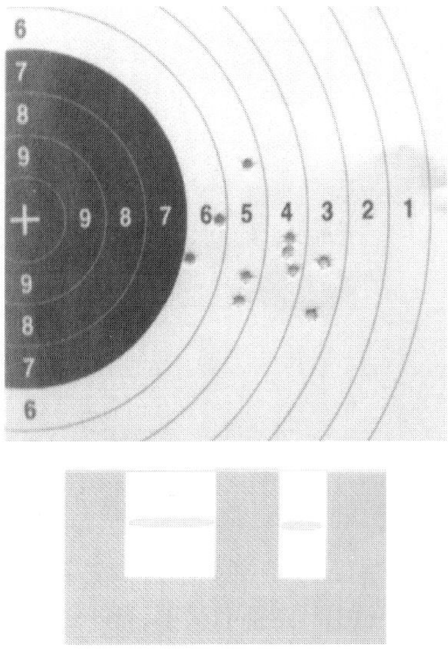


[그림 2-15] 조준선 정열상태와 탄착군 형성(우탄)

#### 1) 원인

① 조준선 정열의 수평은 맞고 우측간격이 좁은 경우

② 자세와 파지가 잘못되어 있을 경우

③ 손목 관절이 부자연스러울 때

④ 직 후방 격발이 안 되었을 때

#### 2) 교정방법

① 자연지향자세로 파지하고 격발 시 직 후방으로 인지 끝 두 마디를 이용 독립 하여 당길 수 있도록 한다.

② 조준선정열의 수평은 맞고 간격이 우측으로 1mm 미만 만 좁아져도 우탄이 발생함으로 눈의 초점은 조준선정열에 집중하고 점진적 격발에 더욱 신경을 쓰면서 사격한다.

## (5) 우 하탄(03~06시 방향) 계단

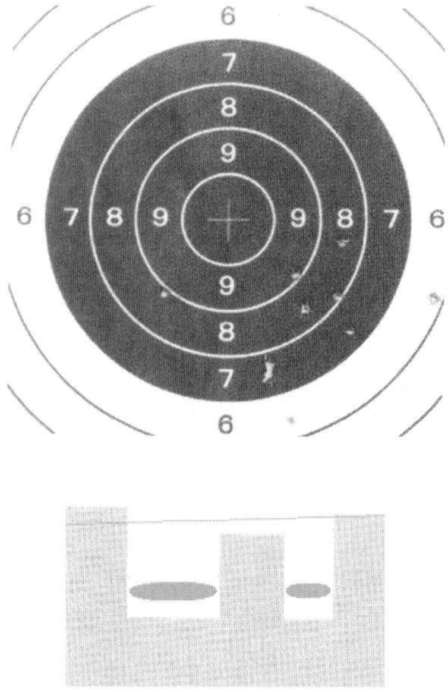


[그림 2-16] 조준선정열 상태와 탄착군 형성(우 하탄)

### 1) 원인

조준선 정열의 수평보다 가늠쇠가 낮고 우측 간격이 좁은 경우 총소리와 반동을 의식하여 방아쇠를 인지로 갑자기 당기면서 오른손에 힘을 많이 준 경우

① 팔목관절에 힘이 조금 빠진 경우

② 격발하면서 움찔하며 잡아채고 힘으로 당기는 경우

③ 방아쇠 압력을 의식한 경우

### 2) 교정방법

① 격발은 힘과 반비례한다. 그래서 남성보다 여성의 격발 정밀도가 높다.

② 지극히 힘이 세고 수련기간이 그리 많지 않은 사수에게 발생하므로 반동과 총소리를 적응할 수 있도록 실탄사격을 연속적으로 하면 교정되어 정상적인 사격을 할 수 있게 된다.

③ 무의식 격발연습이 필요하다.

### (6) 하탄(06시 방향)

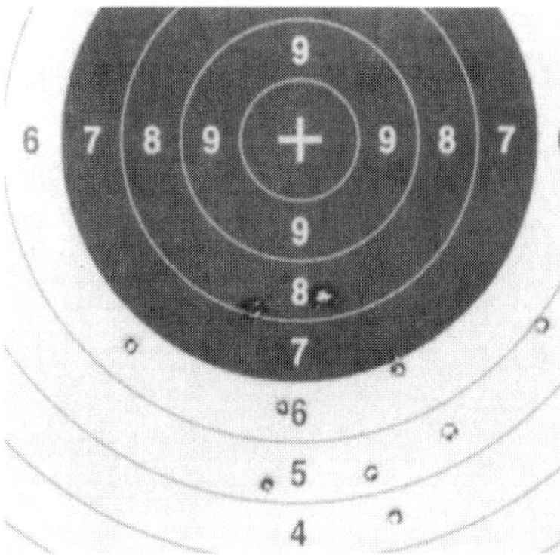

[그림 2-17] 조준선 정열상태와 탄착군 형성(하탄)

#### 1) 원인

① 조준선 정열의 좌우 간격은 맞으나 가늠쇠가 수평보다 낮은 경우

② 조준선 정열이 되면 방아쇠를 성급하게 한 번에 잡아채는 경우

③ 격발하는 오른손에 같이 힘이 들어가 격발 순간 총구가 아래로 떨어짐

④ 격발순간을 의식하여 너무 과감하게 당기는 경우

#### 2) 교정방법

① 서서히 똑같은 압력으로 당겨주어야 하며 눈을 감고 인지만으로 방아쇠를당기는 감각을 익히는 훈련을 반복해야 한다.

② 방아쇠 울에 왼손인지로 확실히 받치고 부동성을 유지하며, 직후방으로 당기는 훈련이 필요하다.

③ 공 격발훈련으로 격발 당시 총구가 떨어지지를 않도록 부단한 반복훈련이 필요하다.

### (7) 좌하탄(06~09시 방향)

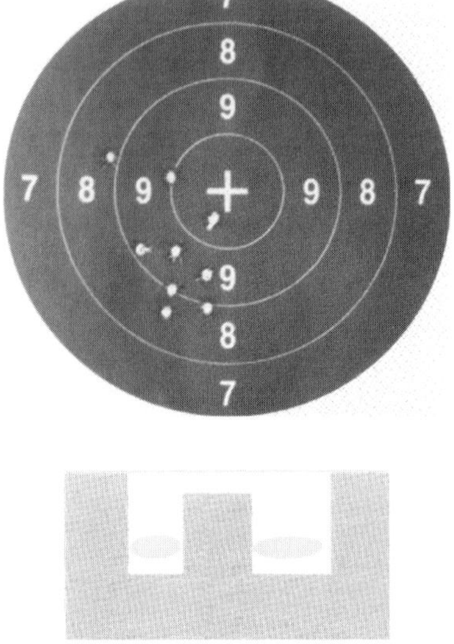


[그림 2-18] 조준선 정열과 탄착군 형성(좌 하탄)

#### 1) 원인

① 조준선 정열 시 수평보다 가늠쇠가 낮고 좌측이 좁은 경우

② 자세와 파지가 잘못되어 조준 당시는 조준선을 인위적으로 맞추었지만 격발 당시 움직이는 경우

③ 인지가 방아쇠에 깊숙이 들어간 경우

④ 방아쇠 압력을 의식한 경우

#### 2) 교정 방법

① 자연지향자세로 파지하고 방아쇠를 당길 때 의식하지 말고 무의식적 후방 격발훈련이 되도록 한다.

② 항상 옳은 파지가 되도록 반복 훈련이 필요하다.

③ 힘으로 격발을 하는 사수이므로 반동과 총소리에 적응할 수 있도록 연속적인 실탄사격 훈련을 실시하면 사격에 대한 거부감이 없어져 원하는 격발을 할 수 있다.

## (8) 좌탄(09시 방향)

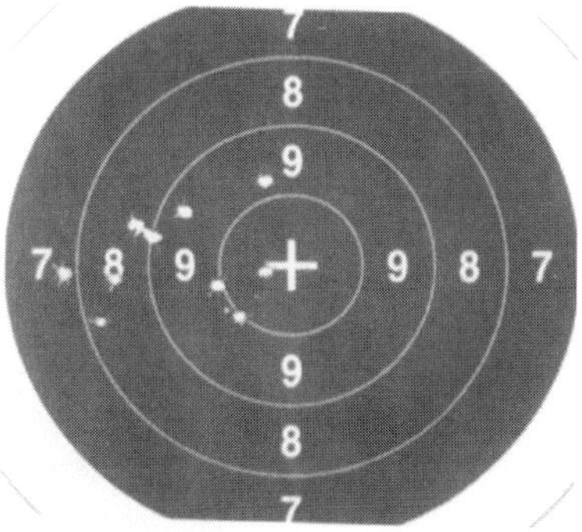


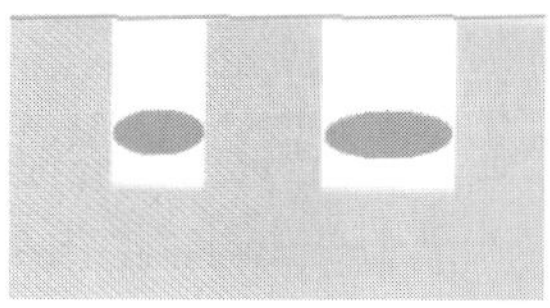

[그림 2-19] 조준선 정열상태와 탄착군 형성(좌 탄)

### 1) 원인

① 조준선 정열의 수평은 맞으나 좌측 간격이 좁은 경우

② 자세와 파지가 잘못되어 있을 때

③ 방아쇠를 당길 때 좌측으로 밀린 경우

### 2) 교정방법

① 자연지향자세로 파지하고 인지를 갈퀴 형식으로 방아쇠에 정확히 대고 손과 팔은 부동성을 유지하고 인지 끝 두 마디 만으로 직 후방 격발 훈련이 필요하다.

② 훈련 시 파지를 정확하게 했는지 항상 점검하고 격발 시 총구가 좌측으로 움직이는지 확인한다.

## (9) 좌상탄(09~12시 방향)

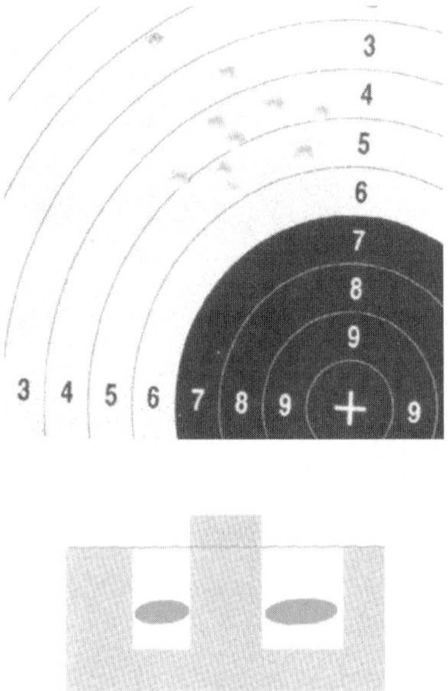


[그림 2-20] 조준선 정열상태와 탄착군 형성(좌상탄)

### 1) 원인

① 조준선 정열의 우측 간격이 좁고, 가늠쇠가 수평보다 약간 높은 경우

② 자세와 파지가 잘못된 상태로 조준선 정열을 제대로 하지 못한 경우

### 2) 교정방법

① 격발을 시도할 때 흑점을 무시하고 조준선에만 시선을 집중토록 훈련한다.

② 조준위치에 총을 들어 조준 후 눈을 감고 1~2초 후에 눈을 뜨고 확인할 때 조준선 정열이 되어 있어야 한다.

③ 만약 좌·우측에 가늠쇠가 치우쳤을 때에는 파지와 자세가 잘못 되었으므로 파지를 다시 한다.

## ③ 결함수정(缺陷修正)

사격의 궁극적인 목적은 표적의 중앙을 맞추는 것으로 명중하지 못하는 경우가 많은데 그 이유를 살펴보면 다음과 같다.

① **탄약에 결함이 있는 경우** : 탄창이 너무 낡은 경우나 부정확한 공정에 의해 제조된 실탄에 문제가 있다.

② **권총에 결함이 있는 경우** : 총열에 납탄이 남았을 때, 가늠자가 풀려 갑작스러운 움직임이 생길 때이다.

③ 사수에게 결함이 있는 경우는 다음과 같다.

㉠ 약실이 청결하지 못하거나 정기적으로 점검을 결한 경우

㉡ 대부분의 오탄은 사수의 실수에서 발생하며, 그러한 원인은 다음의 네 가지로 분류 할 수 있다.

### 1) 조준불량

① 조준선 정열은 정확하게 되었지만 격발하는 순간에 조준선 정열이 흐트러지면 탄착군의 오차 결과가 발생하게 된다. 또한 조준상태의 부정확으로 인한 각도의 오차로 탄착지점은 표적중심 밖에 탄착이 형성되는 경우가 발생한다.

② 기울기와 그 영향, 탄착군은 보여지는 것처럼 선을 따라 형성된다

③ 어떤 사수들은 권총을 기울이는데, 즉 경미한 각도로 권총을 파지하고 좌측이나 우측으로 가늠자와 가늠쇠를 기우려 조준한다. 만일 이 각도가 유지되면 기울인 위치는 더 자연스럽고 긴장을 덜 하게 되지만 조준선 정렬에서 오차가 더 커지게 된다.

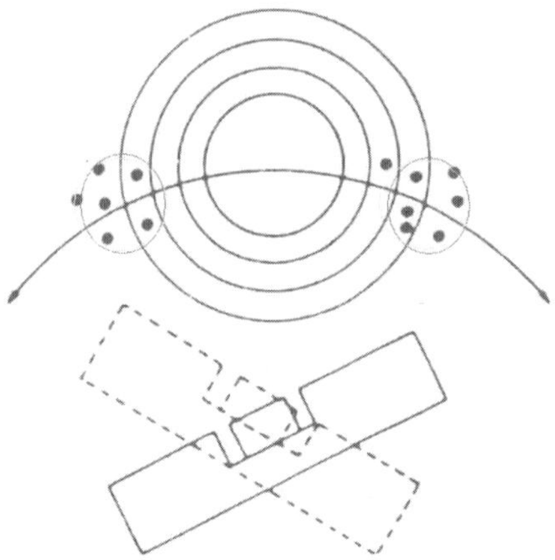

[그림 2-21] 조준각도의 오차로 탄착군은 선을 따라 형성

## 2) 격발불량

① 권총의 무게중심은 방아쇠 지역에 있고, 갑자기 움직이게 되면 무게중심으로부터 권총이 움직인다. 이결과는 사수가 방아쇠를 잡아채느냐 당기느냐에 달려있다.

② 인지가 방아쇠에 가한 압력이 바깥쪽으로 향하면 잡채기 사격이 되고, 압력이 방아쇠의 안쪽에 있으면 밀기 사격이 된다. 이 두 가지 경우 모두 다 하탄이 발생하게 되는데 이는 격발순간에 총구가 아래쪽으로 쳐져 우하, 좌하탄이 발생하게 된다.

③ 유사한 오차가 의식적인 격발로 인하여 야기되며, 격발을 의식함으로써 팔과 어깨의 근육이 긴장하게 되고 탄알은 왼쪽을 향하게 된다. 또한 추적의 부족으로 상탄이 발생하게 되는 경우가 있는데, 이 경우 손목이 이완되면 우 탄이 발생하고, 팔꿈치 관절이 이완되면 좌탄이 발생한다.

④ 인지의 위치가 부정확하면 방아쇠를 끌어당기거나 밀게 되며, 인지를 너무 많이 방아쇠에 대면 인지의 두 번째 관절로 방아쇠를 밀게 되는데, 이때 오른손잡이 사수의 경우에는 우탄이나 우하탄이 발생하며, 방아쇠에 인지를 너무 작게 대면 방아쇠를 끌게 되는데 이때에는 오른손잡이 사수의 경우 좌탄이나 좌하탄이 발생한다.

좌상탄(북서쪽) 우상탄(북동쪽)

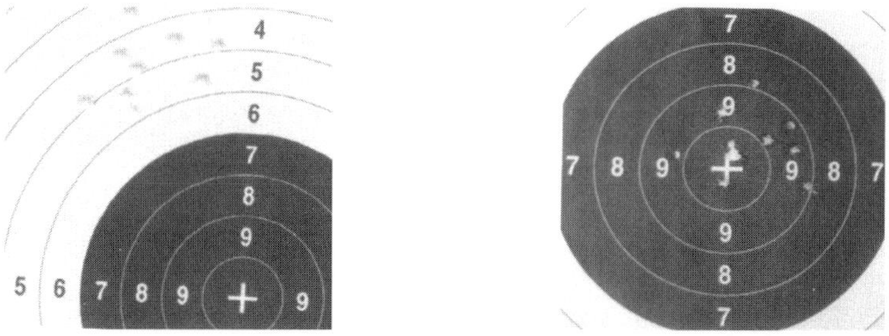

[그림 2-22] 추적을 하지 않은 결과의 탄착군

좌하탄(남서쪽) 우하탄(남동쪽)

[그림 2-23] 격발의 오류로 인한 탄착군

### 3) 자세와 파지불량

① 자세가 부정확하면 균형이 흐트러지기 쉽고, 정확한 조준을 하기 위해서는 근육을 긴장시켜야 한다.

② 파지가 원활하지 않거나 결함이 있게 되면 탄환의 방향은 빗나가게 된다.

③ 느슨한 파지는 총의 무게가 총의 개방된 쪽으로 빠져나가기 때문에 총열이 하단 좌측으로 움직이게 된다.

④ 반면에 파지에 너무 힘을 주게 되면 손이 기울어져서 우 상향으로 총이 움직이게 된다.

⑤ 피곤할 때는 자연스러운 자세로 손을 움직여서 표적의 탄착군을 알맞게 이동시켜야 한다.

### 4) 정신집중 불량

① 격발불량의 가장 많은 원인은 정신집중의 결여이며, 정신불안의 상태에서는 정조준에서 생기는 잘못을 발견해내지 못하게 된다. 따라서 사격결과가 좋지 않게 된다.

② 외부적인 요인 즉 소음, 빛의 변화, 바람, 선입관, 점수에 대한 집착, 시간부족 등의 이유가 사격술에 정신을 집중하는데 방해하며, 스트레스에 대한 반작용으로 심한 정신산만이 발생한다. 정신집중을 하지 않고 사격을 하게 되면 특정한 리듬이 없이 무차별 사격이 초래된다.

과오한 원인을 규명하기 위해서 결과를 분석하고 그 재발을 방지 하는 것은 필연적이다. 항상 그 과오를 주의 깊게 분석하되 맹목적으로 과오를 받아들이지 말아야 하고, 과오의 대부분은 기술 불량으로부터 오는 데 실탄에 이상이 있거나 권총에 결함이 있을 수 있는 가능성도 배제할 수 없다.

격발과 추적 후에 필히 분석을 해야 하고, 점점 어떻게 하면 사격을 잘 할 수 있을까 하는 잠재의식적인 영상을 마음속에 그려 보아야 한다. 일단 이 잠재의식 속의 영상이 마음속에 자리 잡히면 부정확한 정조준을 찾아내는 것은 훨씬 쉬운 일이다. 운 좋게 잘 맞는 경우를 생각하지 말아야 하고, 대신에 항상 완벽한 사격을 하고자 해야 한다. 조금이라도 격발준비에 잘못이 있으면 전 과정을 다시 반복해서 시작해야 한다.

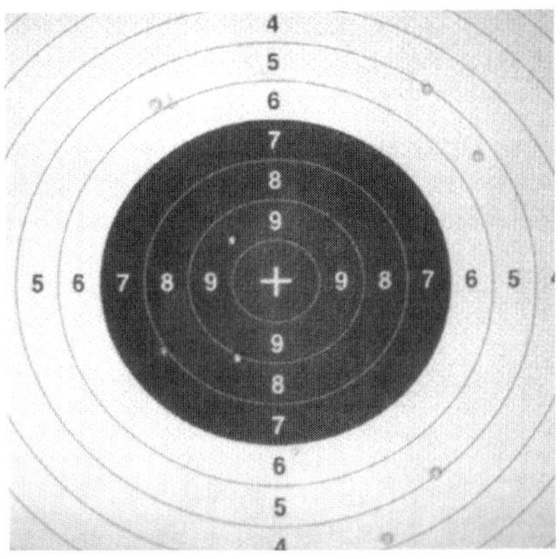


**[그림 2-22]** 정신집중의 부족으로 인한 흩어진 탄착군

## (4) 훈련방법

① 공격발 및 실탄사격 시 결발 후 탄착을 확인하기 전에 사수로 하여금 격발 순간의 조준선 상태를 종합 판단하여 시계방향으로 예언하도록 한다.

② 예언분석표를 활용하여 공격발 및 실탄사격 후 탄착을 확인하기 전에 예언 사항을 항목별로 기입토록 하고 실제 탄착과 비교한다.

③ 예언분석표(豫言分析表)

[표 2-3] 예언분석표

| 발수 | 예언점수 | | 실제점수 | | 예언 정확도 | 행위분석(개인) |
|---|---|---|---|---|---|---|
| | 방향 | 점수 | 방향 | 점수 | | |
| 1 | 12 | 10 | 6 | 10 | □ | • 격발순간 시선집중 못함<br>• 격발순간 가늠쇠 쳐짐 |
| 2 | 9 | 10 | 9 | 10 | ○ | • 격발순간 시선집중 양호<br>• 직 후방으로 격발시킴 |

제2장

# 경호사격술 훈련

## 제1절 기초 완사격(Slow Fire) 훈련

### ① 목적

사수는 누구나 격발직전에 고조되는 긴장감으로 근육이 경직되거나 빨리 발사하여 긴장감으로부터 해방되고 싶은 충동을 억제하기 힘든 심리상태에 빠져버리기 쉽다. 이 때문에 격발타임을 놓쳐버리거나 급격히 서두르다 위축격발을 하여 나쁜 결과를 초래하게 된다.

또한 발사 시 생기는 소음과 반동 등에 대한 두려움, 결과에 대한 자신감의 결여도 지나친 긴장의 원인으로 작용된다고 할 수 있다. 그러므로 평소에 사격의 기본기술을 익히고 많은 훈련을 통하여 긴장감 해소는 물론 총에 대한 두려움을 이겨내는 방안을 모색해야 한다.

### ② 사격술 훈련

#### (1) 완사격 교습

① 기초연습에는 자세, 파지법(한손, 양손), 양눈 뜨고 조준, 격발(완사. 복동식)로 한다. 여기에는 한손·양손사격을 병행한다.

② 사수에게 사격술 예비훈련의 기초단계인 자세, 조준, 격발연습을 중심으로 사수자신이 총기에 대한 감각을 조절, 적응시키는 훈련하여야 한다.

③ 38리볼버·자동식 권총 완·속사 사격거리는 15, 25m로 한다.

### (2) 종합화 연습

① 기초연습이 숙달된 후에 시작하여야 한다.

② 이 연습은 기초연습 단계가 자연스럽고 연속적으로 이루어지도록 훈련해야 한다.

③ 이 연습은 기초연습의 각 단계가 개별적으로 중점을 두어 이루어지는 것이 아니라 전체적으로 연속성 있게 조절, 적응 시키는데 중점을 두어야 한다.

### (3) 적응연습

① 사수는 웨버 준비자세를 취한다.

② 총구는 항상 표적 쪽으로 향한다.

③ 총을 눈높이까지 들어 올렸을 때 표적방향과 자연스럽게 일치되도록 한다.

④ 긴장을 풀고 호흡을 고르게 조절하면서 몸을 편안하게 한다.

⑤ 사수는 준비단계에서 2, 3회 심호흡을 하여, 혈류 속에 산소의 일정 함유량을 유지한다.

⑥ 사수는 호흡을 조절하면서 사격의 각 단계 즉 자세, 조준선 정렬, 정조준을 마음속으로 계속연습을 해야 한다.

⑦ 이때 자세를 흩트리지 않고 눈을 표적에서 가늠쇠 선단으로 자연스럽게 옮기면서 격발 동작을 머릿속으로 그린다.

### (4) 완사격 순서

① 총을 올리면서 호흡을 조절(한손・양손 사격병행)

② 최소의 동요 폭을 획득

③ 조준점에 조준선 정렬

④ 최초의 방아쇠 압력

⑤ 호흡중지(⅓ 내쉰다)

⑥ 조준선 정렬과 최소의 동요 폭을 유지

⑦ 점차적으로 방아쇠 압력을 가한다.

⑧ 가늠쇠 선단에 눈의 초점을 집중한다.

⑨ 제1격발 후 추적과 예언을 한다.

## 제2절 속사격 훈련

### ① 속사격의 개념

속사격 또는 연속사격 연습은 제한된 시간 내에서 규칙적인 짧은 간격으로 조준하여 격발하는 요령을 연습하는 과정이다. 이 연습은 보다 신속하고 정확하게 사격할 수 있는 능력을 연마하기 위하여 훈련하는 것이다. 경호사격은 시간적 여유가 없는 '판단과 발사'라는 급박한 돌발 상황에 대처하기 위한 사격이다.

### ② 인체의 반응시간이 미치는 영향

무엇보다도 경호사격에는 최소한 0.725~1.0/sec이내 상황처리 마무리(setup)라는 명제가 놓여있다. 인체의 대뇌에서 어떤 변화를 직감(直感)하고 실행명령을 내려 신체적 운동으로 반응할 때까지의 시간은 곧 급박한 돌발 상황에서의 "판단과 발사"에 미치는 영향이라 할 수 있다.

인간이 상황에 대처할 수 있는 인체의 반응시간은 최소 0.17~0.25/sec 정도 소요된다.[11] 즉 아무리 신속히 대처하는 사람이라도 총집(Holster)에서 총을 뽑고, 위해범 또는 물체를 향해 조준·격발하는 시간을 더할 경우에는 0.3~0.725/sec 후에 발사가 이루어진다.

11) 강민완(2003), 경호사격 및 권총술, 정담미디어.

## ③ 속사격의 요령

① 완사격의 단계별 사격 동작을 연속적으로 조준, 격발에 이르도록 훈련하여야 한다.

② 웨버자세, 양손파지, 양눈 뜨고 조준, 점압적, 복동격발(Double action)방법으로 연습한다.

③ 속사격을 완사격과 같이 보다 더 정확한 사격을 기하려면 다음의 세 가지 요소를 고도로 종합화하여 발사시간을 최소한으로 줄이게 된다.

㉠ 조준 시 동요 폭 최소화

㉡ 안정된 자세와 균형유지

㉢ 직 후방(점압적)격발이 이루어져야한다.

## ④ 속사격 순서(권총 경기사격의 경우)

① 총을 눈높이 까지 들어 올리면서 호흡조절

② 조준선 정렬 · 눈의 초점은 가늠쇠 끝에 집중

③ 정조준 심호흡

④ 동요 폭 최소화

⑤ 가늠쇠 끝에 눈의 초점을 두고 일부 숨을 내쉬고 호흡중단

⑥ 방아쇠 압력

⑦ 조준점에 조준선 정렬유지

⑧ 적극적인 방아쇠 압력으로 '사격개시' 조준선 정렬에 집중하면서 제1탄을 격발한다.

⑨ 제한된 시간을 염두에 두고 연속적으로 조준선정렬을 하면서, 동시에 격발이 될 수 있도록 반복한다.

## ⑤ 속사 권총훈련의 중요성

경호라는 업무의 특성상 필요에 따라 사용할 수 있는 개인의 휴대 무기인 권총의 기능을 충분히 발휘할 수 있도록 조작에 능숙해야함은 물론 사격술 능력에도 최대한 자신을 가져야 할 것이다. 이러한 능력은 교육과 반복훈련을 통해서만 획득이 가능한 것이다.

# 제3절 경호원과 근접사격

## ① 근접사격과 훈련

근접사격(Close Quarter Shooting)은 주로 완벽한 경호원(BG) 프로그램의 일부로 알려져 왔으며, 이상적 사정거리 내에서의 조준사격과 공통점이 거의 없다고 할 수 있다. 이는 매우 현실적인 부분으로 경호원들에게는 기본적인 능력들을 자유롭게 구사할 수 있기 전까지 고도의 근접사격 프로그램을 훈련하는 것은 의미가 없다고 할 수 있다.

여기에서의 기본적인 능력이라 함은 적당한 속도로 약 7m에서 약 10m정도 떨어져 있는 하나의 표적에 명중시킬 수 있어야 한다는 것을 의미하며, 이러한 최소한의 기술 단계를 입증하고 나면 다음 단계의 근접사격 및 무기훈련 프로그램을 진행할 수 있을 것이다.

모든 경호원들은(심지어 세계 제1의 명사수조차도) 자신의 기술에 있어서 결점은 가지고 있기 때문에 이러한 결점을 보완하거나 잘못된 습관을 극복하는 것이 무엇보다도 제일 중요하고 필요한 시작요소라고 할 수 있다. 스스로가 사격에 대한 흔히 알고 있는 잘못된 생각을 버리려고 하고, 훈련과 연습을 좋아하며, 실력을 쌓아가는 것을 즐기고, 또한 자신의 한계를 극복하려는 의지가 있다면, 경호원은 속도와 정확도에 있어서 과거에 이루지 못했던 많은 발전을 할 수 있을 것이다. 하지만 그러기 위해서는 시간과 노력 그리고 많은 탄약과 양질의 지도가 필요할 것이다.

## ② 근접사격의 원칙

경호현장에서는 정지되어 있는 표적보다는 움직이는 표적이 더 많다. 장차 경호상황에서 예상되는 우발 상황 시 경호요원이 어쩔 수 없는 상황 하에서 위해자에 대하여 제압사격을 할 때 대부분의 위해자들은 대응을 하기 위하여 이동을 하거나 회피를 하려 할 것이다.[12] 이러한 상황에서 근접사격이 훌륭한 경호원이 된다는 것은 단지 좋은 시야와 안정적인 손힘을 가지는 것 이상이 필요하다. 기본적 전술, 육체적 민첩함, 경쟁적인 기질, 그리고 평균 이상의 사격기술이 추가로 필요하다고 할 수 있다.

잠재적인 납치나 습격과 대면했을 때 경호원들은 무장한 공격자들과 상황을 판단할 수 없는 아주 짧은 시간에 매우 근접한 거리에서 조우하게 될 것이다. 만약 경호원이 그 상황을 신속하게 대처하지 못하고 대응사격을 하지 않는다면 경호원은 그저 이론에만 충실한 것으로 경호 실패 상황으로 종료 될 것이다.

경호임무 수행 중 근접에서 발생하는 전투사격의 원칙은 전술, 정확성, 힘, 속도의 네 가지 중요한 요소로 구성되어 있다.

① **전술** : 이것은 경호원의 사격술이 얼마나 좋은지가 중요한 것이 아니라 전술적인 오류가 문제가 될 수 있다는 것은 의미한다.

② **정확도** : 정확도는 어떻게 인체의 치명적인 부위를 가격하는가를 의미한다.

③ **힘(파괴력)** : 힘은 무기체계에서 고유의 요소인데 탄약의 종류와 발사된 탄약의 개수, 그리고 신체의 어느 부위에 가격이 되었느냐가 중요할 수 있다.

④ **속도** : 속도는 중요한 요소이지만 근접도, 목표물의 크기, 위험요소와 개인의 능력에 따라서 결정된다.

12) 이상철 · 신승철(2007), 경호요원 권총사격시 조준선정렬방식과 기록변화와의 관계, 한국경호경비학회지 제14호, 한국경호경비학회, p.368.

## ③ 근접사격방법

근접사격에서 정확도를 유지하면서 사격을 빨리 할 수 있기 위해서는 일반적으로 알고 있는 목표물 사격의 기초에서 약간의 변화가 필요하다. 즉, 서있는 자세, 권총을 뽑는 자세, 무기를 쥐는 법, 시야, 호흡법, 그리고 방아쇠 당기는 법 등을 상황에 적합하도록 훈련해야 한다.

① 자세에서 중요한 포인트는 편안하고 안정적이며 전투 상황에서 민첩한 움직임에 매우 용이한 자세를 취해야 한다. 사격을 할 때 보통 무릎을 약간 구부리는 일반적인 경향이 있는데 이 자세는 과장되어서는 절대 안 되고, 옛날 FBI[13]처럼 허리를 앞으로 완전히 구부리는 자세도 좋지 않다. 즉, 이등변 자세(Isosceles Stance)[14]와 위버 자세(Weaver Stance)[15]의 이점을 취하여 경호대상자를 위해자의 조준으로부터 차단이 가능한 강성(변형)이등변 자세(Strong Isosceles)[16]를 취하는 것도 바람직하다.

② 경호원이 사격을 위하여 권총을 잡아 빼는 동작은 기본 훈련에서 매우 중요한 부분이다. 권총집(Holster)은 경호원이 빠르게 무기를 꺼내서 쏠 수 있도록 처음 잡는 손잡이에서 총을 다시 잡지 않고 바로 쏠 수 있게 고안되었다. 총이 꺼내어지면 곧바로 권총집에서 목표물을 향할 수 있도록 해야 한다.

---

13) 권총사격은 10m 이내에서 벌어지며 즉각적인 사격과 대처가 중요하다는 점을 강조하고 있다. FBI 크라우치의 특징은 다른 지향사격 자세보다 낮은 자세로 양 발의 앞꿈치에 무게를 싣고, 무릎을 굽혀 자세를 낮추는 쪼그리는 자세(crouch)라는 점과 허리와 어깨 사이에서 팔꿈치를 고정해서 사격을 실시하는 것으로 현재는 잘 이용하지 않는 자세이다.

14) 이등변 자세는 양발을 어깨넓이로 벌리고 표적을 향해 평행하도록 서서 두 손으로 권총을 잡고 팔을 정면으로 쭉 뻗어서 목표를 조준한다. 팔을 너무 쭉 뻗는 자세다보니 단발 사격에는 유리하지만 더블탭, 트리플탭 같은 속사 시의 반동 제어가 불리하고, 유연성이 부족해서 전후방 이동에는 괜찮지만 측면으로 코너를 돌거나 하는 이동간 사격에는 단점이 있다.

15) 사격을 하는 손의 발은 뒤로 위치하고 반대쪽의 발을 앞으로 위치하며, 총을 등 손을 앞으로 밀며 반대 손으로는 권총손잡이를 감싸듯이 잡은 그립을 통하여 당기는 밀고 당기는 힘의 균형을 통해서 반동을 제어하는 자세이다. 더블탭, 트리플탭 같은 속사에 유리한 자세이다.

16) 변형(강성) 이등변 자세는 다리 넓이를 약간 더 넓게 하고 한쪽 다리(보통 오른발)를 뒤로 빼주어 몸이 약간 앞으로 쏠리는 듯한 느낌으로 내밀어서 표적을 조준하는 자세로 다수의 목표를 쏠 때는 허리를 터렛처럼 돌려서 사격에 유리하다. 위버 스탠스와 이등변 자세를 섞은듯한 공격적이고 직관적이면서 반동제어에도 유리한 자세이다.

경호원들은 사복 정장을 입고 다니는 경우가 대부분으로 허리에 찬 홀스터에서 권총을 빼기 위해서는 먼저우선 상의자락을 걷어내야 하기 때문에 정장 상의의 단추는 항상 미리 풀러 놓은 상태로 다닌다. 총을 뽑을 때 새끼손가락을 뻗어 허리띠에 대듯이 하고 배꼽에서 옆구리로 새끼손가락으로 상의자락을 걷어내고 홀스터에서 권총을 뽑게 된다. 이 동작에서는 무조건 빠른 것보다는 부드럽게 움직이는 것이 바람직하고 옳은 행동이다.

③ 권총을 쥐는 방법은 정확하게 잡아야 하지만 너무 긴장해서 쥐면 절대 안 된다. 권총에 지나친 압력을 가하는 것은 정확도에 반대로 영향을 미칠 것이다.

④ 시야의 확보는 낮은 조명의 상태 또는 빨리 움직여야 하는 상황, 힘든 목표를 조준하는 상태에서는 때때로 어려움에 처할 수 있다. 또한 무장한 공격자와 대면했을 때의 일촉즉발의 상황에서 주의를 모으기란 쉽지 않은 것이기에 근접한 거리가 매우 가까울 때에는 무력과 자연적인 무기에 의존해야 할 때도 있다.

⑤ 호흡은 인체의 투쟁-도주 반응(fight or flight response)[17]에 의해서 극적으로 증가하게 될 것이다. 급박한 스트레스 상태에서 호흡을 조절하는 것은 매우 무의미한 행동이다. 대부분의 경호원은 자신의 흥분을 가라앉히면서 자연스럽게 숨쉬는 정도만 할 수 있을 것이며, 사격이 멈췄을 때에서야 비로소 자신을 진정시키고 호흡을 고를 수 있을 것이다.

⑥ 방아쇠 조정 또한 적절히 조절되어야 한다. 기습공격을 할 때에 방아쇠를 천천히 당기고 있을 여유 시간은 없다. 전투상황에서 경호원이 정확한 조준을 하는 동시에 방아쇠를 당겨야 하며 이는 위해자가 먼저 쏘기 전에 이루

17) 어떤 위험이 인지되면 대뇌는 자율신경계라고 하는 신경조직에 위험에 대한 정보를 보내게 된다. 자율신경계는 교감신경계와 부교감 신경계로 나누어지는데 교감신경계는 에너지를 방출하고 신체가 행동할 준비를 시키는 응급 투쟁 및 도주 반응체계이고 부교감심경계는 반대로 신체가 정상 상태로 되돌아오게 하는 회복체계이다. 다시 말해서 공황 시에 나타나는 신체 증상들 예를 들어서 맥박이 빨리 뛰고, 호흡이 거칠어지고, 식은땀을 흘리고, 현기증을 느끼고, 침이 마르고 메스껍고 피로감을 느끼게 하는 증상들은 위험을 감지하고 '투쟁-도주 반응'으로 나타나는 자율신경계의 항진 증상들이다.

어져야 한다. 올바른 사격 훈련을 통하여 방아쇠 당기는 손가락이 시각적 반응에 곧바로 대응하도록 훈련되어야 하며 적은 힘으로도 방아쇠를 당길 수 있게 되어야 할 것이다. 이 사격은 오발이 나오는 급작스러운 사격이 아니라 빠르고 간결하게 사격을 하는 능력을 의미한다.

다수의 목표물에 대응할 때에 경호원은 빠른 무기의 반응과 잠재적으로 방아쇠를 당기게 되지만 멀리 있는 작은 목표물에 대한 사격은 더욱 세밀하고 이성적인 시야와 신중한 방아쇠 격발이 요구될 것이다.

⑦ 사격을 하는 속도는 목표물까지의 거리, 목표물의 크기, 그리고 경호원의 개인적인 능력의 3가지 요인에 의해서 결정될 것이다. 경호원은 자신이 맞힐 수 있는 이상으로 빠르게 사격을 해서는 안 된다. 실전에서 오발은 결코 용납될 수 없는 심각한 문제이기 때문이다. 때문에 멀리 있는 목표물을 사격할 때에는 목표 부위를 조준하고 더욱 신중하게 쏴야 한다.

⑧ 마무리 동작은 근접사격에서 중요한 기본 요소 중 하나이다. 오랜 연습과 경험으로 경호원은 빠르게 쏠 수 있는 자신감을 기르고 목표물을 확인하려 멈추지 않아도 될 정도로 발전할 것이다. 경호원은 목표물에 명중했는지 알 수 있게 될 것이고, 곧바로 다음 목표물에 집중할 수 있게 될 것이다. 작전적으로는 위험요소가 무력화되거나 쓰러졌을 때까지 사격을 가해야 하지만 멈춰 움직이지 않는 목표물에게도 경호원은 사격 후 움직이는 능력을 길러야 한다. 근접사격은 근접전 또는 급박한 상황에서의 시간적 여유가 없을 때 신속하고, 정확하게 사격할 수 있는 감각과 능력을 연마하기 위하여 훈련의 중요성이 요구된다. 이 사격은 사거리가 7m, 15m, 25m 내에서 위해 범인이 총을 이미 뽑아 계획된 선제공격을 해왔을 때 조준할 시간여유가 없는 상황에서 대응하는 사격이다. 근무요원은 어떠한 상황에서도 위험이 있음을 심적으로 대비하고 총기를 뽑을 준비가 되어있는 훈련을 거듭하여야 한다.

## ④ 일반적인 근접사격훈련

사격장 프로그램은 실제 상황을 가능한 많이 반영할 수 있도록 설계되어야 한다. 경호원들은 또한 무기를 사용하는데 매 순간 최선을 다해야 하며, 마치 실제 상황을 대하는 것처럼 일관된 자세를 가져야 한다. 다음의 사항들을 중심으로 실제와 같은 훈련을 통하여 근접사격 능력을 발전시켜야 한다.

① **약실확인(Press check)** : 경호원들은 실제 상황과 유사한 훈련에 들어가기에 앞서 약실을 확인하는 습관을 들이는 것이 필요하다. 이 과정은 'press check'라고 부르며 슬라이드를 약 4분의 1인치 정도 뒤로 당겨서 총기 내부를 볼 수 있도록 하는 작업을 말한다.

② **총기를 빼는 동작(Draw)** : 많은 경호원은 총을 잡아 빼는 연습을 할 때 그냥 자신들의 실력에 적당히 만족하게 된다. 좋은 습관을 들이기 위해서는, 드로우 동작은 항상 효율적이고 활발한 움직임으로 손가락은 방아쇠에서 떨어지게 유지하는 것이 중요하다.

㉠ 권총 뽑는 요령(Out Holster)

ⓐ 권총을 뽑아 앞굽이형 근접사격자세를 취한다.

- 양손으로 권총잡기 : 오른손은 권총손잡이를 잡고 왼손으로 총집 단추를 연다. 이때 방아쇠울 안에 인지가 들어가면 위험성이 있으므로 인지는 반드시 방아쇠 바깥쪽에 위치한다.

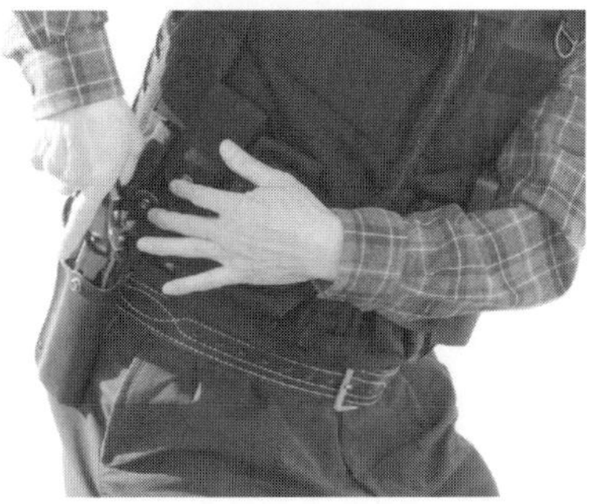

[사진 2-1] 홀스터로부터 왼손은 잠금단추 덮게를 잡고, 총을 정확한 파지가 된 상태에서 뽑는다.

• 총 뽑기 : 오른손으로 파지한 총을 홀스터(Holster)에서 뽑는다.

[사진 2-2] 권총 위로뽑기

[사진 2-3] 보조 왼손은 앞으로 내밀어 양손파지를 할 준비 자세를 취한다.

- 총을 뽑은 팔은 표적을 향해 부드럽게 뻗으며, 이때 어깨, 팔에 힘이 들어가지 않도록 한다.
- 앞굽이형 근접사격자세 : 앞굽이형 근접사격자세를 취하면서 표적을 향하여 조준한다. 이때 방아쇠 울안에 인지를 집어넣으며 양손파지를 완성시킨다.

**[사진 2-4]** 보조 손(왼손)은 가장 신속한 파지가 될 수 있도록, 총을 뽑는 순간 거의 동시에 앞을 내민다.

③ **제압한 목표물의 재확인**(Target cover) : 경호원들은 사격 후에 곧바로 권총을 케이스에 담아서는 안 된다. 위험한 위해자를 쏘고 난 후에 잠깐 동안의 확인할 수 있는 시간을 가져야 한다. 목표물을 조준하고 난 후에 사격수는 계속해서 용의자를 주시하고 총구를 목표물의 허벅지 정도에 대고 있어야 한다. 목표물이 위험요소가 아님이 확인되면 그때에는 무기를 다시 케이스에 넣어서 보관할 수 있다.

④ **터널시야**(Tunnel vision)[18] : 경험을 통해서 우리는 생명의 위협을 느끼는 상황이 경호원에게 몇 가지 신체적 영향을 미친다는 것을 알 수 있다. 그

18) 대상물이 마치 긴 굴을 통하여 보는 것처럼 시야가 매우 좁아진 특징을 갖는 상태.

중 하나가 스트레스로 인하여 좁아지는 시야이다. 경호원들이 이 증상을 극복하기 위해서는 전체 구역을 쭉 훑어보고 적어도 사격 후에 목표물을 여러 방면에서 응시해야 한다. 이 동작은 사격수들이 주변상황이나 다른 위험 요소를 인지하는데 도움이 될 것이다.

⑤ 재장전(Reloading) : 전투화기 훈련에서 지도자는 재 장전 해야 할 시기를 경호원들에게 이야기 해줄 필요가 없다. 재장전은 필요할 때 이루어져야 하며 훈련 중간에 알아서 탄창을 교체해야 하는 것이다. 훈련 도중에 경호원들은 전술적으로 상황에 따라서 재 장전을 할 것이다. 전투 중 장전은 위험한 상황에서 탄약이 떨어졌을 때 매우 신속하게 장전을 마치는 것을 말한다. 빈 탄창은 곧바로 무기에서 바닥으로 떨어지고 새로운 탄창이 끼워지며, 동시에 1발 장전이 이뤄진다. 전술적 장전은 전략 전 휴식이나 엄호하에 있을 때 이루어지는 더욱 세심한 장전이라고 할 수 있다. 부분적으로 소모된 탄창은 빼내고 새로운 것으로 교체하며, 약간 남아있는 탄창은 나중을 위해서 주머니에 보관하도록 한다.

⑥ 기능불량(Malfunctions) : 전술훈련에서 사격훈련은 무기의 고장으로 중단될 수 없기 때문에 경호원들은 급박한 상황에서 고장을 처치할 수 있는 능력을 길러야 한다. 두 가지의 흔한 고장이 있는데 하나는 'Tap, Rack , Bang'이라 불리는 불발문제이고, 다른 하나는 총열에 문제가 생기는 'Sweep' 또는 'Invert and Slingshot'이라는 문제이다.[19]

## 5 경호원의 근접사격훈련 프로그램

경호원의 양성과정에서 무기 사용을 교육할 때 교전기술의 기본에 대한 중요성을 강조해야 한다. 예를 들어, 총기를 휴대한 인원들을 교육함에 있어 사격 상황이 예상될 때는 주의(attention)에 대한 기본적인 자세가 효과적인 보호를 위해 갖추어져야 한다. 또한 근접경호에 있어서 경호원은 바른 위치를 유지하

19) Mark V. Lonsdale(1995), Bodyguard "A Guide to VIP Protection", Specialized Tactical Training Unit, pp.125-133.

고 경호대상자를 몸으로 보호하는 훈련이 되어있어야 한다. 결과적으로 경호원은 자세를 똑바로 유지하고 자신의 몸을 위해요소와 경호대상자의 사이에 위치하는 동시에 사격하는 훈련이 필요하다.

① 도보이동시 사격훈련

경호팀의 지속적인 훈련 중 사격연습의 하나는 도보로 이동하는 상황에서의 사격연습이다. 이 기술은 '튀어 오르는 표적(pop-up targets)'의 이용이 가능하다면 가장 효율적으로 훈련할 수 있다. 그렇기에 시가지 모형의 훈련시설 내에 여러 가지의 상황에 적합한 표적들을 창문이나 문, 골목의 곡각지 근처 그리고 여러 다른 은신처에 설치하여 갑자기 나타나게 함으로 즉각 사격할 수 있는 시스템의 구축이 필요하다.

㉠ 방향전환자세

[사진 2-5] 방향전환자세

표적 정면에서 왼발을 중심회전축(軸)으로 하고 표적의 출현에 따라 우측발을 이동한다. 이때 양발을 자연스럽게 어깨넓이만큼 벌리고 표적을 향해서 양손파지 사격자세를 취한다.

㉡ 전진이동 자세

[사진 2-6] 전진이동 구부려 쏴

근거리 돌연 표적에 신속히 사격할 때 사용하는 것으로 상체를 앞으로 하고 양 무릎은 구부린 다음 표적을 향해 전진할 수 있도록 취하는 자세로 어떠한 방향으로도 즉시 이동할 수 있는 자세이다.

ⓒ 이동표적 사격 자세

[사진 2-7] 이동표적 사격자세(우측 팔은 뻗는다)

ⓐ 복도, 통로 등 이동시 고정된 상태로 돌발적으로 출현하는 범인에 대하여 발을 면에서 떼지 않고, 몸의 떨림을 최소화하면서 정확하게 사격을 하는 것이다. 이는 전·후·좌·우 및 모든 방향으로도 신속히 전환사격 할 수 있는 실전 경험에서 보완된 사격자세이다(美·대테러 팀 권총 전투사격 훈련 간 적용).

ⓑ 이동표적의 사격원리 : 실탄의 비행속도와 목표물의 이동속도를 예측하여야 정확한 조준점을 찾아 리드 사격을 할 수 있다.

ⓒ 실탄의 비행속도 예측 : 실탄이 총구에서 목표물까지의 속도는 종류에 따라 각각 다르나 엽총의 경우 약 200~400m/sec 이므로 목표물의 이동방향 전방에 일정거리를 띄어 발사하는 리드 사격을 해야 한다.

ⓓ 무릎쏴 자세

원거리 및 정확한 사격과 낮은 은폐물을 이용하거나 초탄 불명중 시 '서서쏴' 자세에서 신속히 무릎쏴 자세로 전환함으로써 자신을 보호할 때 사용한다. 이 자세는 더블액션 코스에서 사용되며 우측무릎을 지면에 대고 상체를 약 15° 가량 앞으로 향해 팔을 내밀듯이 뻗는다.

**[사진 2-8]** 몸을 낮춘 무의탁 무릎쏴 자세-우측방향 관찰

**[사진 2-9]** 좌측방향에서 관찰되는 자세

[사진 2-10] 미국 FBI요원들의 전투사격훈련장[20]

ⓜ 쪼그려 쏴

① 우측 무릎을 꿇고 좌측팔꿈치를 무릎 바깥부분에 세운다.

② 우측다리의 장 단지 와 뒷꿈치에 상체중심을 둔다.

③ 무릎으로 의탁한 정확한 선별 사격 시 사용하는 방법이다.

[사진 2-11] 쪼그려 쏴(무릎의탁)

20) 미국 버지니아주 콴티코(quantico)에 위치한 연방수사국 요원 사격훈련장

㉥ 엎드려 쏴

ⓐ 안정된 자세로 정확한 사격이 요구될 때 양손 파지법으로 사격하거나 주로 경계 임무수행 시 사용한다.

ⓑ 전방을 향해 누운 다음 다리를 벌려서 발꿈치를 땅에 붙여 수평으로 하고 몸과 머리는 표적과 일직선이 되도록 한 후 양손으로 권총을 파지한다.

[사진 2-12] 엎드려쏴 자세

㉦ 장애물 사격 : 어떤 장소에서라도 장애물 극복능력 배양을 위한 사격연습을 말한다.

[사진 2-13] 벽체 이용사격

ⓐ 벽체 좌·우측면 이용사격(25m)

ⓑ 창문틀 이용 사격(15m)

ⓒ 원통나무 장애물 회전 낙법 후 사격(25m)

ⓓ 출입문 개방 후 사격(15m)

ⓔ 계단이용 출입문 개방 후 사격(15m)

ⓕ 자동차 이용 좌·우측면 사격(25m)

ⓖ 원통형(타이어)을 이용 사격(15m)

ⓗ 요철(창문틀) 홈 이용 사격(25m)

② 즉각적 행동 훈련(Immediate Action)

보행 이동 중 대형에서의 사격연습은 기본적으로 경호팀이 경호대상자로 분장한 팀원을 동행하여 진행된다. 위협이 나타났을 때, 위협에서 가까이 있는 경호원은 자신의 몸으로 위협을 차단하고, 나머지 팀원들이 경호대상자를 대피시키는 동안 전투에 임한다. 만약 여러 명의 위해자와 마주치는 훈련 시나리오에서는 가까이 있는 두 명의 경호원이 나머지 팀원들이 경호대상자를 안전하고 신속하게 대피할 수 있도록 전투를 실시한다.

③ 사격을 통한 방어 훈련(Covering Fire)

오직 경호대상자가 위협요소(Kill zone)로부터 안전해졌을 때에만 전투 중이던 경호원은 사격을 중지한다. 왜냐하면 경호대상자가 안전해지기까지는 수 십초가 걸릴 수도 있으며, 위해자들은 그들의 탄약이 너무 빨리 떨어지지 않도록 시간을 배분하여 점사를 하도록 훈련받았을 수도 있기 때문이다. 가능하면 많은 횟수로 빠르게 공격자들에게 사격을 가하는 것이 경호대상자를 위협으로부터 보호하는 것이 일반적인 방법이라고 할 수 있다.

④ 한 손을 이용한 사격훈련(One-handed Shooting)

비록 대부분의 경호원이 위버 스탠스(Weaver stance)의 두 손을 이용한 사격을 교육받지만 때로는 경호원 자신의 뒤에 경호대상자를 위치시키고 다른 손으로 사격하며, 경호대상자를 위협으로부터 밀어내거나 차량 안으로 밀어 넣어야 할 경우도 있기 때문에 한손으로 사격하는 법도 훈련해야만 한다. 한손으로 전투하는 것은 대개 총을 뽑는 것과 결합되어 있는데 경호원이 경호대상자의 위치가 위해자와 마주한다는 것을 알았을 때 즉시 총을 뽑고 사격하는 것에 익숙해지기 위한 훈련이다.

⑤ 잘 쓰지 않는 손을 이용한 사격훈련(Use of 'Weak' hand)

한 손으로 사격하는 연습은 또한 잘 쓰지 않는 다른 손(왼손)으로 사격하는 것도 포함한다. 만약 바른 손이나 팔, 어깨에 상처가 났을 경우 경호원은 잘 쓰지 않는 다른 손으로 사격해야만 하는 경우가 발생한다. 또는 바른 손이 경호대상자를 안전한 장소로 옮기는 용도로 쓰였을 때, 또는 적절한 대응을 하기 위해서는 잘 쓰지 않는 손을 사용하는 것이 나은 경우에 대비하여 훈련한다. 이러한 경우에 대비하여 보통 Second Handgun은 안 쓰는 손이 쉽게 뽑을 수 있도록 휴대한다.

⑥ 지근거리에서의 격투훈련

지근거리에서 사격기술은 백병전 기술과 연계되어 사용 되어질 가능성도 있게 된다. 매우 가까운 거리에서는 대개 무장한 위해자를 총을 뽑아 저지하기에는 시간적으로나 공간적으로 충분하지 않을 수 있다. 이러한 경우에는 격투기의 무장해제 기술이 더 효율적일 수 있으며, 반면에 훈련된 경호원이 무기를 가져올 시간을 얻기 위해서 격투기 기술을 사용할 수도 있다.

또한, 어떠한 경우에 위해자가 무기를 뽑고 지근거리에서 발사되는 순간 경호원이 공격자의 중심을 무너뜨리는 것으로 경호원은 위해자의 총잡은 손을 잡고 위아래로 힘을 가해 공격자의 균형을 빼앗고 총을 뽑아 다른 손으로 사격하는 것이다. 하지만 일반적으로 위해자의 총잡은 손을 제압할 때 양손이 모두 필요하기 때문에 총을 뽑는 것은 매우 힘들기에 확실하게 제압할 수 있는 훈련이 필요하다.

## 6 고급훈련

경호원이 사격의 기본기들을 모두 숙달하고 기준치 이상의 실력을 성취하면, 눈에 보이는 실력 이상으로 더욱 자연스럽고 즉각 대응이 가능하도록 사격을 할 수 있게끔 높은 단계로 가도록 노력해야 한다.

충분한 사격 훈련으로 총기가 자신의 몸의 일부가 되는 단계까지 왔다면, 방아쇠를 당기는 힘이 더욱 자연스럽고, 목표물을 보는 시야도 무의식적으로 될 것이며, 총기 또한 모든 상황이 정리되었을 때 내려놓을 것이다. 이는 다른 분야와 마찬가지로 상위의 경쟁자들이 갖게 되는 기술의 단계와 마찬가지이다. 총격전에서는 2인자란 있을 수 없는 것이다.
이러한 수준은 실제 훈련에서 경호원이 총을 뽑아서 다수의 목표물을 조준하고 모두 가운데에 명중하는데 이 모든 상황이 자연스러운 시야에서 이루어졌다는 것을 통해 확인할 수 있다. 실제로 경호원은 잠재적으로 시야를 보고 모든 정보를 예민하게 관찰한다. 이것은 마치 탁구 선수가 빠른 공을 의식하지 않고 느낌으로 쳐내는 것과 같다.

빠르고 정확한 사격과 좋은 실력은 본능적인 사격이라고 불리는 것과 혼동되어서는 안 된다. 사람은 총기를 다룰 줄 아는 본능적인 능력을 갖고 태어나지 않았다. 개개인은 총기에 대한 각각 다른 시야와 반응력과 소질을 갖고 있지만 능숙한 조준사격은 훈련을 통해 얻어지는 기술이다.

가늠쇠를 사용하지 않는 조준 사격은 몸이 습관을 들일 때까지 지속적인 반복 훈련을 통해서 터득할 수 있다. 무기가 조준 위치에 맞춰져 있고, 적절한 눈높이와 충분한 시간이 있다면, 결과적으로 목표물에 초점이 맞춰 있어도 조준한 곳으로 나가게 될 것이다. 이건은 본능적인 능력이 아니라 단순히 집중력과 인체의 습관 그리고 지속적인 훈련의 결과라고 할 수 있다. 어느 경호원이라도 충분히 조준하고 사격하면 가늠자가 잘 안보이더라도 목표물을 맞힐 수 있는 가능성은 올라간다.[21)]

속도는 또 다른 중요한 요수 중 한 가지로 많은 사격지도자들은 훈련생들에게 시간에만 의존하도록 지시하며 신속한 사격에만 너무 강조하는 경우가 있다. 이러한 지도자들은 새로운 훈련생에게 매우 좋지 않은 영향을 미칠 수가 있는

21) 신속한 조준을 위하여 사수의 몸과 시선, 그리고 권총의 방향을 한곳으로 같이 움직이게 하여 위험상황 발생 시 사수의 시선이 향하는 곳이 바로 권총의 탄착점이 되도록 하는 지향조준방식을 의미한다.

데, 이는 훈련생이 부드럽게 총기를 빼거나, 명중하는 법을 무시한 채 단순하게 모든 사격을 시간에 쫓겨서 할 수 있기 때문이다.

사격을 하는 시간은 목표물의 크기와, 목표물까지의 거리, 그리고 제일 중요한 것은 개인의 실력차에 따라서 각자 조절해야 한다. 이것을 염두에 두고 모든 경호원들은 엄격한 시간제한에 따른 부담감을 갖고 사격에 소요되는 시간을 각자 정하는 것이 좋다. 하지만 이러한 것들은 초기 훈련에는 별로 중요하지 않은 것들로 초기의 중요한 점은 정확도와 명중률에 있다. 정확히 가운데를 연속으로 맞추면서 기른 자신감으로 경호원은 점차적으로 한계를 넓혀나가서 정확도를 유지하면서 속도를 높일 수 있게 된다. 실제 총격전에서의 속도는 두려움과 흥분감에 자연스럽게 나타나게 된다. 경호원이 가장 중요하게 생각해야 할 점은 첫발부터 실수를 하지 않고 명중하느냐 하는 것이다.

## 7 팀 훈련

경호원이 믿음직스러운 사격수가 되기 위한 조건을 터득하게 되면 지금까지의 기술들을 고도화된 팀 훈련과 통합시킬 방법을 찾아야 한다. 팀 훈련의 목적은 실제 상황을 재현해 내는 것인데, 2명에서 6명의 경호원들이 경호대상자와 함께 움직인다. 이 훈련의 횟수는 단지 참여자들의 생각대로 정해지지만 안전을 사전에 약속하는 것 없이 실제로 하는 것처럼 실시해야 한다.
가장 기본이 되는 팀 훈련은 급작스러운 습격과 총격에 대응하는 보호와 대피 훈련이다. 경호원들 중에 위해자나 공격의 방향에서 가장 가까운 경호원이 총을 꺼내고 엄호와 위해자의 사격을 맡는다. 동시에 경호대상자로부터 가장 가깝거나 위해자로부터 가장 멀리 있는 경호원은 자신의 몸을 이용하여 경호대상자의 취약 부위를 가려서 신속하게 대피시켜야 한다.[22)]

22) Leroy Thompson(2003), The Bodyguard Manual, Great Britain : Biddles Limited, pp.148-156.

# 제4절 근접사격술 훈련방법

## ① 파지법

권총을 파지하는 방법은 한손파지와 양손파지로 구분할 수 있으며, 좌·우 모든 손을 자유자제로 사용할 수 있어야 한다.

### (1) 한손파지

① 권총의 손잡이 뒷부분을 엄지와 인지사이의 V자 홈에 견고하게 밀착시킨다.
② 엄지와 인지를 제외한 나머지 3지로 감싸 쥔다.
③ 엄지는 손잡이 부분을 가볍게 감싸고, 인지는 직 후방 압력을 가할 수 있도록 위치한다.
④ 좌·우 모든 손에 적용할 수 있다.
⑤ 총구방향을 목표와 일치시키기 위하여 팔과 손목을 쭉 펴야 한다.

### (2) 왼손파지

이동 간 복도교차로 등에서 우측 손을 사용하여 문을 개방하거나, 협소한 공간 내에서 신체노출을 최소화할 시에 왼손으로 권총을 파지하여 사격하는 것이 유리하다. 또는 우발사태 대응사격 시 우측 팔에 총격을 입었을 경우와 신속히 몸을 돌려 사용을 하고 그밖에 파지한 우측 손을 사용 할 수 없을 경우이다.

[사진 2-14] 오른손파지

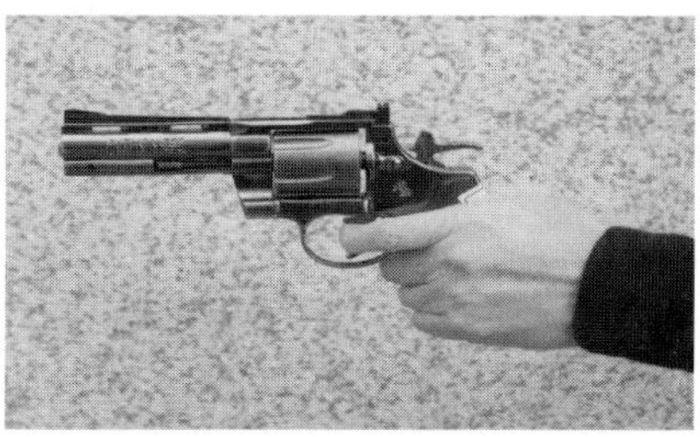

[사진 2-15] 왼손파지

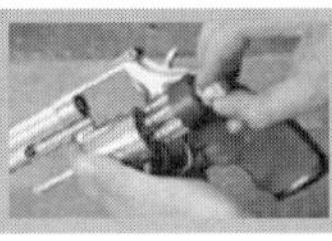

## (3) 웨버식 파지법훈련

① 한손파지의 원칙에 따라 다른 한손을 보조로 사용하는 파지방법은 사수에 따라 보조 손의 위치가 상이할 수 가있다. 양손파지의 기본은 왼쪽 손으로 오른쪽 손을 고정시키기 위해 강화된 파지 방법이다. 총을 든손으로는 앞쪽으로 밀듯이 힘을 가하고 받쳐주는 왼손을 안쪽으로 당기듯이 힘을 가하여 양손에 주는 힘을 균등하게 하여야 한다.
이러한 파지방법은 총을 견고하게 고정 시킬 수 있고, 발사 시 반동도 줄이게 된다.

[사진 2-16] 양손 교차 파지법(우측면), 보조 손의 파지형태

[사진 2-17] 양손 교차 파지법(좌측면), 보조 손의 파지형태

**[사진 2-18]** 양손 강화 파지법(리볼버식), 보조 손의 파지형태

② 이때 총을 파지한 손은 쭉 펴서 반동 축으로 사용하여야 한다.

**[사진 2-19]** 양손파지 사격자세(리볼버 권총)

[사진 2-20] 양손파지 사격형태(자동권총)

③ 자동권총인 경우에는 오른손을 지지하는 왼손의 엄지가 총열부위에서 닿아 슬라이드가 전진·후퇴하는 기능을 방해하지 않도록 한다.

## ② 웨버식 자세훈련(Weaver Position)

세계 사격연맹(ISSF/International Shooting Sports Federation)에서 채택하는 규정을 적용한 권총경기사격의 기법을 토대로 한 훈련과정이 일정 수준에 이른 후에야 반드시 경호사격 또는 전투사격 훈련에 접근하여야 함은 필연적이다. 웨버사격술은 미국에서 실시한 경호사격 및 전투사격 권총 사격대회에서 여러 차례 챔피온을 석권했던 캘리포니아 잭 웨버(Jack Weaver)가 최초로 사용 보급하게 된 자세 및 파지방식을 도입하였다. 웨버식 사격술의 특징은 사격 시 권총의 반동을 최소화하고 발사속도를 높이기 위한 장점이다.

웨버 사격술은 미국 FBI요원의 리벌버 권총사격술의 훈련지침서라고도 한다. 특히 웨버식 자세는 근접사거리(15·25·50야드) 사격기법의 숙달과 원거리 추적사격기법을 단련하기 위한 것이다. 경호사격은 기민한 행동에 의해 이루어져야 하며 통상 구부려 쏴, 서서 쏴, 무릎 쏴, 쪼그려 쏴, 엎드려 쏴 자세 훈련을 요하고 있다.

### (1) 구부려 쏴

2006 Championship titles

USPSA National Champion : Julie–Goloski(미국)

[사진 2–21] 상, 하, 좌, 우, 회전 등 이동표적사격의 훈련자세

### (2) 서서 쏴

권총사격의 자세에서 서서 쏴 자세는 가장 기본이 된다. 근접한 거리 또는 급박한 상황에서 신속성, 정확성 있는 사격술로 선제사격·방어 사격을 위한 필요에서 비롯한다. 서서 쏴는 총의 부동성과 몸의 평형성 유지가 관건이며, 안정된 자세가 보장되지 않는 한 명중사격을 기대할 수 없다. 서서 쏴 자세는 다음과 같은 자세로 실시하여야 한다.

첫째, 표적을 향해 양발을 어깨넓이 정도 유지하고 거총을 한 팔은 곧게 펴며, 보조 손의 팔은 자연스럽게 약간 힘을 빼고 구부린다는 자세

둘째, 오른손잡이는 우측 발을 반~한 족장 뒤로 후퇴하거나 좌측 발을 반~한 족 장 앞으로 내디뎌 몸을 1/4 가량 비껴 선다.

셋째, 총은 눈의 높이까지 들어 올렸을 때, 사수의 눈과 총의 조준구·표적의 조준점이 일치되어야 한다.

[사진 2-22] 미국 특수요원 전투사격 훈련장(서서쏴)
– 사수의 눈과 조준구·표적의 조준점이 일치되는 자세

### (3) 전진 이동사격

① 구부려 쏴 사격자세에서 앞발을 끌듯이 앞으로 한 족장 이동하고 뒷발을 신속히 앞으로 당겨서 사격자세를 취한다.

② 이동시 발을 끌어주는 이유는 노면의 장애물에 걸려 넘어지는 위험을 방지하기 위함이다.

[사진 2-23] 우측면에서 관찰한 반조준 전진 이동자세

### (4) 후퇴이동사격

① 뒤로 이동은 앞으로 이동을 반대로 행한다.

② 앞굽이형 사격자세에서 먼저 뒷발을 끌듯이 뒤로 한 족장 이동하고, 앞발을 신속히 뒤로 당겨서 앞굽이형 사격자세.

③ 특히 뒤로 이동시 넘어지는 일이 없도록 몸의 균형을 유지한다.

[사진 2-24] 좌측면에서 관찰한 반조준 후퇴 이동자세

### (5) 좌로 이동사격

① 앞굽이형 사격자세에서 앞발을 끌듯이 좌측으로 반 족장 넓이만큼 이동하고 뒷발을 신속히 좌로 당겨서 앞굽이형 사격자세를 취한다.

② 상황에 따라 이동 폭의 넓이를 증감할 수 있다.

**[사진 2-25]** 좌로 이동한 자세(전면관찰 상태)
(좌측 발을 넓게 옮겨놓고, 우측발이 따라 옮기기 전의 자세)

### (6) 우로 이동사격

① 앞굽이형 사격자세에서 먼저 우측 발을 끌듯이 우측으로 반 족장 넓이만큼 이동하고 왼발을 신속히 우로 당겨서 앞굽이형 사격자세를 취한다.
② 우로 이동할 때에도 상황에 따라 이동 폭의 넓이를 증감할 수 있다.

[사진 2-26] 전면에서 본 우로이동자세

### (7) 좌 · 우 추적사격

① 위해 범이 시야 범위 내에서 좌우로 공격할 경우 취하는 자세이다.

② 앞굽이형 자세에서 상체만 좌우측으로 이동하면서 범인과 대치한다.

③ 좌우추적은 클레이 사격의 이동목표물 추적동작과도 같으며, 사수는 상체만 움직이고 하체는 움직이지 않는다.

[사진 2-27] 좌 · 우 추적은 발을 이동하지 않는다.

[사진 2-28] 좌로 추적 상태

### (8) 좌로 90° 회전사격

① 앞굽이 형 사격자세에서 좌측발을 축으로 몸을 좌로 90°돌린다.

② 상체회전 · 뒷발이동 · 양발회전 등 분리 동작은 한 동작으로 이루어져야한다.

[사진 2-29] 좌로 전향한 자세(측면에서 관찰한 상태)

③ 좌회전 시 좌로 추적 자세처럼 총구와 시선을 먼저 돌린 다음 방향전환을 실시하되 단계별 또는 구분동작으로 되어서는 안 된다.

④ 뒷발은 몸의 균형유지를 위해 지면을 스치면서 앞쪽으로 이동한다.

⑤ 상체의 균형을 유지하고 총구가 흔들림이 없이 표적물을 지향한다.

### (9) 우로 90° 회전사격

① 앞굽이형 사격자세에서 좌측 발을 축으로 몸을 뒤쪽 우로 90°돌린다.

② 상체회전 · 우측발이 동 · 양발회전 등 분리 동작은 한 동작으로 이루어져야 한다.

③ 우로 회전 시 우로추적 자세처럼 총구와 시선을 먼저 돌린 다음방향 전환을 실시하되 단계별 또는 구분동작으로 되어서는 안 된다.

④ 우측 발은 몸의 균형 유지를 위해, 지면을 스치면서 뒤쪽으로 이동한다.

⑤ 상체의 균형을 유지하고 총구가 흔들림이 없이 표적물을 지향한다.

[사진 2-30] 우로 90°회전한 자세(우측면에서 관찰된 상태)

## ③ 장애물 사격

각기 상이한 어떤 장소에서라도 당황함이 없이 봉착된 장애물을 효과적으로 이용하여 기동사격 능력을 구비하기 위하여, 실제 봉착하기 쉬운 여러 형태의 장애물을 선정 묘사하여, 장애물 극복능력의 효과를 극대화하기 위한 연습이다.

### (1) 의탁물 이용사격

은폐 및 엄폐물과 신체의 일부를 의탁 및 엄폐물로 사용하여 사격을 실시한다.

[사진 2-31] 의탁물을 이용한 사격훈련 현장

[사진 2-32] 엄폐물을 이용한 엎드려쏴 훈련현장

[사진 2-33] 엄폐물을 이용한 한손사격 훈련현장

### (2) 전방회전 엎드려쏴

① 근거리(7m이내)는 1/sec, 15m 25m거리는 3초 이내 격발한다.

② 권총을 파지한 상태에서 전방회전낙법을 실시하면서 전방 표적물을 지향 사격한다.

③ 낙법 후 7, 15, 25m 엄폐물이용 사격을 실시한다.

[사진 2-34] 장애물 · 전방회전 낙법 사격훈련 현장

[사진 2-35] 낙법 후 엄폐물을 이용한 한손사격훈련

### (3) 전방회전 앉아쏴

① 권총을 파지한 상태에서 전방회전 낙법을 실시한다.

② 다리를 벌리고 상체를 일으켜 앉는다.

③ 양 겨드랑이를 무릎위에 밀착하고 사격을 실시한다.

④ 전방회전낙법 후 자연스럽게 취해진 앉은 자세에서의 대응사격이다.

[사진 2-36] 총을 든 상태에서 전방회전 낙법훈련자세

[사진 2-37] 전방회전 후 자연지향 앉아쏴 훈련자세[23)]

### (4) 측방(좌, 우)회전 엎드려쏴

① 준비 자세에서 가슴을 지면으로 향하게 엎드린 후 양손으로 권총을 파지한다.

② 발을 모으고 몸을 곧게 한 다음 측방으로 구른다.

③ 가슴을 지면으로 향할 때 몸을 정지시킨다.

④ 양발을 엎드려쏴 자세를 취한다.

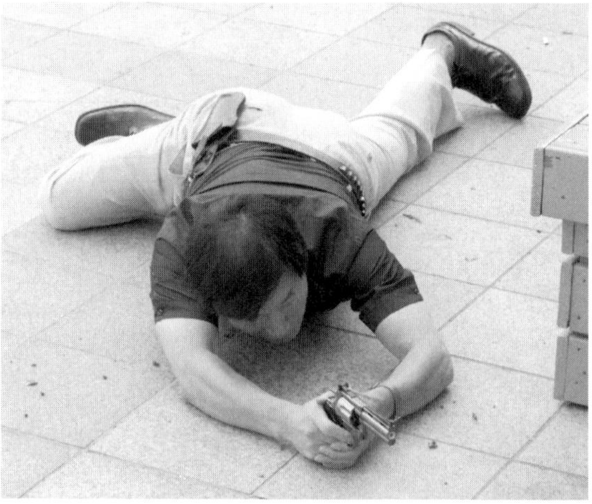

[사진 2-38] 몸을 지면에 엎드린 상태에서 좌우로 굴러 대응하는 훈련자세

23) First Ever USPSA TRIPLE CROWN national championship Titles Julie-Goloski

### (5) 이동간 사격

① 이동 간 사격은 돌발 출현범행에 대응하는 사격이다.

② 표적 출현방향은 전 · 후 · 좌 · 우 · 상 · 하 등 무차별 출현할 수 있다.

③ 7m 이내는 무 조준 속사, 7m 이상(15m, 25m)은 반 조준속사를 실시한다.

[사진 2-39] 상황대비 사격 준비자세 1

[사진 2-40] 총의 손잡이를 잡는 자세 2

[사진 2-41] 총을 뽑는 자세 3

[사진 2-42] 팔을 뻗어 반 조준된 자세 4

### (6) 지향사격

양발은 어깨넓이로 벌리고 권총을 양손으로 파지하여 팔굽을 굽혀 총구를 공중으로 하여 가슴 앞에 위치, 시선은 전방

[사진 2-43] 무 조준 지향자세

### (7) 좌로 180° 회전

사격준비 자세에서 좌측후방 저격수에 대응하는 사격이다. 좌측후방 공격범의 대응사격(경호사격)은 최소 1/sec 이내이어야 하며, 마치 빙상에서 피겨스케이트 선수가 빙상에서 회전하는 속도와 같이 응사 할 수 있어야 한다.

[사진 2-44] 회전 구분동작 1

[사진 2-45] 회전구분동작 2

[사진 2-46] 회전 구분동작 3

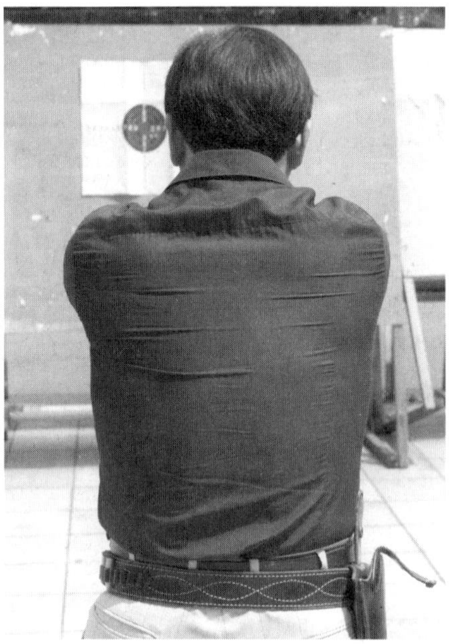

[사진 2-47] 회전구분동작 응사자세 4

### (8) 우로 180° 회전

사격준비 자세에서 우측후방 저격수 공격에 대응하는 사격이다. 우측후방 공격수 대응사격은 최소 1/sec 이내여야 하며, 마치 팽이가 회전하는 속도와 같은 응사이어야 할 것이다.

[사진 2-48] 우로 180° 회전한 구분동작 1

[사진 2-49] 우로 180° 회전구분동작 2

[사진 2-50] 우로 180° 회전 구분동작 3

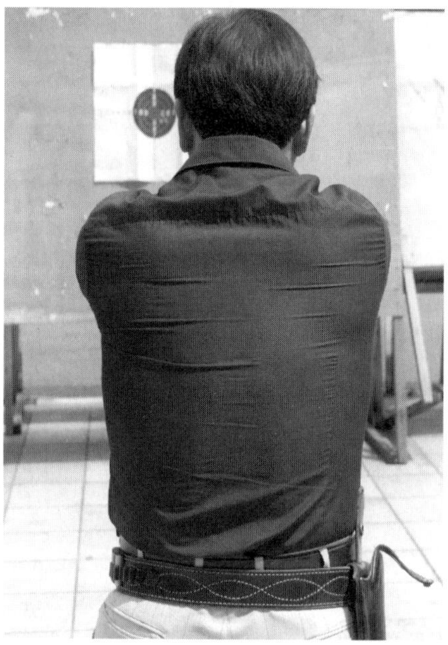

[사진 2-51] 우로 180° 회전 응사자세 4

### (9) 고층(高層) 저격수 대응사격

건물내, 옥상 등에서의 출현 공격수에 대응하는 사격이다. 이 대응사격은 고도의 훈련이 필요로 한다. 또한, 경호요원이 현장 상황에 따라 장애물에 걸려 넘어졌을 때 엄폐물을 이용하며 응사를 해야 할 경우가 있다.

[사진 2-52] 엄폐물 이용 고층건물 저격수 응사

## 제5절 Bodyguard Academy Shooting Training Program[24)]

### ① 경호원과 총기

많은 경호원들이 모두 총기를 사용하는 것은 아니다. 특히 국가별 체제에 따라서 차이가 있으며 우리나라의 경우에는 일반인들의 경우 총기 소지가 제도적으로 허용되지 않는다. 총기의 소지가 가능한 국가라 할지라도 경호업무의 특성에 따라서 총기훈련을 필요로 하지 않는 경호원들 있다. 특히 연예분야와 관련된 경호업무를 진행하는 경우 혼잡한 상황에서 광적인 팬들이 모이면서 발생하는 위험에 대하여 총기는 도움이 되기보다는 방해가 될 수도 있다. 즉, 총기를 휴대

24) 미국 및 영국 등 Bodyguard Academy의 경호사격훈련 프로그램을 참고하여 정리하였음.

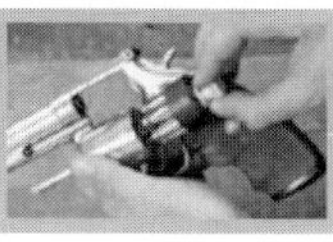



하고 사용한다는 것에 대한 위험과 부담으로 인하여 사격의 능력에 대한 필요성보다는 다른 방법에 의한 훈련과 동물적인 감각에 의존하는 경향도 있다.
경호상황에서 위험한 위해기도에 대응할 때 가장 우선시 여겨야 되는 것은 보호와 대피(Cover & Evacuate)이며 위험한 폭력에 대응하는 것은 항상 2차적이라는 점을 간과해서는 안 될 것이다.

오늘날의 폭력적인 사회에서는 경호원과 경호원을 고용한 사람들 모두가 무장된 전문가들로 구성된 경호팀이 위험도가 높은 상황에서 심리적으로 안전감을 느낄 수 있다고 생각한다. 총기의 사격이 마지막 수단으로 받아들여지면서 총기의 휴대가 가능한 국가에서도 총기의 사용허가를 받고 사용방법에 대해서 교육도 방아야 한다. 총기를 소지한다는 것은 직업적으로 삶과 죽음에 대한 결정을 요구하는 다른 활동과 마찬가지로 굉장히 많은 책임감을 수반한다. 즉, 사격에서는 판단의 오류 하나로 죽음이나 심각한 상해를 초래할 수 있기 때문에 실제상황에 대비하여 많은 훈련에 소요되는 시간과 노력을 요구한다.

경호업무에 필요한 어떠한 기술이든 사용되는 방면에서는 각각의 전문성이 있기 마련이다. 예를 들면 25m 범위에서의 사격술은 고위급 인사를 수행하거나, 위해 가능성이 높은 경호대상자의 경호임무 수행 중 발생할 수 있는 근접 대치상황에서는 전혀 효과적이지 않기에 근접경호에 필요한 요구조건을 충족시키는 특수한 훈련이 실시되어야 한다.

국내에서는 대통령실 경호처나 경호경찰 및 경호군인, 기타 특수요원 등이 실시하는 공경호 업무를 제외하고는 권총을 사용할 수 없으나 향후 해외에서 활동해야 하는 경호요원의 경우 관련 국가에서 권총을 휴대하는 여건이 주어 질 수가 있다. 이에 권총을 사용하는 경호사격술의 실전 기술에 앞서 훈련 프로그램은 우선 사격지침과 무기 안전에 있어서 중요한 모든 주제들을 다뤄야 할 것이다.

## ② 화기관련지침(Firearms policy)

국내·외 공경호 기관 및 보안회사, 경호원을 고용한 회사, 사설 경호원, 이들은 모두 사용, 용도, 보관, 수입(손질) 또는 운반에 대하여 규정한 일정한 양식의 화기 관련 방침이나 지침을 갖고 있다.

대부분의 국가에서 활동하는 민간경호업체 및 보안업체 등의 보안직원과 경호원은 일반 국민들 이상의 법적 집행력이 없다는 것을 염두에 두고 관련 지침을 수립해야 한다. 다음의 내용들은 그 지침들을 명확히 하기 위한 일반적인 기준으로 볼 수 있다.

### (1) 총기에 관한 사항

대부분의 국가에서는 기관이 승인한 화기만을 소지할 수 있으며 화기들은 언제나 안전하고 깨끗한 상태로 유지되어야 한다. 또한, 법적 문제나 대중의 비판, 징계처분의 문제 등을 피하기 위하여 승인 받은 경호요원만이 사용할 수 있으며, 권총에 대한 지침은 다음의 것들을 포함한다.

① 공인 받은 유형

② 공인받은 탄약과 구경

③ 사용 장소와 일시, 사용방법 등에 대한 세부 사용 내용

④ 내구성, 보존, 정상 작동 상태

⑤ 사수의 자격과 화기의 점검 빈도

⑥ 총기 휴대 시 유의사항[25]

25) 미국의 경우에는 연방 기준에 적합한 직원들만이 유효한 승인을 획득하고 모든 법적 요구사항을 만족시켜야만 총기 휴대가 가능하다. 또한, 승인받은 무기는 권총집에 적당한 탄알과 함께 소지하게 된다. 변경은 사전에 승인을 받아야만 가능하다.

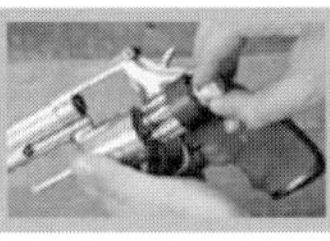



### (2) 훈련에 관한 사항

총기의 사용을 승인 받은 경호요원들은 정기적인 실전 훈련에 참가하고 능숙도를 항상 유지해야 한다. 최소한의 기준에 미달한 경호요원들은 화기를 휴대하는 것이 제한되며 보류 또는 해고될 위험성도 있다.

### (3) 총기의 사용에 관한 사항

① 경호요원들은 자신들 혹은 타인이 죽을지도 모르는 위험한 상황에 처해 있거나, 심각한 육체적 고통을 입을 상황이 되었을 때, 정당방위 이외에는 누구에게도 사격을 가해서는 안 된다.

② 경호요원들은 도주하는 용의자에게 정당방위의 상황이 아닌 이상 사격을 가할 수 안 된다.[26)]

③ 움직이는 운송수단, 바퀴 등에 더 이상 못 움직이게 만들려는 의도로 총격을 가하는 행위는 무고한 집단에 위험한 상황을 만들어내기 때문에 급박한 상황이 아니면 금해야 한다. 이는 움직이는 운송수단 내에 있는 사람에게도 마찬가지이다. 단 제어할 수 없는 움직이는 운송수단의 위험성은 고려해 봐야 한다.

④ 총기는 경호요원이나 다른 사람들을 위협하지 않는 용의자를 겁주거나 위압감을 주기 위해서 사용해서는 안 되며, 공공장소에서 총기를 과시하거나 불필요하게 내보이지 말아야 한다.[27)]

26) 예를 들면, 생명의 위협이나 심각한 부상의 위험이 있을 때를 말한다.
27) 이는 위협이 되거나 추후 위협이 될 만한 상황에서 화기를 꺼내는 것은 포함하지 않으며, 경호요원들은 항상 총기를 보이는데 있어서 올바른 판단을 내려야 한다.

### (4) 경호원의 판단에 관한 사항

치명적인 공격(Deadly Force)에 관한 모든 지침의 근본은 이 공격이 나 자신, 동료, 경호대상자, 혹은 무고한 제3자의 생명의 방어를 위해서만 사용되어야 한다는 것이다. 지침과 안전수칙 위반은 심각한 비극을 초래할 수 있으므로 이 점에 대해서 전체적으로 완벽하게 이해를 해야 한다.

세상의 모든 문제들이 단순하게 흑과 백으로 정확히 나뉘는 것은 아니다. 어떤 문제는 경호원들에게 약간의 어려운 판단을 요구하는 회색의 문제들이 발생할 수 있다.
예를 들면, 위해자가 자신의 손을 위로 들면서 항복을 하려는 상황인데, 그는 여전히 손에 총을 쥐고 있다. 경호원은 그에게 총을 바닥에 내려놓으라고 명령하지만 위해자가 곧바로 경호원의 명령에 응하지 않는 상황이다. 이러한 상황에서 행동이 반응보다 빠르다는 것을 알고, 만약 위해자가 경호원을 쏘려고 결심하여 확신을 갖고 빠르게 움직여서 그것을 실행에 옮기게 된다면 아마도 위해기도자의 공격이 성공하게 될 것이다.

경호훈련기관들은 만약 위해자가 무기를 곧바로 떨어뜨리지 않을 때, 경호원이 곧바로 사격을 가하라고 교육을 하기도 한다. 상기의 위험한 상황을 예방하기 위한 조치라고 생각할 수 있다.

이와 비슷한 상황의 다른 예를 들면, 위해자가 무기를 집으려고 몸을 굽힐 때이다. 비록 권총이 위해기도자의 손에 들어가지는 않았지만, 위험의 가능성이 매우 높은 상황이다. 위해자가 권총을 집어서 경호대상자나 경호원을 쏘려고 마음을 먹은 순간부터 방아쇠를 당기는 순간까지는 1초도 안 되는 매우 짧은 순간이다. 비록 위해자가 권총을 손에 다 잡지 않았더라도 경호원은 위해자를 쏴야만 할 것이다.

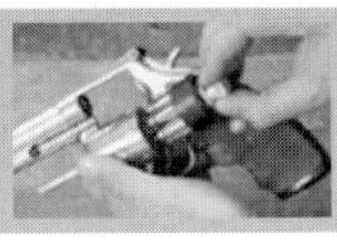



### (5) 경호원의 사격 후 행동에 관한사항

사격의 지침 중에서 중요한 또 하나는 경호원이 사격 후에 곧바로 취해야 할 행동에 관한 사항으로 다음의 사항을 참고해야 한다.

① 경호대상자의 안전을 확인한다.

② 경찰과 응급의료진에게 연락한다.

③ 가능하면 현장에서 증인을 바로 확보한다.

④ 곧바로 상관 또는 변호사와 연락한다.

⑤ 경찰에게 간단하고 정직한 진술을 유지하고, 생명에 위협을 느꼈던 상황을 강조 한다.

⑥ 문서 보고서에 정직하고 객관적으로 쓴다.

⑦ 보고서에 총격에 관련된 사실은 기재한다.

⑧ 경호원을 보호하는 가장 최선의 방법은 화기관련지침을 미리 숙지하고, 정부와 기관 간에 수립된 지침과 절차에 따라서만 총기를 사용하는 것이다.

# 제3편

# 사격술 향상법 및 일반적 트레이닝

제1장
# 예비 · 체력훈련

## 제1절 경호사격술 예비훈련

### ① 목적

권총의 주 용도는 적과의 근접전에서 또는 급박한 상황에서 선제공격 또는 방어하기 위하여 신속하고 정확한 사격을 하는데 있다. 사격술의 기본요소인 자세, 호흡, 조준, 격발 요령과 완사격, 속사격 및 전투사격 요령을 반복 연습하는 훈련을 통하여 신속 정확한 사격술을 숙달할 수 있게 된다.

어떠한 총기를 막론하고 사격술의 연마는 사격술 예비훈련을 통해서 이루어지며, 신속 정확한 사격능력은 사격술의 기본원리와 중요성을 인식하고 올바른 동작은 부단히 숙달시킴으로서 이루어질 수 있다.

### ② 인지의 독립적 운동

격발순간에 인지만의 독립운동이 결코 용이하지는 않다. 이는 독립운동을 할 수 있는 평소 지속적 훈련 부족으로 볼 수 있는 현상이다. 권총을 파지한 손 전체의 힘과 방아쇠를 당기는 인지가 마치 주먹을 불끈 쥐듯이 움켜잡고 있을 때 총구 떨림이 초래된다. 이러한 손 근육의 움직임을 최소화하는 방법이 바로 인지의 독립적 운동 훈련인 것이다.

권총을 파지하여 격발할 때, 방아쇠를 당기는 것처럼 오른손(왼손)을 아래와 같이 갈퀴 모양으로 만들어 방아쇠를 당기듯이 인지만 움직이게 서서히 오무렸다폈다 하는 연습을 계속적으로 하고 잘되면 그 다음 단계로 속사할 때처럼 빨리 당겨 다른 손가락은 움직이지 않게 하는 연습을 계속 반복한다.

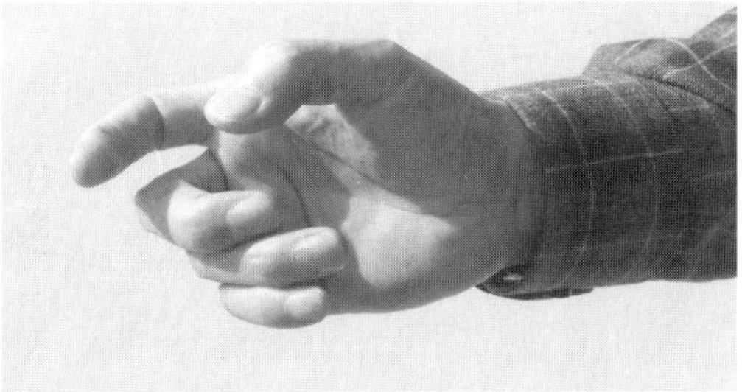

[사진 3-1] 인지를 오무렸다 폈다하면서 3. 4. 5지를 움직이지 않는 반복 훈련

[사진 3-2] 항상 인지의 위치를 확인하는 파지습관을 갖도록 한다.

## ③ 정신집중력 훈련

사격성적이 저조한 그룹의 공통점이 있다. 정조준을 한 상태에서 격발과 동시에 자신도 모르게 눈을 깜빡거리거나 어디에 맞았는지 궁금하여 바로 총을 밑으로 내리며 표적지를 보는 것이다. 이러한 것은 총알이 실린더를 빠져나가기 전에 총구가 움직이는 현상을 가져오게 되어 처음부터 눈을 감고 사격을 하는 것과 마찬가지의 결과를 가져온다.

이것은 바로 사격에서 말하는 추적을 하지 않는 현상이다. 정조준을 하면서 격발이 되고, 총의 반동을 받는 순간 1~2초 동안 눈을 뜬 상태 에서 조준선 정열의 상태를 지키기 위한 노력이 극히 요구된다. 아래와 같이 사격 시 조준선 정열상태의 표적을 붙여놓고 매일 2~3분 동안 눈을 깜빡이지 않고 보는 집중력 훈련을 한다. 이러한 훈련방법은 격발 시 눈의 깜빡임, 총을 바로 내리는 습관 등을 수정할 수 있는 훈련방법이다.

### ④ 몸의 균형운동

사격을 할 때의 기본은 몸의 흔들림이 최소화된 자세이며, 사격 시 자세 자체의 동요를 없게 하려면 다음과 같은 방법으로 훈련하는 것이 좋다.

① 눈을 감고 차려 자세를 하고 서 있는 상태를 취한다.

② 눈을 감은 채 학 다리 자세를 취하여, 1회 20초, 30초순으로 균형운동을 한다.

③ 계속하여 다리를 바꿔가며 반복 균형운동을 하면, 몸의 움직임이 최소화 될 수 있는 훈련이다.

## 제2절 총기이용 사격훈련

### ① 비사격(非射擊)훈련

사수의 대다수가 격발 시 총구가 움직이는 경우가 많다. 이러한 점을 개선하기 위한 연습방법은 다음과 같은 방법으로 훈련한다.

① 권총의 총열위에 동전을 올려놓고 동전이 떨어지지 않도록 격발연습을 하면 격 발할 때 총구의 흔들림이 개선되어 좋은 사격 점수를 획득 할 수 있다.

② 사수가 알지 못하게 약실에 실탄을 한발만 장전하고 나머지 빈 약실에는 탄피를 장전하고 실린더를 닫고, 사수에게 총을 주고 옆에서 지켜보면 장전되어 있는 부분에서 격발할 때 실탄이 장전되어 있는 줄 알고 격발하면서 눈을 깜빡거리는지 등을 적극적으로 시정할 수 있다.

③ 조준선 정열 보다는 표적지 중앙에만 신경을 써서 의식 격발을 하여 격발과 동시에 총구가 내려가는지 지레짐작하여 반동이 있을 것이라고 예상하고 격발과 동시에 몸을 뒤로 젖히는지 등을 적극적으로 시정할 수 있다.

## ② 모형권총 이용훈련

개인에게 지급되는 총기 소지 제도가 우리나라에는 전무하다. 심지어 군 · 경 특수요원의 경우에도 근무시를 제외하고, 개인 소지는 더더욱 불용되고 있는 실정이다. 총기를 개인이 소지 할 수만 있다면 틈나는 대로 빈총으로 연습을 하고 또 각자 가 실탄 사격도 수시로 할 수 있다면 누구든지 사격 마스터를 취득할 수 있을 것이다.

그러나 현실적으로 총기를 개인 소지할 수 없는 실정에서 사격술 훈련의 효과를 극대화하기 위한 좋은 방법 중 하나는, 모형권총으로 사격술을 연습하는 것이다.

**[사진 3-3]** Glock M-19(오스트리아) 모의권총사격훈련

**[사진 3-4]** 총 뽑는 훈련(out holster)

사수는 시중에서 플라스틱제품으로 된 슬라이드(Slide)형의 모형 자동권총인(semi-auto pistols)글락 M-19 또는 베레타 92모델형을 어렵지 않게 선택구입 할 수 있다.

이 모형총의 가늠자와 가늠쇠 그리고 격발시의 방아쇠 압력이 실제 총과 거의 유사하기 때문에, 모형총기이지만 자세, 파지, 조준, 호흡, 격발, 추적 등 사격술에 필요한 모든 훈련에는 많은 도움이 된다.

이와 같은 훈련 방법으로 지속적으로 수많은 반복을 거듭 할수록 그 효과와 성적은 극대화 될 수 있으며, 이러한 기초훈련을 체득화함으로써 위해범이 발생한 긴급 상황에 직면하였을 때, 반사적으로 정확한 사격동작이 나올 수 있다.

[사진 3-5] 파지, 호흡, 조준, 격발, 추적, 예언 훈련-실전 훈련과 동일한 방법으로 실시

[사진 3-6] 후퇴시 장애물에 걸려 넘어지면서 응사 할 수 있는 훈련

우리나라 일선 경찰관들도 이 모의권총을 이용한 사격술 훈련을 지속적으로 실시한 결과 사격점수가 70~90점대까지 된 사례가 있다.[1] 이와 같은 사격술 향상훈련 등 사격술 기초훈련을 스스로 체득화 함으로써 경호상 긴급상황에 직면하였을 때 반사적으로 신속 · 정확한 사격동작을 구사할 수 있는 것이다.

1) 경찰권총사격술교범(2005), 경찰청

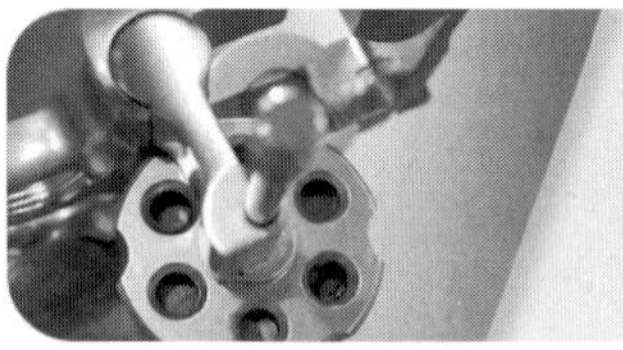

제 2 장

# 사격술 향상 및 일반적 트레이닝

## 제1절 사격술 향상법

### ① 목적

사격기술이 보다 세련되어 감에 따라서 육체적인 적응력도 마찬가지로 개발되어야 한다. 이러한 것이 되어있지 않으면 좋은 사격성적을 성취할 수가 없다. 즉, 심폐기능, 순환기능, 근육기능, 신경기능의 단련과 컨디션조절 및 이완효과(적극적 휴식) 등 일련의사격의 과정을 유지하기 위해서는 어느 정도 육체적인 적응력이 필요하다. 필요한 적응력을 성취하기 위해서는 체력훈련을 하여야 한다. 체력훈련은 일반적응력과 특별적응력 두 가지로 분류된다.

### ② 일반적응력

훌륭한 근육감각을 발달시미고 심장 및 폐 기능을 향상시키기 위해서는 자신에게 가장 알맞는 훈련방법을 선택할 필요가 있다. 선택의 범위는 상당히 넓으며 조깅, 도보, 수영, 사이클, 제자리 뛰기 등이 적합하다. 훈련량은 조금씩 쌓아나가야 하며 규칙적으로 이루어져야 한다. 그러나 이 훈련은 다른 종류의 훈련에 보충적인 역할을 한다는 것을 명심해야 하며 각 개인이 자신의 나이와 일반적응력에 알맞은 스케줄을 선택할 수 있도록 광범위한 훈련 프로그램이 포함되어 있다.

## (1) 정적 근육강화 훈련

### 1) 맨손훈련

우리가 사격할 때처럼 어떠한 팔을 거총 상태에서 물체를 들고 오래 버틸 수 있는 운동을 하지 않았기 때문에, 조준 시 손 떨림은 당연히 나타날 수 있는 현상이다. 이러한 현상을 개선하여 주는 방법이 바로 정적 근육 훈련방법이다.

① 손바닥 밀착운동

㉠ 가슴 앞에 손바닥을 마주 붙이고 구부린 팔은 지면과 수평을 유지한다.

㉡ 단전에 힘을 주어 양손을 마주 힘껏 압착(壓着)한다.

㉢ 단전의 힘이 수장(手章)에 전달될 수 있도록 숨을 멈추고 단전에 힘을 주어 30초간 실시한다.

㉣ 3회 이상 반복한다.

[사진 3-7] 손바닥 밀착운동

② 양 손잡고 수지(手指) 당기기

㉠ 왼손은 살짝 주먹을 쥔 상태로 가슴앞쪽으로 구부리고 오른손도 왼손과 같이 하여 양손을 걸어 잡는다.

㉡ 구부린 팔은 지면과 수평이 되게 한다.

㉢ 단전에서부터 힘을 주어 양손을 서로 바깥쪽으로 당긴다.

㉣ 단전의 힘이 손끝으로 전달될 수 있도록 숨을 멈추고 단전에 힘을 주어 30초간 3회 이상 반복 실시한다.

[사진 3-8] 양손 수지당기기

### (2) 기구를 이용한 훈련

#### 1) 추 감아올리기

① 준비물은 40cm 길이의 나무로 된 봉(棒), 1.5m 나이론줄, 1~2kg 모래주머니

② 봉 중심에 구멍을 뚫어 그 구멍에 줄을 묶어 추를 매달아 놓는다.

③ 줄이 빠지지 않도록 구멍에 넣은 줄 위에는 매듭을 만들어준다.

④ 봉의 구멍을 통과한 줄 끝에는 모래주머니를 매단다.

⑤ 양손으로 봉의 양 끝을 잡고 수평을 유지한다.

⑥ 어깨넓이로 봉을 잡고 팔을 지면과 수평이 되게 앞으로 쭉 펴 손만 움직여 추를 감아 올린 후 반대로 풀어 내리는 동작을 1일 3~4회 이상 반복 훈련한다.

[사진 3-9] 어깨넓이로 봉을 잡고 추를 감아올린다.

[사진 3-10] 반대로 풀어 내린다.

### 2) 팔굽혀펴기 운동

아령 등을 지면에 어깨넓이 만큼 놓고 팔굽혀 펴기를 반복하여 근력을 강화 하는 훈련이다.

[사진 3-11] 팔굽혀펴기 근력강화훈련

## ③ 특별적응력[2]

일반 적응력 훈련에 안정된 발의 위치 및 자세유지를 위하여 필요한 특정 근육부위를 훈련시켜야 한다. 이 목적을 위한 최선의 훈련 기구는 권총 그 자체이다. 아령 또는 가죽 공을 가지고 훈련을 하게 되면 목적 외의 다른 근육부위를 과도하게 발달시키게 된다.

비 사격 훈련은 기술훈련 뿐만 아니라 체력훈련도 요하며 훈련방법 중 그 우수성이 크게 인정되어있다. 권총사격에서 운동을 지배하는 특정 근육부위는 어깨, 팔의 근육, 상반근, 목근육 등이다.

### (1) 어깨 근육

#### 1) 어깨근육은 자세를 잡는 기능을 한다.

① 팔을 전방 수평으로 뻗친 자세를 유지한다.
② 팔을 반복해서 위로 올리고 뒤로 돌린다.
③ 팔꿈치가 옆으로 향하게 해서 손을 머리에 댄다.
④ 팔꿈치를 뒤쪽 위로 밀어 올린다.

그것은 다음과 같은 특별훈련으로써 강화시킬 수 있다.

즉, 마루에서 양다리의 무릎을 옆으로 하고 발바닥은 자연스럽게 서로 마주하여 앉은 자세로 취하고 모든 운동신경을 어깨부분에 집중시킨다.

#### 2) 아이 메트릭 바를 이용하는 운동

① 우선바 앞에 앉는다.
② 어깨위에 바를 수평으로 대고 양손으로 바를 잡는다. 이때 전박과 상박은 적절한 각도를 유지한다.
③ 바를 놓지 말고 몇 초 동안 가슴을 앞으로 내민 자세를 유지한다.
그리고 나서 긴장을 푼다. 반복 실시한다.

---

2) 박종규(1988), 사격총서 소총・권총II 을지서적. p.412

### 3) 아이소토닉 운동과 아이소메트릭(isometric exercises : 등척성 훈련) 운동

① 이 두 운동을 혼합함으로써 사격하는 팔의 특정 근육인 외전근 을 강화 시킬 수 있다.

② 아이소토닉 운동은 권총무게를 나타내는 1.5kg의 아령, 권총자체를 가지고 가죽 끈으로 마루 또는 천장에 묶어서 사용한다.

③ 이 운동에서 팔은 신체에 대하여 45° 들어 올린다.

④ 이 각도 이상으로 팔을 올리면 어깨 위에 있는 다른 근육도 포함시키게 되며 조준자세를 유지할 수 없게 된다.

⑤ 불균형한 근육의 발달을 방지하기 위해서 양쪽 팔을 모두 운동 시키는 것이 좋다.

⑥ 발을 벌리고 서서 팔을 어깨에 평행하게 들어 올리는 동작을(아령 또는 총기 자체를 사용)반복하며, 왼손과 오른손을 번갈아 운동한다. 이 운동은 관성의 도움 없이 여러 가지 저항을 극복할 수 있게 해준다.

⑦ 삼각근 과 극 상근은 모두 팔을 90° 까지 들어 올리고 내리는 작용을 한다. 탄력 있는 가죽 끈을 사용하여 이 운동을 반복한다.

## (2) 목 근육

① 서거나 앉는다.

② 머리를 오른쪽으로 돌린 후 다시 왼쪽으로 돌리며 반복한다.

③ 머리를 오른쪽으로 구부리고 다시 왼쪽으로 구부리며 반복한다.

④ 머리를 앞으로 구부리고 다시 뒤로 구부린다. 머리를 오른쪽으로 회전시킨다.

⑤ 마루에 눕는다. 양팔을 신체에 밀착시킨다.

⑥ 턱이 가슴에 닿을 때까지 머리를 앞으로 들어 올린다.

⑦ 머리를 천천히 뒤로 젖힌다. 반복한다.

이러한 운동은 모두가 권총사수에게 중요한 특정 근육부위에 대하여 힘과 인내력 을 향상시킴으로써 자세 및 운동신경을 형성시켜 주며, 신체 자각력을 향상시키 는 효과를 얻을 수 있다.

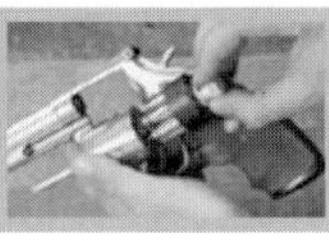



움켜쥐는 힘은 '롤링 웨이트'를 사용한 규칙적인 운동으로써 항상 시킬 수 있다.이것은 움켜쥐는 힘을 조절 하는 전박근육을 운동시켜준다.

## 제2절 권총사수의 일반적 트레이닝

### ① 인터벌 트레이닝(Intervall Training)

인터벌 트레이닝이란 질, 즉 스피드도 높고 지속능력을 높이는 전신 지구력이 강화향상을 목적으로 하고 있다. 따라서 강도가 높은 부하이므로 운동 사이에는 당연히 휴식이 요구되지만 지속 증력을 높인다고 하는 의미에서 가벼운 운동으로 바꾸는 것이다. 이것은 휴식기가 불완전휴식이 되는 의미를 갖는다.
헬생키 올림픽에서 쟈토백은 마라톤을 포함한 장거리 세 종목에 우승하였는데, 그 원동력은 이 트레이닝 방식에 의한 것으로 스피드 지구력을 포함 전신 지구력의 향상을 위한 트레이닝 방식이 확립되어 있다.
운동 강도와 산소 섭취의 상태는 산소량을 기준으로 나타낼 수 있다. 첫 회의 운동 시에는 운동 강도가 높고 짧은 시간(30~60초)이기 때문에 충분히 산소가 공급되지 않아 산소부족이 생긴다. 그러나 그 이후 휴식기에서는 운동을 할 때 높은 산소를 섭취하게 된다. 이는 휴식기 전반은 호흡 순환계를 주로 하는 산소 운반능력이 운동을 할 때와 같던가, 또는 그 이상으로 활동하고 있다는 것을 의미한다.
이 종류의 운동방식은 격렬한 피로감을 동반하지 않고 심박수 및 혈중 젖산 농도의 최고치는 낮은 수준에 머무르며, 또한 총 산소 섭취량은 현저한 감소를 나타내지 않는다. 이것이 인터벌 트레이닝의 이점이다.

## ② 무 · 유산소 파워 트레이닝

### (1) 무산소 파워 트레이닝

무산소 파워 트레이닝이란 산소를 섭취할 여유가 없는 단시간의 격렬한 운동에 필요한 능력이다. 그러므로 10~15초까지 대단히 짧은 시간의 최대 강도 또는 그 것에 가까운 강도로 운동을 실시하고 휴식시간은 너무 짧지 않게 적어도 수 분 간 을 취하는 것이 바람직하다.
여기에서 트레이닝 되는 능력은 고 에너지 인산 화합물(아데노 신인산, 크레아틴 인산)이 관여하는 과정에 배경을 가지므로 이 과정의 개선이 목적이 된다.

### (2) 트레이닝의 중요성

글리코겐이 젖산으로 분해되는 과정을 포함한 무산소 파워의 향상은 위에서 언급한 것보다 약간 운동시간을 길게 하지 않으면 안 된다. 즉, 약1분간의 최대능력을 실시하고 휴식시간은 4~5분간을 취한다. 이것을 반복하는 방법 또는 인터벌 트레이닝은 매우 격렬한 운동이므로 4~5회 정도밖에 계속할 수 없을지도 모른다. 무산소 파워 운동은 많은 경기자에게 있어 중요시 되는 능력을 나타내는 것으로 대단히 중요하다.

### (3) 유산소 파워 트레이닝

이 트레이닝방식은 다른 운동과 비교할 때 용이하게 실시할 수 있는 장점이 있다. 즉, 3~5분의 운동을 실시하고 이것과 거의 같은 정도의 시간에 가벼운 운동을 하는 것이며 운동으로 실시하는 강도는 최대에 가까워야 할 필요는 없다. 건강한 사람의 경우에는 주행속도는 최고 속도의 80%까지 감속하여 3~5분간 운동을 계속하면 유산소 과정(산소섭취량)이 수준은 거의 최고 수준을 유지하는 것이 된다. 중요한 것은 휴식시간을 10~20초로 짧게 하는 것이다. 이와 같이 산소섭취량의 수준을 최고로 유지하기 위해서는 운동시간을 길게, 그리고 휴식시간을 짧게 하는 것이 중요하다.

## ③ 서키트 트레이닝(Circuit training)

### (1) 서키트 트레이닝의 개념

서키트 트레이닝은 기초체력 양성과 함께 심폐기능 강화를 위해 실시된다. 서키트는 순회 또는 순환이라는 뜻이며, 서키트 트레이닝 은 몇 가지 운동내용을 세트 화하여 운동내용별로 순서를 정하여 실시하는 트레이닝 방법이다. 일반적으로 3~5세트 정도로 구성하며 운동수행시간은 15~30분 정도 실시하고 있지만 체력의 정도에 따라서 시간을 조절한다.
이때는 세트 수를 늘리는 것보다는 운동 종목수를 늘리는 것이 좋다. 이 운동은 근력, 근지구력, 순발력, 협응력 등 전신을 발달시키는 것을 목적으로 하였다. 예를 들면, 근력 및 근지구력 강화를 목표로 한 서키트 트레이닝은 다음의 특징이 있다.
첫째, 편성된 각각의 운동과 운동 사이에 휴식은 넣지 않는 일이다.
둘째, 운동부하의 비율이 웨이트 트레이닝보다 가볍다는 사실이다.

웨이트 트레이닝의 경우에 다음의 운동 종목으로 이동할 때 반드시 30초에서 3분 이상의 휴식을 취하지만 서키트 트레이닝에서는 운동부하의 비율이 웨이트 트레이닝보다 가볍다는 사실 때문에 전혀 휴식을 취하지 않고 다음의 운동종목으로 이동한다.
따라서, 운동을 하는 장소가 떨어져 있는 경우에는 그 거리를 뛰어 이동하게 된다. 특히, 운동부하에 있어서 웨이트 트레이닝에서의 중량이 최대근력의 2/3를 원칙으로 하고 있는데, 서키트 트레이닝에서는 근력 트레이닝을 목표로 하더라도 최대근력의 1/2을 기준으로 하며 때로는 30초간 내지는 1분간에 몇 회 실시 할 수도 있는가하는 최고횟수를 결정하여 처방할 때 그 1/2의 반복횟수를 시작하는 것을 원칙으로 하고 있다.

### (2) 서키트 트레이닝 시 고려사항

신체부위별로 교대로 운동하여 근피로가 어느 특정부위에 집중되지 않도록 한다. 예컨대, 하대퇴운동, 대퇴운동, 복부운동, 대흉근운동, 팔운동 등을 들 수 있다.

근력 및 근지구력 발달을 위해서는 트레이닝 원리를 철저히 준수하여 적정 운동 부하로 실시하여야 한다. 자신이 참가하고 있는 운동종목과 관련된 체력요소를 발달시킬 수 있는 운동 종목으로 구성하도록 한다. 서키트 트레이닝을 지루하지 않게 하려면 주기적으로 운동순서나 내용을 변화 시켜준다. 처음에는 1회의 서키트를 실시하지만 체력이 향상되면 점차 횟수나 운동 강도를 높여 가도록 한다.

### (3) 서키트 트레이닝의 예

[표 3-1] 서키트 트레이닝 프로그램의 예

| 운동명칭 | 회수 | 운동효과 |
|---|---|---|
| 의자 오르내리기 | 20~30 | 하지 및 심혈관계 |
| 누워 다리 들어올리기 | 20~30 | 하복부 |
| 팔굽혀 펴기 | 10~20 | 상완삼두근 및 대 흉근 |
| 스쿼트 | 10~15 | 대퇴근 및 대둔 근 |
| 바벨컬 | 10~15 | 상완이두 근 및 전완 근 |
| 윗몸 일으키기 | 20~30 | 허리 및 복직 근 |
| 사이드 스텝 | 20~30 | 다리 및 민첩성 |
| 상체 두로 젖히기 | 10~20 | 허리 및 유연성 |
| 런지 스쿼트 | 10~15 | 대퇴근 및 대둔 근 |

## ④ 정적 근력강화 운동

### (1) 효과

권총사수에게 적합한 일반 및 특수근력훈련

### (2) 방법

① 워밍업을 위한 제자리 뛰기

[사진 3-12] 제자리 뛰기

② 팔굽혀 펴기

[사진 3-13] 팔굽혀펴기

③ 누운 자세로부터 팔다리를 곧게 현 상태에서 손발 접촉 및 분리 동작 반복

**[사진 3-14]** 복배근운동

④ 3~5kg의 중량을 줄에 매달고 양팔을 곧게 현 상태에서 감고 푸는 동작반복
⑤ 엎드린 자세에서 3~5kg의 중량(아령)을 양손으로 잡고 지면에서 10cm 높이를 유지하면서 팔을 굽혔다 펴는 동작반복
⑥ 도이져 밴드(고무줄)를 이용하여 팔을 곧게 편 상태로 유지하고 조준훈련 시와 동일한 요령으로 동작반복

[사진 3-15] 총을 든 손목에 고무줄을 걸 팔을 곧게 편 상태를 유지

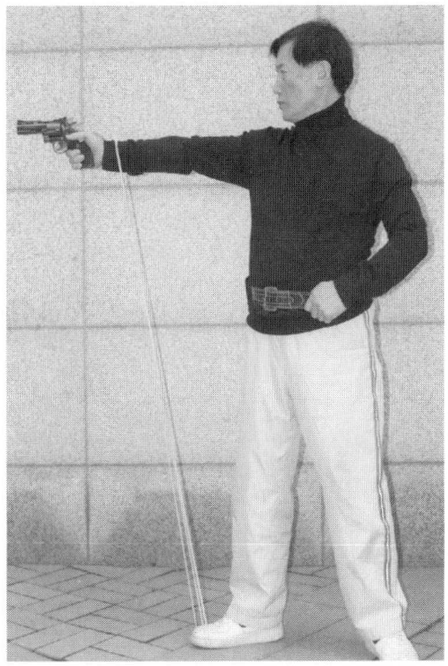

[사진 3-16] 조준훈련시와 동일한 요령으로 동작반복

⑦ 도이져 밴드를 이용, 양팔을 가슴 앞으로 모았다가 180° 벌리는 동작반복

**[사진 3-17]** 양팔을 모으는 동작

**[사진 3-18]** 180° 팔을 펴는 동작

⑧ 굽혀 앉은 자세에서 양팔을 곧게 유지하면서 엎드린 자세로 전환하는 동작반복 (이때, 앉은 자세 시 '호' 엎드린 자세 시 '흡')

**[사진 3-19]** 앉은 자세에서 '호'

[사진 3-20] 엎드리면서 '흡'

⑨ 몸전체를 움츠려 팔을 뒤로 젖혀 굽혔다가 가슴을 펴며 일어나는 동작을 반복 (이때, 굽힐 때 '호', 펼 때 '흡')

[사진 3-21] 앞으로 굽힐 때 '호'

[사진 3-22] 몸을 펼 때 '흡'

⑩ 가볍게 제자리 뛰기

## (3) 권총사수의 인터벌 트레이닝

### 1) 효과

심폐기능, 순환기능, 호흡기능, 하체근육단련

### 2) 방법

200m의 거리를 70% 힘으로 뛰어서 맥박이 180회/분에 도달하도록 한다. 몸을 풀면서 출발선으로 복귀한다. 맥박이 100회/분에 이르면 다시 동일한 요령으로 뛴다. 최초에는 5~10회 반복하면 충분하고 어느 정도 단련되면 10~20회까지 실시한다. 계단 뛰기, 수영, 사이클 등도 맥박수를 점검하여 동일한 요령으로 실시 가능하다.

## (4) 사격전 운동(Isometrics Exercises)

### 1) 아이소메트릭 트레이닝의 개념

아이소메트릭 트레이닝(isometrics training)은 등척성(隨逐), 근수축(筋收縮)에 의한 정적 근력 트레이닝으로 주로 움직이지 않는 물체를 움직이려고 하는 저항에 의한 것으로 이 운동은 항상 최대의 근력을 발휘하는 것을 조건으로 한다. 정적 근력 트레이닝은 고정되어 있는 물체를 밀거나 잡아당길 때 또는 일정 시간을 바에 매달려 지속하는 방법에 의해 실시된다. 동적 트레이닝과는 달리 관절각도의 변화를 수반하지 않고 관절과 관절간의 등척성 근 수축을 행하기 때문에 길이는 변하지 않지만 근육은 장력을 발휘하게 된다.

### 2) 지적되는 문제점[3)]

카포비치(Karpovich)는 경험적으로 말해 근력 트레이닝은 최대 근력을 발휘함으로써 최대의 효과를 얻을 수 있다고 생각하기 쉽지만, 최대의 노력수준을 이용하 지 않더라도 최대근력 트레이닝의 효과를 촉진하는 일이 가능하다고 하였다

3) 출처 : 대한체육회 스포츠 과학 연구소 (1983). 트레이닝의 과학

그러나 지속시간과 빈도에 관해서는 약간 문제가 있다. 카포비치는 역도선수의 연습시간이 하루 1~2시간이 걸리는 동안 실제로 최대의 근력을 발휘하여 중량을 드는 시간은 2~6분임을 조사하고, 단 한번 드는데 필요한 시간은 3~4초라고 하였다.

뮐러(Muilser)와 Rohmert)는 최대근력을 4~6초간 발휘하고, 이것을 1일 5~10세트 실시하는 것이 가장 효과가 나타났다는 것을 발견하였으며, 베거(Berger)는 1분에 6회의 최대근력을 반복해서 발휘하는 것을 매일 3세트 실시하였을 때 좋은 결과를 얻었다고 하였다.

이 같은 사실에 비추어 볼 때 그의 최초의 가설인 최대근력의 2/3의 부하에서 1일 1회, 그것도 6초간이라고 하는 이론은 상당히 거리가 있는 것으로 판단된다. 또 하나의 문제점은 아이소메트릭 그 자체는 기구를 전혀 사용하지 않기 때문이고, 근력 발휘를 위한 저항만 있으면 되기 때문이다.

### 3) 정적인 운동요소

아이소메트릭은 정적인 저항운동을 기본으로 하고 있어 단일 관절운동이거나 전신운동이건 간에 일정한 자세를 취해야 하며, 자발적으로 힘을 발휘하지 않고 있는 동안에는 자세가 변하지 않도록 고정하면 된다. 따라서, 트레이닝 방법으로서는 부하강도를 정하기 쉽고 기간도 계측하기 쉽다. 더욱이 운동의 방법으로 기술을 필요로 하지 않아서 일반에게 보급할 수 있는 요소를 갖고 있다. 또한, 관절운동이나 전신운동에서 일정한 위치나 자세를 변화시켜 그 같은 상태나 조건에 맞는 트레이닝을 실시함으로써 동적 트레이닝에 비견한 비판을 보충 할 수 있다.

이것은 간편함과 동시에 기구도 그다지 필요로 하지 않다.

### 4) 최근의 아이소메트릭

정적근력 트레이닝 대를 이용하면 근력발휘는 저항운동으로 실시되게 되므로 전력이 발휘된다. 그렇지만 짝 체조와 같이 서로 저항력을 발휘하거나, 혼자서 손을 맞잡고 팔을 밀고 당기는 운동이나, 각종 운동의 특이한 폼을 시간과 경과에 따라 몇 개의 단계로 나누고 폼의 각 각의 단계에서 힘을 주는 반대방향의 저항력에 대응하여 근력을 발휘시키는 방법이 적용되어도 좋다.

또 다른 방법으로는 2인이 1조가 되어 1~1.5m의 대나무 봉을 가지고 트레이닝대와 동일한 역할을 하게 하여 한쪽이 주어지는 힘의 방향에 반대로 다른 쪽이 힘을 발휘하도록 하든지 끌고, 밀고, 몸을 굽히고 하는 짝 체조의 보조도구로 적용할 수 있다.

또한, 웨이트 트레이닝을 실시하는 과정에서 어느 일정의 자세를 유지하고 수초 간 정지하여 트레이닝 하는 방식이 실시되고 있다.

### 5) 권총선수의 아이소메트릭 훈련(Isometric Exercises)

① 효과

㉠ 사격준비를 위한 근육의 워밍업

㉡ 근육의 힘과 강도촉진

㉢ 근육감각을 예민하게 하고 각 근육부위를 조직력 도모

㉣ 정지자세 유지에 필요한 근육기능 촉진

㉤ 에너지 소모가 적으므로 근육피로를 유발하지 않음

② 근육긴장시간은 10초이고 근육이완은 서서히 시킨다.

# 부 록

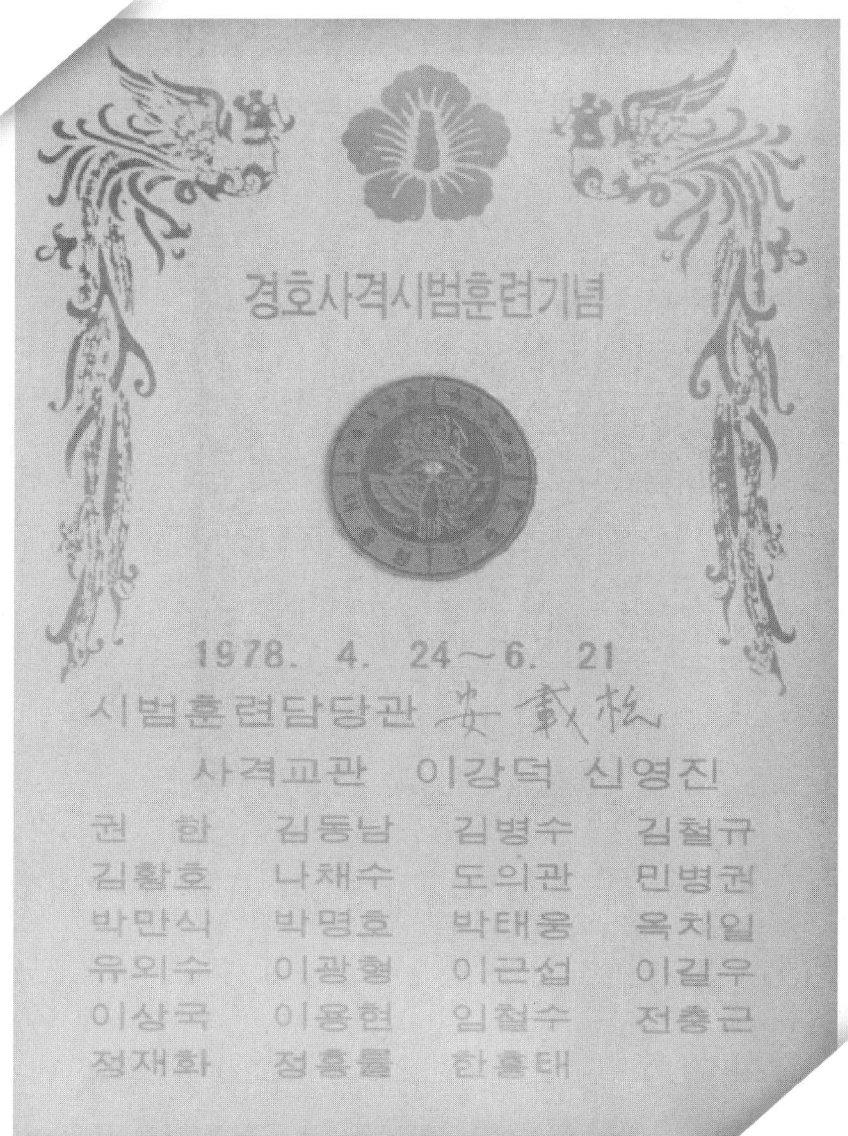

경호사격시범훈련기념
1978. 4. 24~6. 21
시범훈련담당관
사격교관 이강덕 신영진
권 한 김동남 김병수 김철규
김황호 나채수 도의관 민병권
박만식 박명호 박태웅 옥치일
유외수 이광형 이근섭 이길우
이상국 이용현 임철수 전충근

부록 1

# Gun Dance Step(권총이동사격) :

## 방향전환사격(The change of direction)

### (1) 전진 이동사격

① 구부려 쏴 사격자세에서 앞발을 끌듯이 앞으로 한 족장 이동하고 뒷발을 신속히 앞으로 당겨서 사격자세를 취한다.

② 이동시 발을 끌어주는 이유는 노면의 장애물에 걸려 넘어지는 위험을 방지하기 위함이다.

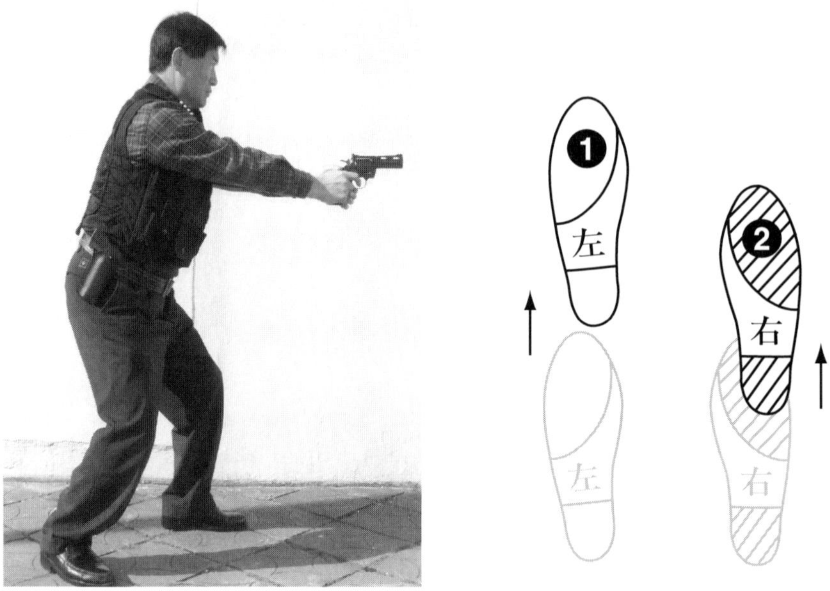


[사진 2-1] 우측면에서 관찰한 전진 이동자세

### (2) 후퇴이동사격

① 뒤로 이동은 앞으로 이동을 반대로 행한다.

② 앞굽이형 사격자세에서 먼저 뒷발을 끌듯이 뒤로 한 족장 이동하고, 앞발을 신속히 뒤로 당겨서 앞굽이형 사격자세.

③ 특히 뒤로 이동시 넘어지는 일이 없도록 몸의 균형을 유지한다.

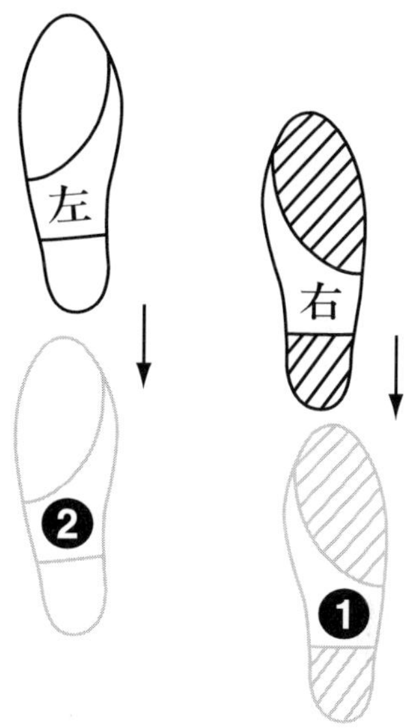


[사진 2-2] 좌측면에서 관찰한 후퇴 이동자세

### (3) 좌로 이동사격

① 앞굽이형 사격자세에서 앞발을 끌듯이 좌측으로 반 족장 넓이만큼 이동하고 뒷발을 신속히 좌로 당겨서 앞굽이형 사격자세를 취한다.

② 상황에 따라 이동 폭의 넓이를 증감할 수 있다.

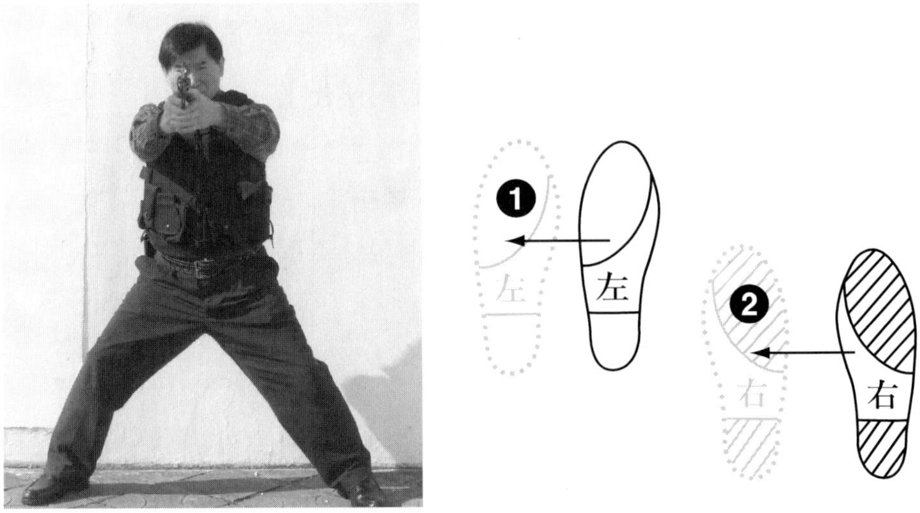


[사진 2-3] 좌로 이동한 자세(전면에서 본 좌측 발을 넓게 옮겨놓은 자세)

### (4) 우로 이동사격

① 앞굽이형 사격자세에서 먼저 우측 발을 끌듯이 우측으로 반 족장 넓이만큼 이동하고 왼발을 신속히 우로 당겨서 앞굽이형 사격자세를 취한다.

② 우로 이동할 때에도 상황에 따라 이동 폭의 넓이를 증감할 할 수 있다.

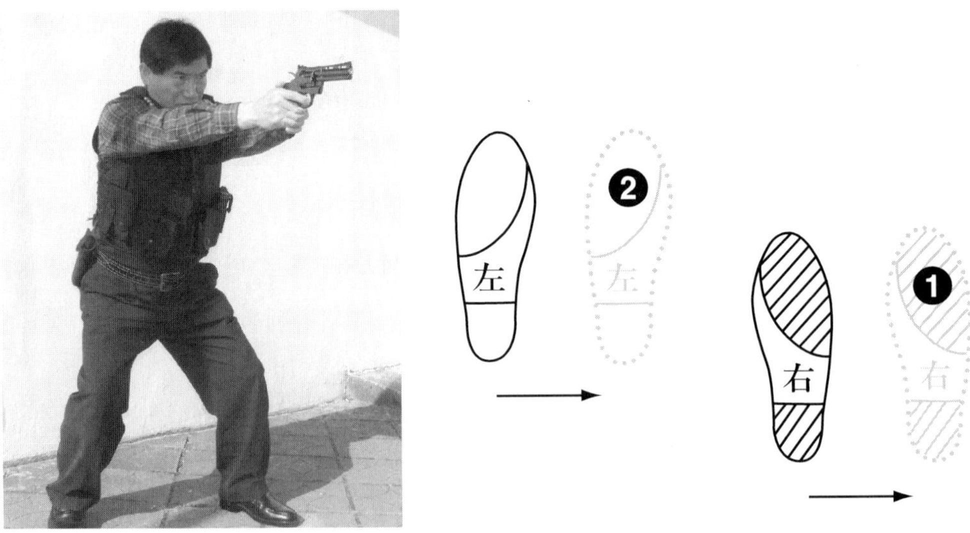


[사진 2-4] 전면에서 본 우로이동자세

### (5) 좌우추적사격

① 위해 범이 시야 범위 내에서 좌우로 공격할 경우 취하는 자세이다.

② 앞굽이형 자세에서 상체만 좌우측으로 이동하면서 범인과 대치한다.

③ 좌우추적은 클레이 사격의 이동목표물 추적동작 과도 같으며, 사수는 상체만 움직이고 하체는 움직이지 않는다.

[사진 2-5a] 좌·우 추적은 발을 이동하지 않는다.

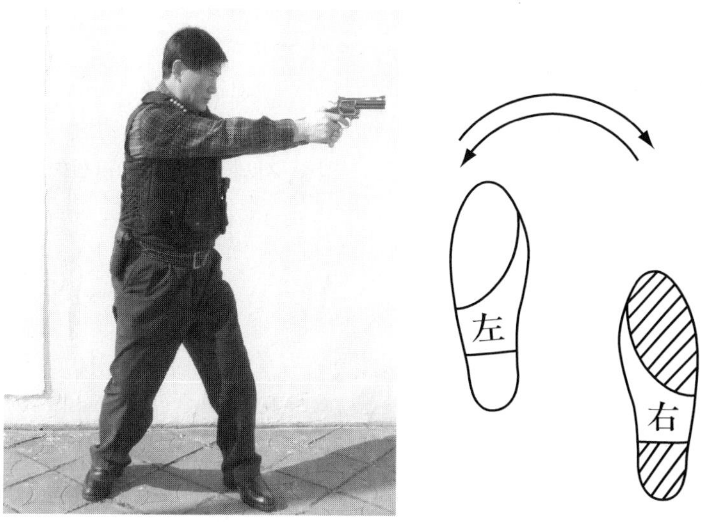


[사진 2-5b] 좌로 추적 상태

### (6) 좌로 90° 회전사격(The natural twist turn)

① 앞굽이 형 사격자세에서 좌측 발을 축으로 몸을 좌로 90°돌린다.

② 상체회전 · 뒷발이동 · 양발회전 등 분리 동작은 한 동작으로 이루어져야한다.

③ 좌회전 시 좌로 추적 자세처럼 총구와 시선을 먼저 돌린 다음 방향전환을 실시하되 단계별 또는 구분동작으로 되어서는 안 된다.

④ 뒷발은 몸의 균형유지를 위해 지면을 스치면서 앞쪽으로 이동한다.

⑤ 상체의 균형을 유지하고 총구가 흔들림이 없이 표적물을 지향한다.

**[그림 2-6]** 좌로 전향한 자세(측면에서 관찰한 상태)

### (7) 우로 90° 회전사격(The natural twist turn)

① 앞굽이형 사격자세에서 좌측 발을 축으로 몸을 뒤쪽 우로 90° 돌린다.

② 상체회전 · 우측발 이동 · 양발회전 등 분리 동작은 한 동작으로 이루어져야 한다.

③ 우로 회전 시 우로추적 자세처럼 총구와 시선을 먼저 돌린 다음방향 전환을 실시하되 단계별 또는 구분동작으로 되어서는 안 된다.

④ 우측 발은 몸의 균형 유지를 위해, 지면을 스치면서 뒤쪽으로 이동한다.

⑤ 상체의 균형을 유지하고 총구가 흔들림이 없이 표적물을 지향한다.

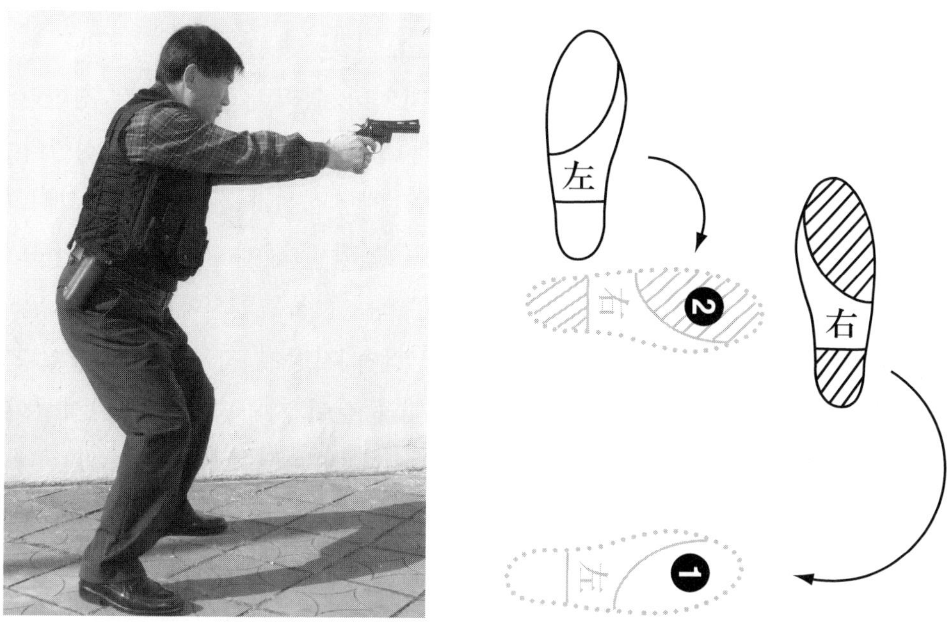


**[그림 2-7]** 우측면에서 관찰한 우로 돌아선 자세

※ 상기의 Gun Dance는 음악의 흐름에 따라 경쾌하게 훈련할 수 있는 훈련법입니다.

부록 2

# 한국경호사격협회정관

(Association of Korea Guard Shooting)

제정 2008. 06. 25

## 제1장 총칙

제1조(명칭) 본 회는 한국경호사격협회(이하 협회라고 한다)라 칭한다.(영문표기는 Association of Korea Guard Shooting : AKGS이라 칭한다.)

제2조(목적) 협회는 경호사격을 통하여 건전한 정신과 건강한 신체 그리고 집중력의 배양과 봉사정신을 함양, 국민체육문화 발전에 기여함을 목적으로 한다.

제3조(사무소의 소재지) ① 협회의 사무소는 서울특별시에 둔다. 단 필요하다고 인정이 될 때에는 이사회의 의결을 거쳐 지방에 지부를 둘 수 있다.

② 지부의 명칭은"서울경호사격협회"와 같이 지역명에 경호사격협회를 사용한다.

제4조(사업) 본 협회는 제2조의 목적을 달성하기 위하여 다음의 사업을 행한다.

1. 경호사격 연구 보급 및 홍보 각종 출판물 발행(교재, 회보, 지침서 발간)
2. 회원 상호간의 상조, 친목, 권익보호의 복지사업
3. 경호사격연수원 개설 및 연수교육 및 세미나 개최
4. 경호사격 보급 및 발전을 위한 국제 학술 및 교류에 관한 사항
5. 국내외 경호사격아카데미 개설에 관한사항
6. 경호사격의 기술향상과 화합을 위한 국내외 경호사격대회 및 행사 개최
7. 청소년 선도, 유해환경감시 및 학교폭력 지도 봉사활동
8. 자격심사 및 지도자육성에 관한 사항

9. 이하 가맹단체와 협력기관, 시도지부, 지회의 관리 감독에 관한사항
10. 기타 협회의 목적달성에 필요한 사업

## 제2장 회원

제5조(자격) 본 협회의 회원은 소정의 입회원서를 제출하고 이사회의 승인을 얻은 자로 한다.

제6조(권리와 의무) 협회의 회원은 회비를 납부하고 본 정관에 의한 권리와 의무를 갖는다.

제7조(종류) 본 협회에는 다음과 같은 회원을 둔다.

1. 일반회원
   만18세 이상의 대한민국 국민으로 제5조에 의한 입회원서를 제출하고 이사회의 승인을 얻은 자.
2. 특별회원 : 본 협회의 사업수행을 지원하고자 하는 개인 또는 단체로서 제5조에 의한 입회원서를 제출하고 이사회의 승인을 얻은 자.

제8조(탈퇴) 본 협회의 회원은 본인의 의사에 따라 자유롭게 탈퇴할 수 있다. 단 제6조에 의한 회비를 3회 이상 미납한 경우 임의탈퇴로 간주한다.

제9조(제명) 본 협회의 회원 중 다음 각 호에 해당하는 자에 대해서는 이사회의 의결을 거쳐 회장이 제명할 수 있다.

1. 본 협회의 목적에 위배되는 행위를 한 경우
2. 본 협회의 명예를 손상한 경우
3. 기타 본 협회에 대한 임무를 태만히 한 경우

## 제3장 재산 및 회계

제10조(재산) ① 협회의 재산은 기본재산과 보통재산으로 구분한다.

② 다음 각호의 1항에 해당하는 재산은 이를 기본재산으로 한다.

1. 설립시 기본재산으로 출연한 재산

2. 기부에 의거하거나 기타 무상으로 취득한 재산
3. 보통재산 중 이사회에서 기본재산으로 편입할 것을 의결한 재산
4. 세계(歲計) 잉여금 중 적립금

**제11조(재산의 관리)** 기본재산을 매도, 증여, 임대, 교환하거나 담보로 제공하거나 협회의 수지예산으로 정한 사항이외의 의무의 부담 또는 권리의 포기를 하고자 할 때에는 이사회의 의결을 거쳐 총회의 허가를 받아야 한다.

**제12조(경비와 유지방법)** 협회의 유지 및 운영에 필요한 경비는 회비와 기본재산에서 나는 과실, 사업수익 및 기타의 수입으로 충당한다.

**제13조(세계잉여금)** 협회에 속하는 회계의 매년도 세계잉여금은 익년도에 이월사용하는 것을 제외하고는 이를 기본재산에 편입하거나 이사회의 의결에 의하여 협회의 목적사업에 사용한다.

**제14조(회계원칙)** 협회의 회계는 사업성과와 수지 상태를 정확하게 파악하기 위하여 모든 회계 거래를 발생의 사실에 의하여 기업회계의 원칙에 따라 처리한다.

**제15조(회계년도)** 협회의 회계연도는 정부의 회계연도에 따른다.

**제16조(임원의 보수)** 이사의 보수는 이사회에서 정하되 사업의 운영을 전담하는 상임이사를 제외한 임원에 대하여는 보수를 지급하지 아니함을 원칙으로 한다.

**제17조(협회재산대여의 제한)** ① 협회의 재산은 협회와 다음 각 호의 1에 해당하는 관계가 있는 자에 대하여는 무상으로 이를 대여하거나 사용하게 할 수 없다.

1. 협회 설립자
2. 협회의 임원
3. 제1호 제2호에 해당하는 자와 민법 제777조의 규정에 의한 친족관계에 있는자 또는 이에 해당하는 자가 임원으로 있는 다른 법인
4. 협회와 재산상 긴밀한 관계가 있는 자

② 제1항의 각호의 규정에 해당하지 아니하는 자의 경우에는 협회의 목적에 비추어 정당한 사유가 없는 한 정당한 대가없이 대여하거나 사용하게 할 수 없다.

## 제4장 임원

제18조(임원의 정수와 종류) 협회에 다음의 임원을 둔다.

1. 이사 : 3인(회장, 상임부회장, 부회장 포함)이상
2. 감사 : 1인 이상

제19조(임원의 임기) ① 임원의 임기는 다음 각 호와 같다.

1. 이사 : 3년, 연임할 수 있다.
2. 감사 : 2년, 연임할 수 없다.

② 임원의 임기 중 결원이 생긴 때에는 이사회에서 보선하고, 보선에 의하여 취임한 임원의 임기는 전임자의 잔여기간으로 한다.

제20조(상임부회장 등) ① 협회는 목적사업을 전담하기 위한 상임부회장를 둘 수 있으며, 회장이 이사회의 의결을 거쳐 이사 중에서 선임한다.

② 협회는 목적 달성을 위해 명예회장, 고문, 자문위원을 둘 수 있으며, 이사회에서 정한다.

제21조(임원의 선임방법) ① 회장, 이사와 감사는 총회에서 선출한다. 이 경우 회장의 임기는 이사로 재임하는 기간으로 한다.

② 임기 전 임원의 해임은 이사회의 의결을 거쳐야 한다.

③ 임원 중 결원이 생긴 때에는 2월 이내에 이를 보충하여야 한다.

④ 임원의 선임은 임기만료 2개월 전에 하여야 하며 늦어도 임기개시 1개월 전에 총회에 취임승인을 신청하여야 한다.

제22조(임원선임의 제한) ① 재적이사의 과반수 이상은 대한민국 국민이어야 한다.

② 다음의 자는 임원이 될 수 없다.

1. 미성년자
2. 금치산자, 한정치산자
3. 파산자로서 복권되지 아니한 자
4. 금고이상의 형의 선고를 받고 집행이 종료되거나 집행을 받지 아니하기로 확정된 후 3년이 경과되지 아니한 자

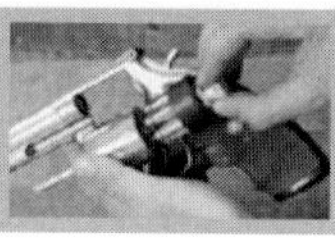



5. 설립허가가 취소된 법인의 임원으로서 취소된 후 2년이 경과하지 아니한 자

③ 이사회의 구성에 있어서 각 이사 상호간에 민법 제777조에 규정된 친족관계나 처의 3촌 이내의 혈족관계가 있는 자가 이사정수의 과반수를 초과하여서는 안된다.

④ 감사는 감사상호간 또는 이사와 민법 제777조에 규정된 친족관계나 처의 3촌 이내의 혈족관계가 있는 자가 아니어야 하며, 재무 및 회계 관련 경력이 있는 자로 선임한다.

제23조(회장 및 이사의 직무) ① 회장은 이 협회를 대표하고 협회의 업무를 총괄한다.

② 이사는 이사회에 출석하여 협회의 업무에 관한 사항을 심의의결하며 이사회 또는 회장으로부터 위임받은 사항을 처리한다.

③ 상임부회장은 회장을 보좌하며, 회장의 유고시에 직무를 대행한다.

제24조(감사의 직무) 감사는 다음의 직무를 행한다.

1. 협회의 재산상황과 회계를 감사하는 일
2. 이사회의 운영과 그 업무에 관한 사항을 감사하는 일
3. 제1호 및 제2호의 감사결과 부정 또는 불미한 점이 있음을 발견한 때 이를 이사회와 관할관청에 보고하는 일
4. 제3호의 보고를 하기 위하여 이사회의 소집을 요구하는 일
5. 협회의 재산상황과 회계 또는 이사회의 운영과 그 업무에 관한 사항에 대하여 회장 또는 이사에게 의견을 진술하는 일

## 제5장 이사회

제25조(이사회의 구성 및 기능 등) ① 이사회는 이사로서 구성한다.

② 이사회는 다음 각 호의 사항을 심의 의결한다.

1. 협회의 예산결산 차입금 및 재산의 취득 처분과 관리에 관한 사항

2. 정관의 변경에 관한 사항
3. 협회의 합병 또는 해산에 관한 사항
4. 임원의 임면에 관한 사항
5. 이 정관에 의하여 그 권한에 속하는 사항
6. 기타 협회의 운영상 중요하다고 회장이 부의하는 사항

③ 감사는 이사회에 출석하여 발언할 수 있다.

**第26조(이사회의 개회 및 의결정족수)** ① 이사회는 재적이사의 과반수가 출석으로 개회한다.

② 이사회의 의사는 이 정관이 특별히 규정한 경우를 제외하고는 재적이사 과반수의 찬성으로 의결한다. 다만, 가부동수인 경우에는 의장이 결정한다.

**第27조(의결 제척사유)** 회장 또는 이사가 다음 각 호의 1에 해당 할 때에는 그 의결에 참여하지 못한다.

1. 임원의 취임 및 해임에 있어 자신에 관한 사항
2. 금전 및 재산의 수수를 수반하는 사항으로서 회장 또는 이사 자신과 협회의 이해가 상반되는 사항

**第28조(회기)** 이사회는 매년 4회 이를 개최하고, 필요가 있을 때에도 수시로 개최한다.

**第29조(이사회의 소집)** ① 이사회는 회장 또는 회장 직무대행자가 소집하고 그 의장이 된다.

② 이사회를 소집하고자 할 때에는 적어도 7일전에 회의의 목적을 명시하여 각 이사에게 통지하여야 한다.

③ 이사회는 제2항의 통지사항에 한하여서만 의결 할 수 있다. 다만, 재적이사전원이 출석하고 출석이사 전원의 찬성이 있을 때에는 통지하지 아니한 사항이라도 이를 부의하고 의결할 수 있다.

**第30조(이사회 소집특례)** ① 회장은 다음 각 호의 1에 해당하는 소집요구가 있을 때에는 그 소집요구 일로부터 20일 이내에 이사회가 개최될 수 있도록 7일 이내에 회의소집 통지를 하여야 한다.

1. 재적이사 과반수로부터 회의 목적을 제시한 소집요구가 있는 때

2. 제25조제4호의 규정에 의하여 감사가 소집을 요구한 때

② 이사회 소집권자가 궐위되거나 또는 이를 기피함으로써 회의소집이 불가능할 때에는 재적이사 과반수의 찬성으로 이사회를 소집할 수 있다.

제31조(서면결의) 이사회의 의결사항 중 경미한 사항에 대하여는 서면으로 의결할 수 있다. 다만, 정부기관의 허가·승인을 필요로 하는 사항은 서면으로 할 수 없으며 서면결의 사항은 차기 이사회에 그 결과를 보고하여야 한다.

## 제6장 보칙

제32조(정관개정) 협회의 정관을 개정하고자 할 때에는 재적이사 3분의2 이상의 찬성으로 의결하여 총회의 승인을 얻어야 한다.

제33조(해산) 협회를 해산하고자 한 때에는 재적이사 3분의2이상의 찬성으로 의결하여 총회의 승인을 얻어야 한다.

제34조(해산법인의 재산귀속) 협회를 해산하였을 때의 잔여재산은 이사회의 의결과 총회의 승인을 거쳐, 국가, 지방자치단체 또는 공익사업을 목적으로 하는 비영리법인에 기증한다.

제35조(청산인) 협회가 해산한 때에는 청산인은 해산당시의 이사 중에서 선출하되 이사회의 승인을 받아야 한다.

제36조(시행세칙) 이 정관의 시행에 관하여 필요한 사항은 이사회의 의결을 거쳐 세칙으로 정한다.

## 부칙(2008.6.25)

이 정관은 발기인대회에서 승인을 받은 날로부터 시행한다.

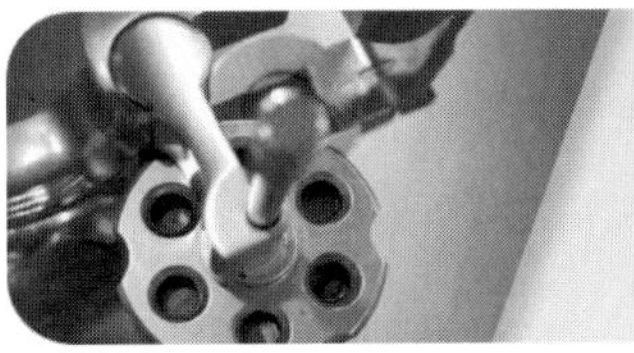

부록 3

# 한국경호사격협회 자격안내

## ① 자격기준

| 구분 | 연령 | 평가내용 | 자격검정기준 |
|---|---|---|---|
| 경호사격 2급 | 만18세 이상 | • 사격이론 및 안전교육<br>• 경호사격실기<br>• 경호실탄사격 | 사격이론 및 사격능력에 대한 객관적 평가 |
| 경호사격 1급 | | | |

## ② 검정기준

| 구분 | 이론평가 | 실기평가 | 사격평가 | 합격기준 |
|---|---|---|---|---|
| 경호사격 2급 | 객관식 | • 파지법<br>• 사격자세<br>• 안전조치 | • 양손파지 10발<br>• 한손파지 10발<br>• 15m 표준Target | 각 100점 만점 중 70점 이상 |
| 경호사격 1급 | 주관식<br>(단답형 및 서술) | • 파지법<br>• 사격자세<br>• 안전조치 | • 양손파지 20발<br>• 한손파지 20발<br>• 25m 표준Target | 각 100점 만점 중 80점 이상 |

한국경호사격협회 홈페이지 = www.pistol.or.kr

120-702 서울시 서대문구 충정로 3가 185-1, 604호

연구실 / Tel : 02-363-5504

# 주요 참고문헌


## 국내문헌

- 사격 · 진압술(2004), 중앙경찰학교.
- 경찰권총사격술교범(2005), 경찰청.
- 경찰관직무집행법(2004), 중앙경찰학교.
- 사격술매뉴얼(2008), 경찰종합학교.
- 박문선(2007), 특수경비교범, 재단법인 한국사격진흥회.
- 강민완(2003), 경호사격 및 권총술, 정담미디어.
- 김두현(2008), 경호학개론, 백산출판사.
- 김창호(2006), 한국경호발달사, 백산출판사.
- K-5권총기계훈련교범, 인천국제공항 경찰특공대.
- 특수요원권총사격술교범, 재단법인 한국사격진흥회 경호경비교육원.
- 박종규(1988), 사격총서 소총 · 권총Ⅱ, 을지서적.
- 군용권총사격술교범(2008), 재단법인 한국사격진흥회.
- 구광모(1982), 테러와 국제사회, 고려원.
- 이흥주(1994), 총과 탄도학, 청문각.
- 정태황(2009), 경호장비의 이해, 백산출판사.

## 논문 등

- 이상철 · 신승철(2007), "경호요원 권총사격 시 조준선정열방식과 기록변화와의 관계", 한국경호경비학회지 제14호, 한국경호경비학회.
- 문세광[8.15사건]사례연구(1988), 대통령경호실.

## 인터넷

- http//www.Kojison.org 대한시큐리티연구소
- http//blog.naver.com/townend/ 화승총의 각부명칭
- http//blog.naver.com 군사정보
- http//gall.dcinside.com
- http//kininage.naver.net

- http//w.w.w.gunman.co.kr
- http//cafe 190.daum.net
- http//kin.naver.com.
- http//w.w.w.evoryoung.naver.com
- http//live poll.donga.com 뉴스
- http//tiny britannica.co.kr 1982.163면
- http//cafe.net.yeuncc 중앙포토
- http//blog.daum.net/print view 경찰관 권총사격훈련
- weekly.chosun.com./site 주간조선.
- http//news.naver.com. 국민일보 문서공개
- http//hounddog.co.kr/technocie/read egi:board
- http//blog naver.com/nauryu/ 권총일반 그림쟁이. 류용근
- http//blog files 12.naver.net
- http//blog naver.com/isy 권총구조에 관한 분해도
- http//blog naver.com/gun babee 베이징
- 스포츠 다음 닷컴 2008.08.9 베이징 올림픽
- 네이버 지식백과.청와대: 뉴스:한겨레
- 중앙일보, 1994.9. 21면
- 연합뉴스 그래픽
- ency ber/ 두산세계대백과
- 베이징=연합뉴스 2008.08. 12
- 한국일보.포토 에세이.co.


## 기타(외국자료)


- 629 Mountain Gun Current USPSA National Revolver Championship Titles Smith &Wesson-Jeny Miculek 226
- 2006 Campionship titles First Ever USPSA Triple Crown Natinal Champion (male or female) Juli Goloski(미국)
- Leroy Thompson(2003), The Bodyguard Manual, Great Britain : Biddles Limited.
- Mark V. Lonsdale(1995), Bodyguard "A Guide to VIP Protection", Specialized Tactical Training Unit.

## 저자소개

### 김황호

- 서경대학교 법학과 졸업
- 서울시립대학교 사회과학대학원 도시경제학과 졸업(행정학석사)
- 경기대학교 사회교육원 경호비서학과 지도교수
- 한국경호사격협회 회장
- 전) 대통령경호실(22특별경호대) 근무

### 손상철

- 경기대학교 사회교육원 경호비서학과 주임교수(경찰행정학박사)
- 한국경호사격협회 상임부회장
- 한국범죄방지사협회 부회장
- 대한민간조사협회 상임부회장
- AHA Healthcare Providers Instructor